郑翠苹　著

协同共育下

幼儿综合能力培养策略

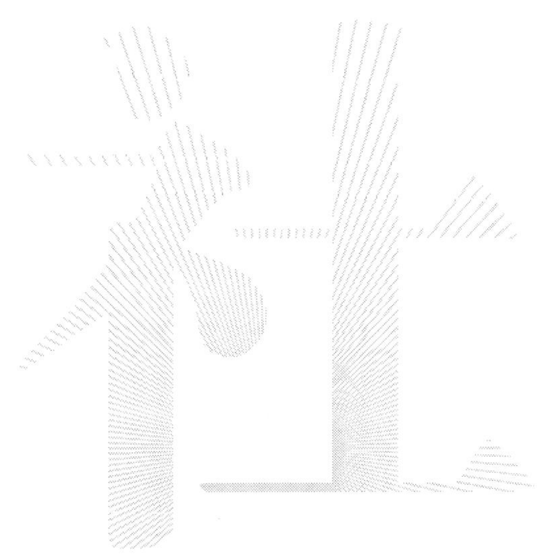

济南出版社

图书在版编目（CIP）数据

园家社协同共育下幼儿综合能力培养策略 / 郑翠苹著. -- 济南：济南出版社，2024. 7. -- ISBN 978-7-5488-6664-0

Ⅰ. G613

中国国家版本馆 CIP 数据核字第 2024HH7624 号

园家社协同共育下幼儿综合能力培养策略
YUAN JIA SHE XIETONG GONGYU XIA YOUER ZONGHE NENGLI PEIYANG CELÜE
郑翠苹　著

出 版 人　谢金岭
责任编辑　郑　敏
封面设计　张　倩

出版发行　济南出版社
地　　址　山东省济南市二环南路 1 号（250002）
总 编 室　0531-86131715
印　　刷　山东新华印务有限公司
版　　次　2024 年 7 月第 1 版
印　　次　2024 年 7 月第 1 次印刷
开　　本　170mm × 240mm　16 开
印　　张　19.5
字　　数　400 千字
书　　号　ISBN 978-7-5488-6664-0
定　　价　68.00 元

如有印装质量问题　请与出版社出版部联系调换
电话：0531-86131736

前　言

习近平总书记在党的二十大报告中明确指出："办好人民满意的教育……完善学校管理和教育评价体系，健全学校家庭社会育人机制。"2023 年 1 月，教育部等十三部门发布《关于健全学校家庭社会协同育人机制的意见》。意见中指出，健全学校家庭社会协同育人机制是党中央、国务院作出的重要决策部署，事关学生全面发展健康成长，事关国家发展和民族未来。学校要充分发挥协同育人主导作用，家长要切实履行家庭教育主体责任，社会也要有效支持服务全面育人。意见中提出，要完善学校积极主导、家庭主动尽责、社会有效支持的协同育人机制，到 2035 年，形成定位清晰、机制健全、联动紧密、科学高效的学校家庭社会协同育人机制。

幼儿园、家庭、社会是儿童成长不可分割的完整教育空间。园家社协同育人符合"立德树人"的根本要求，体现了终身教育的理念，有利于幼儿自由全面的发展。目前，园家社协同育人存在现实困境：幼儿园、家庭、社会各方责任不明确，园家社共育的运行机制不清晰，各参与主体常有缺位，部分家庭未树立科学的育儿理念，社会资源未更好地与教育融合，教师家庭教育指导水平有待提高等问题。

幼儿教育是一项需要幼儿园、家庭与社区共同参与的系统工程。为树立幼儿园、家庭、社区协同共育的育人理念，构建园家社协同共育的新模式，形成“三位一体”的共育格局，共同促进幼儿全面健康发展，我园一直致力于园家社协同共育的探索与实践及相关课题研究，组织全体幼儿教师从理论与实践的角度出发对园家社协同共育下幼儿综合能力培养策略进行深度研究，逐步形成了园家社协同育人机制，提升了家长的家庭教育水平，促进了教师专业素养的提升，培养了幼儿各方面能力的发展，促进了幼儿全面和谐、健康成长。

本书以园家社协同共育的理论基础为指导，结合幼儿教育过程中的具体案例，从生活自理能力、阅读能力、社会交往能力、自主学习能力、创造力、幼儿良好行为习惯等不同层面探索园家社协同培养幼儿综合能力的实践策略。

目　录

第一章

园家社协同共育综述

幼儿园、家庭和社区是儿童生活的三个重要场域，在儿童成长过程中发挥着重要作用。幼儿园、家庭、社区协同共育，已成为学前教育发展的重要趋势。在幼儿成长过程中，幼儿园、家庭及社区要加强三方联动，各尽其责，各尽所能，三方高效互动，形成以学校教育为主体，以家庭教育为前提，以社区教育为依托的共同育人的格局，三方携手互助，形成教育合力，共同促进幼儿身心健康发展。

第一节　园家社协同共育的理论基础

一、园家社协同共育的概念

园家社协同共育是指幼儿园、家庭和社会以落实立德树人根本任务为主线，在育人过程中充分发挥幼儿园主导、家长主体和社会支持的协同育人职能，形成优势互补、协同育人的新机制和新格局，共同培育和教育孩子，实现最佳的育人效果。

落实园家社协同共育机制，有利于进一步强化幼儿园教育主阵地作用，明确家庭教育的主体责任，有效利用社会育人资源，切实增强三方育人合力，共同担负起幼儿成长的重要责任。

二、交叠影响阈理论

交叠影响阈理论（Overlapping Spheres of Influence）来自美国霍普金斯大

学学者爱普斯坦的观点，他提出的交叠影响阈理论，以“关怀”为中心，为家庭、学校和社区合作建立了新的理论范式和实践机制。爱普斯坦认为，家庭、学校和社区之间的新型伙伴关系可以增加学生的社会资本，并引导学生的学业成绩和未来朝着积极的方向发展。儿童成长所依托的家庭、学校、社区都想要达到的目标，承担各自的职责任务，在高质量的经常性互动中使儿童从不同的环境中接受相同的信息，即受到重叠的影响。

（一）交叠影响阈理论的基本原理

一是互动性原理。交叠影响阈理论认为家庭、学校、社会是相互联系、相互影响的系统。家庭、学校、社会在儿童教育过程中不仅会互相传递信息，而且会通过互动来调整自身的结构和功能，促进儿童的全面发展。

二是情感联结原理。交叠影响阈理论认为园家社之间的合作需要建立情感联结，家长、教师之间要建立良好的合作伙伴关系，共同关注孩子的成长和发展，形成对孩子的共同关怀。

三是协作原理。园家社为了共同的目标而形成的相同的教育观念，有助丁最人限度地发挥教育的整体功能。园家社三方在职责范围内，最大限度地协同，联合对儿童施加教育影响。三方统一思想，在正确的教育观、儿童观、游戏观、课程观的基础上，进而付诸实践，这有利于儿童的发展。

（二）交叠影响阈理论的应用

幼儿园、家庭和社区的协同育人是儿童健康成长的重要保障，其合作有着重要的意义。

一是构建幼儿园、家庭、社区三位一体的运行机制，搭建育人平台，从政府层面加快构建行政、社区、幼儿园、家庭服务网络，以幼儿全面发展的目标为导向协同育人，确保三方协同育人高效实施。

二是形成幼儿园、家庭和社区一致的教育观念。家长、教师和社区工作者要明确协同育人的重要性。园家社达成一致的教育观，有助于教育整体功能最大限度的发挥。

三、杜威“学校即社会”思想

美国著名的实用主义哲学家和教育家杜威，从“教育即生活”引申出“学校即社会”的命题。他始终认为，只有当学校本身是雏形社会时才能使教育成为生活的过程。杜威强调个体和社会的密切关联，他认为个体的发展必须在社会环境中进行。在他看来学校不仅是传授知识和技能的场所，更是培养个体参与社会生活的基地。他提倡教育应该重视社会性和合作性，让学生在交往中学习，在合作中成长。

杜威的“学校即社会”教育思想具有重要的理论意义和影响教育实践的深远意义。他突出了“以人为本”的理想，重视儿童在学习中积累自己的直接经验，重视社会在不同时期对人才的不同需求，合理地把教育与生活以及学校与社会联系起来。

四、陶行知的生活教育理论

陶行知的生活教育理论是对杜威教育思想的吸收和改造，是他教育思想的核心和重要组成部分。这一理论包括三个基本观点：“生活即教育”“社会即学校”和“教学做合一”。

“生活即教育”是陶行知生活教育理论的核心观点。他认为，教育与人类生活相伴而生，生活与教育密不可分，过什么样的生活就受什么样的教育，教育具有终身性。同时，陶行知也强调教育具有改造生活的功能，他认为“教育不通过生活是没有用的，需要生活的教育，用生活来教育，为生活而教育”。

“社会即学校”是陶行知“生活即教育”思想在学校与社会关系问题上的具体化。他认为，传统的学校与社会相脱节，而生活教育理论则要求学校与社会紧密相连。他主张“社会即学校”，就是要拆除学校与社会之间的“高墙”，把学校的一切延伸到大自然里去。

“教学做合一”是陶行知“生活即教育”在教学方法问题上的具体化。他认为，传统的教学方法是“教而不做”，或者“做而不教”，而生活教育理论则要求“教学做合一”。教学做只是一种生活之三方面，不是三个独立的过程。总的来说，陶行知的生活教育理论是一种具有中华民族特色的教育理论，它强调教育与生活的紧密联系，主张通过生活来进行教育，以求得生活的向前向上与提高。这一理论对于反对传统的脱离生活实际的教育方式，推动中国教育的改革和发展具有重要的启示意义。

第二节　园家社协同育人方面存在的问题

幼儿园、家庭和社区之间的合作与协同对于儿童的全面发展至关重要。三方协同共育是学前教育的基本立足点，符合儿童教育发展的基本趋势，是促进儿童健康成长的现实要求，是实现教育资源共建共享的有效途径，也是培养儿童社会责任感和价值观的必要手段。然而，在实际操作中，园家社协同育人仍面临一些问题，表现在园家社三方协同意识出现偏差、协同育人机制还不健全、协同育人评价机制还不完善等方面。

1. 园家社协同育人的理念还不深入：虽然园家社协同育人已经成为教育改革的重要方向，但在实际操作中，很多家长、幼儿园和社区对此理念的理解还不够深入，缺乏有效的沟通和协作。由于幼儿园、家庭和社会在育人理念、方法和利益上的差别，导致育人目标不一致。幼儿园更多是从国家立场出发进行教育规划，家庭更多关注个体或家庭利益，而社会教育则可能受到营利性资本的影响。这种不一致性可能导致协同育人的效果受到影响。

2. 园家社协同育人的机制不健全：目前，我国园家社协同育人的机制还不够健全，缺乏有效的运行系统和保障机制，缺乏明确的政策指导和规范操作。在幼儿园、家庭和社区的协同育人过程中，各方责任边界不清晰，导致各方在协同育人过程中的角色和责任不清晰，难以形成合力，影响协同育人的效果。一方面，家庭、幼儿园和社区之间的角色和责任不清晰。家庭有时会过度依赖幼儿园，认为教育是幼儿园的事，幼儿园应承担更多的教育责任；而幼儿园面对不同家庭的幼儿，有时会指责家庭育儿缺乏科学性。社区的参与也存在不确定性和不稳定性，参与相对较少。缺乏明确的角色界定和责任分配会出现互相推诿或责任被削弱的情况，影响合作。另一方面，由于家庭、幼儿园和社区的资源分配不同，责任分配容易出现不均衡的情况。有些家庭缺乏教育资源和知识，难以满足孩子全面发展的需求。而有的幼儿园也会面临师资不足、设施落后等问题，难以提供优质的教育服务。社区缺乏有组织的教育支持和活动。因此，在责任分配中需要重视资源的均衡配置和支持的普惠性，确保每个孩子都能够获得公平的教育机会。

3. 家庭教育水平参差不齐：家庭是孩子成长的第一课堂，家庭教育对孩子的成长有着重要影响。然而，我国家庭教育水平参差不齐，一些家长缺乏科学的教育观念和方法，不利于孩子的全面发展。

4. 幼儿园教育资源分配不均：在协同育人过程中，不同地区和城乡之间的协同育人发展水平存在差异，幼儿园教育资源的分配不均是一个突出问题。一些优质教育资源过于集中在发达地区和城市，而欠发达地区和农村的幼儿园教育资源相对匮乏，导致一些地区和群体无法享受到优质的协同育人资源和服务，影响了教育公平。

5. 社区教育资源利用不足：社区是园家社协同育人的重要载体，但目前我国社区教育资源的利用还不够充分，很多社区缺乏针对性的教育项目和活动，难以满足孩子们多样化的成长需求。

6. 信息化水平不高：信息化是园家社协同育人的重要手段，但目前我国在这方面的发展还不够成熟，很多幼儿园和社区的信息化建设滞后，影响了园家社之间的信息沟通和资源共享。

7. 评价体系不完善：园家社协同育人需要建立科学的评价体系，以评估各方在协同育人过程中的成效。然而，目前我国在这方面的研究和实践还不够成熟，缺乏全面、多维度的评估和反馈机制，缺乏具有指导意义的评价指标和方法，导致评价的片面性和不准确性，影响幼儿园、家庭和社区的积极参与和改进。

8. 社会参与度不高：园家社协同育人需要广泛的社会参与，包括政府部门、企事业单位、社会组织等。然而，目前我国社会各界对园家社协同育人的关注度还不够高，参与度有限。

第三节　园家社协同育人的优化策略

幼儿教育是一个繁杂而庞大的工程，无论是幼儿园、家庭还是社区，都无法单独完成。幼儿园、家庭和社区作为园家社协同共育的三个主体，每个主体拥有不同的资源和能力，各自应该明确自己的角色和边界，按照既定角色履行各自的责任，协调合作，各尽其责，避免角色混淆和责任模糊，才能使各方在协同育人的过程中发挥最大的作用，形成良好的合作关系。针对园家社协同育人存在的问题，通过园所的实践探索，总结梳理出以下解决策略。

1. 加强政策引导和法规建设：习近平总书记指出："家庭是人生的第一个课堂，父母是孩子的第一任老师。"家庭教育为孩子的成长奠定坚实的基础。2021 年 10 月 23 日，十三届全国人大常委会第三十一次会议表决通过了《家庭教育促进法》，并于 2022 年 1 月 1 日起正式实施。这是我国首次就家庭教育进行专门立法。国家已经将园家社协同育人上升为国家教育战略，并在《中华人民共和国国民经济和社会发展第十四个五年规划和 2035 年远景目标纲要》中明确指出要健全学校家庭社会协同育人机制。因此，需要进一步完善相关政策法规，确保园家社协同育人工作有法可依，有序进行。

2. 建立多方参与的组织机构和协同育人机制：各级教育行政部门可设置专门的办公室来指导园家社协同育人工作，制定完善园家社协同育人机制，组织指导园家社合作状况，以促进园家社协同育人制度化和规范化运作。

幼儿园作为专门的育人场所，要整合幼儿园、家庭、社区资源，发挥育人合力。同时，要完善内部管理制度，与家委会一起协商制定园家社合作方案。鼓励社会各界，包括政府部门、企事业单位、社会组织等，积极参与到协同育人工作中来，形成全社会支持教育的良好氛围。

3. 提升家长家庭教育水平：在提升家庭教育水平方面，我们幼儿园是从如下几方面做的。

一是注重家长学校作用的发挥。制定家长学校规章制度、家长学校开班计划，聘请家庭教育指导师担任课程讲师，并根据实际情况采取线上、线下相结合的方式稳步开展课程，帮助家长树立科学的育儿理念、掌握家庭教育的正确方法。

二是提高教师的家庭教育指导能力。经过园委会、教代会多次研讨，确定了由点及面，示范引领；集体学习，整体提升；牵手阅读，共同进步的家庭教育指导培训计划。选择专业的家庭教育指导师培训机构，分批次对执行园长、年级组长进行线上、线下培训，系统学习《家庭教育学》《家庭教育指导概论》《家庭教育心理学》《家庭教育社会学》《家庭教育健康学概要》等，考取了家庭教育指导师证书，提高家庭教育专业能力。进而示范引领，对园内教师进行二次培训学习，增强教师在指导家庭教育服务方面的专业性和权威性。同时，聘请专业教师对园内全体教师、保育员开展正向养育、婴幼儿发展规律及家庭教育策略等系列课程学习，学习育儿工具，并结合幼儿在园的表现，从幼教专业和家庭教育两个方面与家长沟通，帮助未成年人父母或其他监护人提高家庭教育意识和能力，建立和谐的亲子关系，做合格家长。

三是开展每周一次的教师家长共读沙龙，共同阅读育儿书籍、分享阅读感悟，如《爱和自由》《捕捉儿童的敏感期》《完整的儿童》等，在阅读中学习家庭教育经验，从而全面提升家长的“家庭教育素养”，帮助家长获得较系统的家庭教育指导能力，重点指导家长的教育观念和教育方法；通过开展家庭教育指导服务，帮助家长树立科学的教育观念，提供育儿知识和技能培训，以提高家庭教育的整体水平。经过一系列的学习培训，基本做到了让教育者先受教育，补齐家庭教育服务能力短板，让教师先成为专业的人，再做专业的事。“教师”变身“指导师”，也让教师成为“离家庭最近的专家”。

4. 优化学校教育资源分配：努力缩小不同地区、不同学校之间的教育资源差距，促进教育公平，确保每个孩子都能享受到优质的教育资源。我们是一所集团化办园模式的幼儿园，集团内有 6 所分园。为促进各幼儿园的有序发展，园所之间采用“统一管理、资源共用、智慧共享、共同发展”的集团化运行方式，实行组织建设、安全、人事、经费、业务、资源配置、考核奖惩等统一管理。形成区域内“资源共享、优势互补、以强带弱、共同发展”的良好格局，充分调动每位教职工的积极性，发挥其潜能。有效促进了教育公平，确保每个孩子都能享受到优质的教育资源。

5. 充分利用社区资源：《幼儿园教育指导纲要（试行）》的总则中提出：“幼儿园应与家庭、社区密切合作，与小学衔接，综合利用各种教育资源，共同为幼儿的发展创造良好的条件。”幼儿园可以利用社区教育资源开展社会活动。社区内的教育资源主要是针对社区内的群众进行宣传教育。例如幼儿园利用自身的教育资源，在小区为社区家长提供早期教育服务的平台，介绍关于早教的一些思想。

同时，鼓励和支持社区开展丰富多彩的教育活动，为孩子们提供多样化的成长环境，同时加强社区教育资源的建设和管理。不同的社区场景资源分由不同的社会机构管理，承担着不同的社会功能。如市科技馆、博物馆、图书馆、东夷文化展览馆、滨河文化广场、动植物园、周边的公园等。针对幼儿的直观性思维、好奇心强、探索欲望强烈等心理特点，幼儿园在总结社区如此多资源的基础上，选择对资源进行仔细地分析和筛选，从而能充分利用资源，发挥它的教育价值。

6. 推进教育信息化进程：在数字化时代背景下，我们需要利用好信息技术重建家和园之间的联结关系，让家长和幼儿园在共育活动中相互支持。目前，网络在幼儿教育当中已经普遍应用，教师通过 QQ 或者微信等社交 App，将孩子在幼儿园当中的状态随时记录，通过这些透明化公开化的信息，传递给家长一种信任感，让家长了解孩子在园的基本状态。利用现代信息技术，建立园家社之间的信息交流平台，实现资源共享和有效沟通。幼儿园运用数智化管理平台，通过“一个平台，多端应用、设备与数据结合”实现信息技术与教育教学的深度融合，为幼儿园的各项管理与服务、与家长的良性互动等教育教学行为充分赋能。家长只需要借助家长端小程序，就可以了解孩子的健康、饮食、学习、社交与活动情况。

另外，信息化可以提供优质资源共享。教师可以在信息技术的支撑下获取更加丰富和多样的教学素材，让教学资源得以扩充，从而满足幼儿的个性化以及多样化的学习需求。教师明确教学任务之后可以建立对应的教学资源库，从互联网中获取各种类型的素材，并从中选择最佳的素材，让活动内容更加丰富。

现在，大部分幼儿园都会有专属的微信公众平台，每天在平台上面通过视频或者图文的形式，将幼儿园的特色与文化全面展现给外界。

7. 完善评价体系：园家社协同共育的关键之一是建立全面、有效、科学的评价体系，对园家社协同育人的效果进行评估，及时调整和优化策略。第一，幼儿园可以采用多元评估手段，如素养测评、课堂观察、项目成果等。这样的多元评估能够全面了解幼儿的学习态度、综合素养和创造力等方面的情况。第二，幼儿园根据幼儿的特点和需求，进行个性化的评估，提供个性化评估和反馈。如观察幼儿游戏或活动，为其撰写观察故事、叙事故事、一对一倾听等，对幼儿进行个性化评价，关注幼儿的个体差异和潜能发展，并根据幼儿发展情况进行进一步支持。第三，合作共建评估指标。幼儿园、家庭和社区可以共同商讨并建立评估指标，形成共识，促进教育目标的统一和协同，确保评估结果能够真正反映幼儿的全面发展和重要品质。同时，邀请家庭参与评估。家庭作为重要的教育参与者，可以参与幼儿的评估过程。幼儿园可以邀请家长参与幼儿学习的观察和评估，了解幼儿在家庭环境中的生活学习情况和特点，并相互交流评估结果，共同制定提升计划和措施。第四，加强教师专业评估。幼儿园可以加强教师的专业评估和发展，确保教师能够科学、客观地进行幼儿成绩和综合素养的评估。教师为幼儿建立成长档案，并有计划地分析幼儿成长的档案材料，写出阶段性成长评估报告。

幼儿园、家庭和社区及时了解幼儿的活动发展情况，发现儿童的潜在问题和需求，提供个性化的教育方案和措施，反思教育方法和策略，进行教育改进和创新，提高教育质量和效果，为幼儿提供及时的反馈和支持，培养幼儿的自主学习、批判思维和合作精神。

8. 提高社会参与度：幼儿园可以与社区合作，共享社区资源，如图书馆、博物馆、社区活动中心等，鼓励幼儿参与社区志愿服务、实践活动等，以便培养他们的社会责任感和公民意识，促进幼儿园、家庭和社区之间的交流与合作。幼儿园可以作为牵头单位，与家庭和社区共同策划和组织一些协同活动，开展家庭教育辅导课程，举办家庭教育讲座、社区教育、教育展览等活动，分享教育经验和有效的家庭教育方法，帮助家长更好地了解孩子的成长发展需要。幼儿园还可以邀请社区专业人士举办讲座，指导幼儿社会实践等，以丰富幼儿的学习生活经验，加深幼儿对社区和社会的认知。社区组织也可以支持幼儿园和家庭的教育工作，通过举办各类教育讲座、培训等活动，向幼儿提供学习和成长的支持。

此外，幼儿园还可以借助家庭的资源，邀请家长到幼儿园开展家长进课堂活动。我们幼儿园每学期都有固定的时间开展助教活动，教师鼓励家长积极自主报名，自愿进课堂助教，如我们园开展的故事爸妈进课堂、家长助教、家长志愿者服务等活动，有很多的警察、儿科医生、牙医、消防员、茶艺师、花艺师、飞机场人员、烘焙师等走进幼儿园，他们非常重视入园助教的机会，精心策划活动流程、准备活动材料、积极与幼儿互动，深受幼儿喜爱。家长助教活动，不但丰富了活动资源，丰富了幼儿的学习内容和体验，还增强了与家庭的联系和互动。

同时，利用家长的社会资源，扩大孩子的学习空间。教育部在2001年9月印发的《幼儿园教育指导纲要》中强调："充分利用自然环境和社区教育资源，扩大幼儿生活和学习的空间。"我们在家长的组织下，参观社区党群服务中心，到特警支队体验特警的工作，到东夷文化馆参观，到农村合作社体验采摘、劳动的快乐等，有效拓展了教育资源，使园家社协同育人更有实效。

幼儿园、家庭和社区的合作与协同，能够为儿童提供更全面的支持，以促进儿童的早期健康全面发展。园家社协同共育有助于培养儿童的社会情感、人际交往能力和创造力，为他们成长奠定坚实的基础。三方相互信任，携手互助，提供多元化的教育支持与资源，才能为儿童的全面发展创造良好的环境和条件。

第四节　幼儿园家长开放日活动推动家园共育的策略

家长开放日活动是家园沟通的重要方式，也是家园共育的有效载体。它是指幼儿园在每学期或每月特定的一天，向家长展现班级一日或半日幼儿在园生活、学习、游戏等内容的开放活动，也是向家长全面、直观展示幼儿在园发展变化的一扇窗口。如何选择恰当的活动内容及组织形式？家长开放日活动怎样组织与实施呢？

一、家长开放日的内容及组织形式

《幼儿园工作规程》中明确指出："应建立幼儿园与家长联系的制度……幼儿园可实行家长开放日的制度。"有了政策的支持与保障，幼儿园家长开放日活动得以全面开展。那么开放日活动的主要内容和活动形式是什么？幼儿园一日生活丰富多彩，包括教学、游戏、区角、生活、体育等活动。为了让家长多角度了解幼儿的在园生活，使家长树立正确的教育观，开放日活动可采用观摩教育活动、亲子活动、节日庆祝活动、家长助教活动等多种形式。

（一）观摩教育活动

请家长观摩一节主题教育教学、区域活动或户外游戏活动。由于教师接受过专门的教育教学培训，他们的教育方法和教育理念可以为家长提供一种实地学习的机会，有利于家长了解幼儿园的教育，纠正家长错误的教育理论，让家长获得有益的启示，以便实施良好的家庭教育。

（二）亲子活动

开展亲子活动是做好家长工作的一种有效途径。其主要形式有：亲子教学活动、亲子运动会、节日庆祝活动等。其中，根据教育内容而专门设计的亲子教学活动是比较常用的，它是在教师的指导下，家长与孩子一起参加专门设计的亲子活动。在这些亲子活动中，教师将教育内容和要求融合在游戏活动中，向家长提供互相学习、交流的机会，促使家长提高教养素质和能力，也为孩子和家长提供共同游戏、共同成长的环境和氛围，增进亲子间的感情。另外，幼儿园通常会举办每年一次的亲子运动会，意在让家长与幼儿一起通过运动项目的竞赛，锻炼身体，增强体质，它同样也能增进亲子间的感情。亲子活动能为孩子与家长、教师与家长之间架起一座沟通的桥梁，使互相之间能够进行密切的交流。

（三）庆典活动

邀请家长参与幼儿园组织的节日庆祝活动，如“三八节”“六一儿童节”“重阳节”“元旦”等，让家长在庆祝活动中学习怎样寓教于乐。我们幼儿园每年都开展“温馨三八话感恩”妇女节庆祝活动。活动中，为培养幼儿爱妈妈、关心家人的情感，激发幼儿的感恩情怀，各班级开展了形式多样的“温馨三八话感恩”主题庆祝活动。大班教师精心为孩子们设计了“护蛋行动”，让宝贝们在保护蛋宝宝的过程中，感受妈妈抚养自己所付出的辛苦；中班从子凡的妈妈为大家呈现了孩子从小到大成长的视频，感动了中班的小宝贝，孩子们亲手为妈妈制作了美丽的康乃馨，充分激发了孩子爱妈妈的情感；小班的宝贝们为妈妈捶捶背、揉揉肩，在充满温情的亲子游戏中感受着妈妈的爱。整个活动洋溢着一股温情，当孩子们用稚嫩的声音唱起《世上只有妈妈好》，当孩子们满怀亲情地说“祝妈妈、奶奶节日快乐”，当宝贝们深情地搂住妈妈、奶奶的脖子献上最甜的香吻，当家长们接过孩子亲手制作的礼物、听到孩子们一声声祝福，当一块块甜蜜的棒棒糖放入妈妈、奶奶口中的时候，妈妈、奶奶们的眼睛里无不闪着激动的泪花，幸福的笑容写在了每个人的脸上。此次活动的开展不仅让妈妈、奶奶们度过了一个快乐、有意义的节日，同时在孩子幼小的心灵中播下了爱的种子，让他们从小学会感恩和回报。

（四）家长助教活动

为了有效地利用家长资源，实现家庭与幼儿园更为平等更为广泛的教育互动，在全面了解各位家长的兴趣、特长、工作性质的基础上，聘请家长做“教师”，组织教育活动。如可以请当交警的爸爸来给孩子们讲解交通安全知识，教幼儿学指挥交通手势；请当医生的妈妈为孩子们答疑解惑；请糕点师妈妈教孩子们制作糕点。这样能最大限度地唤醒家长的主人翁意识，使其成为开放日活动的积极参与者。

二、家长开放日的组织与实施

家长开放日活动的有效开展需要幼儿园多方配合，共同组织和策划。从园领导层面讲，幼儿园可成立“家长开放日”领导小组，由园长任组长，业务园长具体负责，教研组组长全力协助，一线教师集体讨论制定家长开放日活动计划，全面统筹各年龄段开放日活动。领导小组定期讨论，及时调整和解决工作中出现的问题。从教师层面讲，教师首先要思考几个问题：要不要进行家长开放日活动？为什么要开放？怎样开放？需要进行哪些准备？要开展哪些内容？还需要哪些帮助？然后根据幼儿的年龄特点和实际情况做好详细周全的活动计划。

（一）拟定通知为前提

家长对于开放日活动的开展是比较期待和关注的，他们特别愿意看到孩子在幼儿园学习生活的具体表现。那么拟定开放日活动的通知则是活动的前奏。通知首先要明确家长开放日活动的时间，以便于家长提前做好时间准备。然后，教师要根据活动的安排和幼儿的年龄特点，告知家长在活动中重点观察什么。最后，还要提醒家长怎样去观察孩子，活动中既要观察自己的孩子又要观察其他的孩子，寻找幼儿发展中的闪光点及需要加强培养的方面；既要观察幼儿又要观察教师，学习一些具体的教育方法。

（二）确定目标有方向

每次的开放日活动都要确定好活动的目标。不同时间、不同形式的开放活动，其开放目标和侧重点也不同，教师要从幼儿园的教育目标出发，结合本班幼儿的年龄特点、幼儿发展水平、家长的实际情况、季节和重大节日、当前社会热点问题等内容，来确定开放日的活动目标。如每学期一次的开放日活动为全面性的开放，教师目标应定位在如何进行全方位的展示，展现孩子整个学期学到的各领域的技能和生活常规的能力。每月一次的开放活动，目标则应定位在针对每月制定的教育和生活的重点目标进行展示，在开放日活动中体现孩子成长的轨迹，引导家长发现自己孩子这段时间的进步；节日庆祝类的开放活动，教师目标的确定应以调节气氛表演、游戏为主，展示技能为辅，突出节日主题，激发孩子积极参加活动的兴趣。总之，不管是哪种形式的开放日活动，教师都要做到心中有目标。

（三）内容形式要适宜

在开放日活动内容的选择上，教师要注意根据本班幼儿的年龄特点和实际水平设计选择适合幼儿的活动，既要有新颖性又要根据幼儿好动、易兴奋、喜欢探索和操作活动的特点，把幼儿平时所学技能融合在游戏中，展现幼儿实际能力水平。另外，为了使幼儿的情绪保持稳定，需要设计一些保持较长时间注意力的亲子共同参与的操作活动。家长开放日主题的选择关系到幼儿园能否把办学理念有效地传递给家长，关系到家长能否理解幼儿园的教育教学工作，更关系到幼儿园与家庭能否建立一种平等、合作、互助的关系，以促进幼儿各方面的和谐发展。首先，活动选题要贴近幼儿生活。教师在设计活动时不但要考虑从幼儿实际出发，贴近幼儿生活，而且要尽量考虑怎样让家长融入活动之中。其次，活动选题应考虑幼儿年龄特点。随着幼儿年龄的增长，家长的要求会发生变化，教师也应根据幼儿的年龄特点设计开放日活动主题。如针对刚入园的小班孩子，家长更多的是想了解孩子在幼儿园是怎么生活的。而在大班，设计一次活动让家长了解教师怎样帮助孩子做好入学准备，这样更符合这个年龄段幼儿及其家长的需求，家长的收获可能会更大一些。最后，活动设计还要渗透正确的课程理念。如今的幼儿园家长开放日活动内容注重与幼儿的生活经验、现实世界相结合，体现了综合性、整体性。这不仅调动了幼儿学习的主动性和积极性，还促进了幼儿知识、能力、情感和态度的和谐发展。

（四）流程合理不紧张

活动流程的制定能够清晰地反映活动的安排是否合理，是否符合幼儿身心发展的特点，符合全体幼儿的发展水平。既要使幼儿有较高的热情参与活动又要注意动静交替，避免幼儿疲惫；还要关注幼儿的个体差异。

（五）人员分工要明确

在开放日活动中，班级教师的分工尤为重要。每一名教师都是不可或缺的一员，教师要提前协商好人员的分工。如以哪位教师为主线贯穿整个开放日活动；某个环节或活动由哪位教师主要负责，其他教师如何配合协助；活动的小结及建议由哪位教师负责收集等。在开放日活动前都要做好细致明确的分工，各司其职，确保教师在活动中能有条不紊地进行，避免手忙脚乱，确保开放日活动顺利进行。

第二章

园家社协同共育下幼儿生活自理能力的培养

幼儿期是幼儿自理能力培养的关键期，也是幼儿生活自理能力发展的“敏感期”。《幼儿园教育指导纲要》中明确指出，要培养幼儿良好的饮食、睡眠、盥洗、排泄等生活习惯和生活自理能力。所谓生活自理能力是指幼儿在日常生活中照料自己生活的自我服务性劳动。自理能力作为幼儿自我照顾的最基础能力，为幼儿融入社会提供了条件，决定着幼儿能够进行自主发展，也是保障幼儿发展全方面综合能力和素质的基础。有利于幼儿自我意识的培养、感知觉的发展、性格的养成。

《3—6岁儿童学习与发展指南》在健康领域的“生活习惯与生活能力”中提出了促使幼儿“具有基本的生活自理能力”的发展目标。著名早期教育家叶圣陶先生说“教是为了不教”，其根本出发点是为了培养幼儿的自主能力，为其未来生活做准备，更好地培养幼儿的生活自理能力。特别是小班阶段的幼儿刚刚离开自己熟悉的家庭环境，来到幼儿园这个集体中，无论是在生理上还是在心理上都面临着全新的挑战，加强小班幼儿的自理能力培养，能够帮助幼儿更快地适应集体生活。要引导幼儿做自己能做的事情，对幼儿的尝试与努力给予肯定，不因做不好或做得慢就包办代替；引导幼儿学会并了解日常生活自理的基本方式；创造幼儿能够日常生活自理的基本条件。

第一节　影响幼儿生活自理能力发展的因素

幼儿阶段是接受能力和模仿能力最强的阶段，也是培养幼儿自理能力的黄金时期。从家庭进入幼儿园，很多幼儿的生活自理能力比较弱。影响幼儿自理能力发展的因素有很多，主要包括以下几个方面。

一、家庭因素

家庭环境对于幼儿自理能力的发展具有重要影响。父母的教育方式、对孩子的期望、家庭氛围等都可能影响孩子的自理能力。袁娜、喻欢在《如何培养幼儿生活自理能力》一文中提出：家长的教养态度与幼儿的生活自理能力有着较强的相关关系。家长采取重视型的教养态度，幼儿的生活自理能力最好；家长采取放任型的教养态度，幼儿的自理能力一般般；家长采取保护型的教养态度，幼儿的自理能力最差。从调查结果来看，部分家长的传统教养观念根深蒂固，这是导致当前幼儿园小班幼儿生活自理能力发展问题的关键原因之一。比如，不少家长受到传统教养观念的影响，认为小班的幼儿年龄太小，需要家长的全面照顾，因此在幼儿的洗手、进餐和如厕方面往往全程照看，甚至代劳大部分事务，这样使得小班幼儿的生活自理能力得不到良好的锻炼。此外，还有部分家长受到传统教养观念影响以幼儿的年龄比较小为理由，纵容幼儿随意浪费食物以及任意小便等不良行为，这样不仅不利于幼儿的生活自理能力的培养，而且对于幼儿人格发展和素质进步也有较大的不良影响。父母如果过度溺爱孩子，可能会剥夺孩子学习锻炼的机会，使孩子形成依赖心理，从而影响自理能力的发展。现在家庭经济条件宽裕，很多父母，特别是祖辈家长，缺乏科学的家庭教育理念，认为孩子还小，长大了再干不迟；或认为树大自直，凡事都包办代替，对孩子都是溺爱有加，过于保护和干扰幼儿的生活，让幼儿养成衣来伸手饭来张口的不良习惯，幼儿的独立性和自主性没有得到有效的培养和锻炼。有的家长认为孩子的年龄小，事情做不好，只会给自己“添乱”。幼儿在家缺乏锻炼的机会，所以离开家庭进入幼儿园这个集体之后，不能独自吃饭，不能自己穿脱衣服，经常会有幼儿上完卫生间不拎裤子就跑出来，甚至有的孩子在幼儿园里自己能做的事情，回到家里却衣来伸手，饭来张口，使得在幼儿园养成的良好习惯半途而废。这无形中加大了教师培养幼儿生活自理能力的难度，更延误了孩子生活自理能力持续的发展。

二、幼儿园因素

幼儿园是幼儿学习自理能力的重要场所。在幼儿园中，孩子可以接触到更多的同龄伙伴，学习如何与他人合作、分享和互助。根据相关调查，我国幼儿在家自理情况处于静态水平，反映了家庭教育在幼儿生活习惯培养上存在严重包办现象。幼儿入园后，生活自理能力呈现出动态水平，有的孩子适应很快，有的孩子显得无所适从，这种现象反映了家庭教育水平之间的差异。

此外，幼儿园的教育环境和教育方式也可能影响孩子的自理能力发展。例如，幼儿园如果注重培养孩子的独立性，可能会提供更多的机会让孩子自己完成一些力所能及的任务，从而促进孩子自理能力的发展。在幼儿园里教师指导孩子如何进行自我服务，并放手给孩子机会让其自己去尝试，去做，比如，自己吃饭，自己穿脱衣服、鞋子，自己叠衣服、整理床铺等，孩子的自我服务能力得到很大发展。但周末回家后，家长又启动溺爱模式，包办代替，就产生了“5 +2 =0”的效果。这种家园教育的不一致性，对幼儿生活自理能力的培养有很大程度上的影响。

三、幼儿自身因素

孩子的自身特点也会影响自理能力的发展。例如，孩子的性别、性格、身体状况等都可能影响自理能力的发展。一方面，男孩女孩发育存在差异，女孩在精细动作上的发育要比男孩好，女孩在生活自理能力方面略强一些。另一方面，男孩接触与家务有关的活动较少，这些因素都对幼儿生活自理能力的学习和掌握产生影响。此外，性格内向、懦弱或懒惰的孩子可能缺乏自理的积极性和能力。小中大班幼儿之间的自理能力也存在明显差异。

四、社会因素

社会环境和文化背景也可能影响幼儿的自理能力发展。例如，有些人可能更加注重培养孩子的独立性和自主性，而有的人可能更注重孩子的依赖性和顺从性。这种文化差异可能会影响父母的教育方式、期望和孩子的自理能力发展。

第二节　改善家庭教育方式，提高幼儿生活自理能力水平

家长是幼儿的第一位老师，家庭是第一课堂，更是幼儿成长过程中十分重要的环境。孩子从出生就在不断地尝试、探索世界，当孩子会拿起勺子往嘴巴里放的时候，他就在尝试自我服务。两三岁的幼儿已经有了吃饭、喝水、大小便、自己穿拖鞋等自理能力，家长应积极创设培养幼儿自理能力的环境和机会，鼓励幼儿进行力所能及的活动，放手让幼儿在潜移默化的过程中锻炼自身的自理能力，从而促进幼儿的全方面综合能力的发展。

一、家长要敢于放手，培养幼儿独立性和自主性

家长要重视孩子独立能力的培养，意识到独立自主能力的重要性，敢于放手，给孩子创造锻炼的机会，培养幼儿的自理能力。在幼儿对某件事情感兴趣的时候，家长要及时发现并且大胆放手鼓励孩子自己动手去做，在孩子尝试去做的过程中家长也不能袖手旁观或者不断干预，而是坚持幼儿为主体，耐心地指导幼儿，提供给幼儿足够的锻炼机会；孩子做得慢，做得不好，家长也不能气馁发脾气或者直接代替孩子做，而是心平气和地鼓励孩子，指出孩子做的不对之处，教他改正，孩子有进步，家长要及时给予表扬；在幼儿想要放弃或者想求助家长来帮他做的时候，家长一定不能心软妥协，让孩子学会坚持，告诉孩子自己的事情要自己做，让他意识到独立自主能力的重要性，家长要一直陪在孩子身边，让孩子有安全感和自信心。

二、家长要掌握正确的教育方法并教给幼儿

要让幼儿做到生活自理，必须先让其掌握生活自理的方法，并且为孩子创造条件去学习和尝试，让幼儿在生活中养成良好的自理能力。即使孩子有独立意识，但是他们没有得到正确的方法和练习的机会，那也没有用，所以要让孩子掌握正确的方法并提供充分的练习机会。因此，在家庭教育中，家长可以利用儿歌、故事等吸引孩子，让幼儿对自己动手感兴趣。如想要让孩子每天坚持刷牙，家长可以先给孩子讲有关刷牙的故事，让孩子对刷牙产生兴趣，接着再教幼儿怎样正确刷牙；可以设计一些情景表演，家长和幼儿参与其中，让幼儿在愉快的家庭氛围中感受到自己动手带来的成就感和愉悦感，激发幼儿自己参与生活劳动的动力和兴趣，同时在表演中学会如何正确操作；对于孩子不感兴趣而他必须自己去做的事情，家长不能妥协也不能对孩子发脾气，可以通过游戏、比赛、奖励等方法引起孩子注意，再教给他们正确的操作方法，可以编一些绕口令、口诀等便于幼儿记忆。

三、尊重幼儿的身心发展规律和个别差异

幼儿的身心发展具有阶段性，动作技能的发展具有一定的规律，简单来说，幼儿遵循从上到下、由远及近、由粗到细的发展规律，幼儿手指属于小肌肉群，当幼儿没有达到发展水平，不可强迫幼儿去做，要循序渐进，慢慢锻炼幼儿的小肌肉能力，在幼儿获得初步的生活自理技巧之后，再慢慢提高幼儿做事情的速度、质量。如在吃饭的时候，天天会自己吃饭，但总是会撒饭粒，妈妈从来都不会发脾气，一直很有耐心地鼓励天天说没关系，我们天

天小手指的力量还不够，多练习练习就好了，经过妈妈的耐心教导，一步一步提出要求并且放手让他练习，天天逐渐掌握了吃饭的技巧，进步了很多。

每个孩子都是一个独立的个体，他们之间会存在差异，对于不同的孩子要因材施教，切不可看到别的孩子做到的事一定要让自己的孩子做到，对于不同层次的幼儿来说，要求就有所区别。对待能力相对较强的孩子，就要提高要求，对待能力相对较差的孩子，就要降低标准。

四、营造积极愉悦的语言氛围，增强幼儿自信心

家长在生活中尤其是孩子面前，要注意说话的方式，给孩子营造一个积极愉快的家庭氛围，即使孩子犯错误，也不要凶狠地训斥孩子，而是找到错误的原因，用平和的语气与之沟通，把孩子当成平等的对象来看待，维护幼儿的自尊心。同时，家长要对孩子的点滴进步和成功给予及时的表扬，知道幼儿自信心的重要性，以及如何培养幼儿的自信和生活能力。鼓励幼儿与家长交流，告诉家长自己在生活中所遇到的问题，家长与孩子共同分析问题原因，并给予相应的指导和建议，这样才能使孩子明白自己应该做什么，怎样做，也增进了家长与孩子之间的关系，让孩子感受到温暖的家庭氛围，对于孩子的心理建设和自信心都有很大的帮助和提高。

五、不断提高家长自身的素质

孩子易模仿的特点，导致孩子不经意间就会向成人学习，孩子对成人的模仿不仅局限于外在举止行为，而且包括性格、情绪、思维方式以及生活方式。父母若严格要求自己，自己的事情自己做，遇到困难不轻易说放弃，努

力培养孩子的自理意识，为培养他们的生活自理能力创造条件和锻炼机会，那样的孩子一定不会差。因此，父母要注意加强自身能力的培养，多看一些育儿书籍，多向别人学习有效的经验，掌握教育孩子的知识和技能，学习培养幼儿生活能力的正确方法，加强父母榜样的作用，以身作则，自己不轻言放弃的同时耐心教导孩子，让孩子也不轻言放弃，增强独立自主的意识，掌握独立自主的方法，提高独立自主的能力。

第三节 园家社协同培养幼儿生活自理能力的策略

幼儿本身是园家社协同共育的核心及出发点，是幼儿园教育、家庭教育、社区教育的主体。培养全方面综合能力共同发展的幼儿，是园家社协同共育的终极目标及理想。家庭教育应与幼儿园教育、社区教育有机结合，共同努力，充分发挥其各自的作用，从而促进幼儿的健康成长。只有通过园家社三方配合互动和相互督促，有效培养幼儿的自理能力，才能促进幼儿的健康成长和全方面综合能力的发展。

一、构建三位一体交流平台，形成幼儿教育合力

培养幼儿的自理能力是幼儿教育的重要目标，要实现这个目标并不是一件容易而简单的事情，需要幼儿园、家长和社会三方的共同参与，形成园家社联合教育的共同体。我园建立了幼儿园、教师和家长的三位一体幼儿共育

平台，实现幼儿信息的自由高效流动共享。有了这样的家园共育的平台，就能为幼儿自理能力的培养提供很好的途径。例如，我园建立了微信群、QQ群，用信息化手段了解幼儿在园的自理情况，便于采取有针对性的教育策略。此外，幼儿园通过微信公众号或家长线上线下共读的过程中，将有关幼儿教育的先进理念和经验做法进行分享交流和沟通，这样便于家长和教师互相学习借鉴，进而形成良好的教育合力，这对于提升小班幼儿的独立意识和自理能力有十分积极的帮助。

二、遵循幼儿成长规律，有计划地选择适宜内容

著名教育家陈鹤琴先生提出“凡是儿童自己能做的，应当让他自己做”的教育原则。孩子从两三岁开始便有了“我自己”“我能干×××”的意识，我们要根据幼儿的年龄特点，逐步在日常生活中培养幼儿初步的自理能力。如培养幼儿穿脱衣服的能力，小班幼儿在成人或同伴的帮助下能穿脱衣服，中班幼儿要自己穿脱衣服、鞋袜、扣纽扣，大班幼儿能够根据天气冷热增减衣服，会自己系鞋带。教育目标不同，教师设计的活动内容也就不同。每个班的幼儿之间也存在个体差异，对于能力强的幼儿，在平时的生活中已习得这方面的经验；能力弱点的幼儿，就需要教师个别指导，多次练习，也可以请做得好的小朋友同伴互助，多鼓励幼儿。

小班孩子刚入园，幼儿的基本生活自理能力很弱，大多数不会正确地洗手、喝水，不能独立进餐，穿脱简单的衣裤等。教师积极探索丰富多彩的活动帮助幼儿提高生活自理能力，这样能够吸引幼儿更加积极主动地参与到自理能力的锻炼与培养中。同时，教师还结合幼儿爱游戏的特点，积极创设游

戏环境，提供多变有趣易操作的低结构材料，让幼儿在与材料的互动中，提升生活自理能力水平。如在培养幼儿学习初步整理物品的能力时，教师设计开展了“玩具找家”游戏。让幼儿通过制作标识，再引导幼儿将玩具与标识对应放置，让幼儿养成玩完玩具将玩具放回原处的习惯。在操作区，我们投放了几个大嘴动物玩偶，给孩子们玩投喂小游戏，在投喂的过程中，小朋友们也慢慢地懂得了如何使用勺子，进而结合在日常生活当中，小朋友们在游戏中会发现用勺子的正确方法，而这种小朋友自己亲身的感受比教师们一味地讲解该如何用勺效果更佳。

三、在一日生活各个环节中培养幼儿生活自理能力

结合一日生活蕴含的学习与发展的契机，让幼儿多动手操作，激发幼儿自己做事的积极性和为他人、为集体服务的主动性。孩子虽小，但家长和教师不能低估了他们做事的能力，要不失时机地为幼儿提供各种锻炼的机会，放手让幼儿去尝试、去体验他应自己干的、能自己干的事情。从早上入园开始，引导幼儿自己背着小书包入园，自己把衣物叠好放在衣柜中，自己取水杯接水、喝水，自己搬放小椅子，自主取餐，自己收拾餐盘，自主如厕等。但每个环节，需要教师认真观察幼儿的自理情况，并有针对性地进行指导。如早餐剥鸡蛋时，针对小班的大部分宝贝不会剥鸡蛋，教师设计了儿歌《变变变，变成白蛋蛋》，引导幼儿边说儿歌边剥鸡蛋，并及时鼓励幼儿。针对有些孩子一日饮水量不足的问题，教师和幼儿一起做小实验，让幼儿通过尿液颜色的对比，发现喝水少的危害。并通过医生的话让幼儿了解到一天需要喝多少水是合适的。为了保证喝水量，教师还设计了喝水签，每喝一次水就放

一个签，离园前数一数喝了几杯水。如果喝水量没达到，就跟家长沟通，回家后再补充一些。每天的洗手环节，有的孩子简单冲一冲就去擦手。老师将这种现象拍摄下来，让小朋友一起分析，如果洗手洗不干净会怎样？应该怎样洗手？借助《洗洗小手》儿歌和洗手七步法，帮助幼儿学习洗手的方法，鼓励幼儿主动洗手，培养良好的卫生习惯。到了中大班，幼儿的自我意识、独立意识逐渐增强，有意识地给幼儿分配一些小任务，如尝试让幼儿自己照料和整理班级的植物，可以协助教师积极参加日常劳动，学习简单的整理和打扫，入离园时间，鼓励幼儿整理衣物，摆放鞋子等。引导幼儿主动、独立地进行各项生活常规活动，逐步脱离教师和保育员的帮助，提高自理能力水平，做好自我服务。

四、家长要积极配合幼儿园，与幼儿园教育同步

幼儿生活自理能力的养成是一个循序渐进的过程，科学有效的家园共育需要家长和幼儿园双方的共同努力。这就需要家长对孩子报以充分的爱心和责任心，对幼儿园及教师报以信任和支持，教师也要对家长报以热情及信心。在家长和幼儿园的共同努力下，全面培养幼儿各方面的能力。良好的家园共育在培养幼儿良好行为习惯的同时，也能显著提升幼儿的自理能力，促进了幼儿对各种技能和知识的了解和学习，加深了家长和幼儿园之间的良性沟通。在幼儿的教育阶段，幼儿的家庭教育和幼儿园教育是一个整体，只有整体共同发展，才能有效促进幼儿的成长和发展。父母在家庭给孩子进行自理能力培养时，应与幼儿园教师保持交流沟通，这样可以了解孩子在幼儿园教育状况的具体表现，以便主动协调班级教师，实现幼儿健康发展。

幼儿生活自理能力的培养不是一朝一夕就能完成的，所以教师也需要与家长配合。在这个长期持续的训练过程中，教师和家长需要在教育理念与方法上达成一致，需要不断为孩子创造锻炼的机会与条件。培养孩子的自理能力，应顺应孩子的身心发展规律。教师不仅要提醒家长学会“放手”，还要提醒家长在孩子的成长过程中，要给予孩子足够的耐心和鼓励，更不要吝啬自己的“鼓励”。只有园家社协同共育，才能使孩子们不断地学习与提高自我服务能力，养成良好的生活习惯，健康快乐地成长。

第三章

园家社协同共育培养幼儿的早期阅读能力

阅读对幼儿发展具有深远的影响。3—6 岁是人的阅读能力发展的关键期，对于培养幼儿对阅读的兴趣，养成良好的阅读习惯有着非常重要的意义。2017 年发布的《全民阅读促进条例》明确提出：“鼓励学龄前儿童的父母或者其他监护人积极开展家庭阅读、亲子阅读等，营造良好的家庭阅读氛围。”亲子阅读是培养和提升幼儿阅读能力的重要途径。《幼儿园教育指导纲要》中明确提出在语言教育目标中，应将儿童早期阅读纳入其中，提出要引导幼儿对书本的兴趣、读书的兴趣和写字的兴趣。教育心理学研究结论：学龄前阶段不但是孩子口头语言能力提升的关键时段，也是书面语言发展的重要时段。在这个时期，幼儿的口头语言快速发展，开始认识图形、符号，以及声音和语意的联系性，并试着用所学的语言来描述生活中自己的所见所闻。幼儿的语言能力，并不仅指的是口头上的文字表达、书面表达（比如通过画画表达自己的想法），还包括幼儿对文学作品（故事、童话、寓言等）的倾听能力、表达能力、感知能力等。幼儿在阅读活动中，首先要学会倾听，然后要学会欣赏，最后在听懂理解的基础上再进行表达。所以，良好的幼儿阅读能力，可以促进幼儿心理健康发展，还可以促进幼儿智力（包括判断能力、辨别能力、理解能力、想象能力等）发展。有效的阅读能帮助幼儿塑造早期性格，丰富幼儿的情感，还能对幼儿的智力开发也起着很重要的作用，不仅帮助幼儿拓宽知识面，还对他一生的发展都有积极的影响。

第一节　幼儿早期阅读能力培养存在的问题

幼儿园及家长虽然比较重视幼儿的早期阅读，但由于家长对绘本不太了解，家长本身没有阅读的习惯，不懂得如何进行亲子阅读等，导致多数幼儿没有良好的阅读习惯。

一、缺乏良好的阅读环境

俗话说“环境造就人”，环境能影响人，也能潜移默化地改变一个人，它能直接或间接地支配着孩子的思想道德行为，也能影响着孩子的成长和发展。良好的环境能成就一个人，而不良的环境也将会给一个人的成长带来负面作用。阅读环境对幼儿早期阅读能力培养的效果也有很大影响。幼儿园内孩子阅读的主要场所就是班级的图书区，它是幼儿园阅读环境的重要组成部分。据调查，有些幼儿园在班级的阅读环境创设方面比较欠缺，环境布置简陋，阅读区位置选择不合理，导致旁边幼儿在进行其他活动时动静大，分散了幼儿的注意力，光线不足，阅读氛围淡薄。与此同时，家庭环境的布置不利于早期亲子阅读的开展，没有属于适合幼儿阅读的活动空间和适合孩子阅读的绘本图书。目前大多数家庭还没有有利于读书的环境，对孩子阅读的科学指导也比较缺乏。我们在调查中发现，30% 的家长没有给孩子买过绘本，60% 的家长买过少数几本，只有 10% 的家长买过很多。只有 6% 的家庭为孩子设置了专门固定的阅读空间，65% 的家庭允许孩子在沙发、卧室、阳台等地方阅读图书。幼儿缺乏良好阅读氛围的熏陶，缺乏适宜的阅读环境。有一部分家长一年中带孩子去逛书店的次数屈指可数，甚至有的家长从来没有带孩子去逛过书店，家中也没有孩子的书柜、书桌。

二、幼儿阅读材料的缺乏和不适宜性

（一）幼儿阅读材料的缺乏

据调查，有些幼儿园只提供图书架和少量的图书，剩下的大部分图书由幼儿从家里带来或者家长自行购买。其中有些阅读材料陈旧、乏味，甚至不符合幼儿年龄发展的特点。材料的缺乏导致了幼儿的图书阅读量远远不够，幼儿无法通过阅读在阅读能力、思维力、想象力等方面得到提升，从而使幼儿的全面发展受到限制。一些农村家长没有从根本上认识早期阅读能力的培养对幼儿发展的重要性，本身对早期阅读能力的认识不够，觉得没必要把钱花在这些图书上。

（二）阅读材料不适合幼儿

幼儿的阅读是一个从图像到文字、从具体到抽象的发展过程。因此，对于幼儿园中不同年龄班的孩子，在阅读能力培养方面有不同的要求，所以所选材料也应该有区别。在阅读材料的选择过程中，家长容易忽视幼儿的兴趣和需要，往往以自身经验为主进行单方面选择，发挥着较大的主观性和盲目性。同时，由于缺乏学前教育的专业性，部分家长在购买图书的过程中，认为阅读是识字的工具，购买一些带有注音且汉字比较多的图书，或者存在盲目听从导购或其他家长的推荐，可能造成图书内容不适合学前儿童或幼儿不感兴趣的情况。

三、家长缺乏早期阅读的意识

部分家长对阅读的认识产生了偏差，将阅读视为提升幼儿识字量、词汇量的工具，过早强调将幼儿读书活动作为幼儿获取信息和知识的主要工具，表现出一定的“功利性”。家长不注重阅读带给孩子的乐趣，不关心孩子在阅读中的情感体验，忽略了阅读对幼儿社会性、想象力、专注力等方面的促进作用，也忽略了孩子在阅读中养成读书、爱书的习惯。有的家长认为这么小的孩子读书毫无意义，对家长来说是一种负担，这类家长忽视了亲子阅读对增进亲子关系、促进幼儿发展的积极作用。

四、教师或家长自身的阅读指导专业水平不足

由于幼儿年龄较小，还不具备自主阅读的能力，因此，需要教师和家长陪伴幼儿阅读。在幼儿园，教师是幼儿活动的支持者、合作者、引导者。在幼儿阅读教育中，教师发挥着重要的引导作用，教师的教学水平会对幼儿阅读能力培养效果产生非常直接的影响。就目前的情况来看，在我国的很多地区，由于教师的专业素养不高导致在开展幼儿阅读教学过程中，无法为幼儿进行科学指导，为幼儿所选择的教学内容以及采用的教学方式缺乏针对性，这会严重影响阅读教学的质量。

在家庭中，很多家长在陪伴幼儿阅读时，只是家长单方面专注于复述绘本中的文字，讲故事，并且在阅读过程中不提问或不间断提问。很多时候，家长对绘本所表达的主旨不明白，也不会引导幼儿观察绘本的画面，不给予幼儿思考、想象的机会，不利于幼儿阅读思维的发展。

第二节 幼儿园小班亲子绘本阅读的现状分析及策略

阅读对幼儿发展具有深远的影响。而3—6岁是人的阅读能力发展的关键期，对于培养幼儿对阅读的兴趣，养成良好的阅读习惯有着非常重要的意义。亲子阅读作为小班的主要阅读方式，在孩子早期阅读中起到重要的作用，而绘本是幼儿最适合的早期读物。幼儿园及家长虽然比较重视幼儿的早期阅读，但由于家长对绘本不太了解，家长本身没有阅读的习惯，不懂得如何进行亲子阅读等，导致多数幼儿没有养成良好的阅读习惯。本文在分析现状的基础上，提出解决对策，最终指导家长如何通过亲子阅读培养幼儿的阅读兴趣和良好的阅读习惯。

一、问题提出

《幼儿园教育指导纲要（试行）》明确把阅读纳入语言教育目标："培养幼儿对生活中常见的简单标记和文字符号的兴趣，利用图书、绘画和其他多种方式引发幼儿对书籍、阅读和书写的兴趣，培养前阅读和前书写的技能。"因此，阅读对幼儿发展具有深远的影响。3—6岁是人的阅读能力发展的关键期，对于培养幼儿对阅读的兴趣，养成良好的阅读习惯有着非常重要的意义。由于小班幼儿还未掌握阅读的方法和技巧，达不到自主阅读的能力，因此小班幼儿主要以亲子阅读为主。理论上说亲子阅读从出生就可以开始，循序渐进给孩子挑选适合的图书进行亲子阅读。但是3—6岁是幼儿语言能力发展的关键时期，是培养孩子阅读能力的关键期。这个时期也是孩子接收大量知识，充分认识世界的时候，因此家长要重点抓住这个时期。

二、研究过程与结果

（一）研究方法

本研究主要采用问卷法，选取临沂市河东区第二实验幼儿园的98名小班幼儿家庭作为研究的样本。共发放问卷98份，回收问卷98份，回收率为100%。问卷由家长填写，调查采用记名的方式，要求如实、认真填写。问卷分为两个部分：第一部分是家长与孩子的阅读情况；第二部分是家长个人的阅读行为。

（二）调查结果及分析

1. 家长作为孩子的主要教养者，自身还没有良好的阅读习惯。虽然家长普遍认为早期阅读对孩子的成长很重要，但对绘本不太了解，家长在阅读的行动落实上远远不够。从调查中发现，参与调查的家长都认为阅读很重要。但从调查统计数据可以看出，18%的家长对绘本不了解，61%的家长了解一些但不深入。只有10%的家长会带孩子去图书馆或书店看书、购书，29%的家长偶尔去，61%的家长几乎不去。92%的家长认同家长的阅读习惯会影响孩子的阅读习惯，有86%的家长愿意通过以自己的读书行为影响孩子养成良好的阅读习惯。

2. 家庭中没有属于适合幼儿阅读的活动空间和适合孩子阅读的绘本图书。调查中发现，30%的家长没有给孩子买过绘本，60%的家长买过少数几本，只有10%的家长买过很多。只有6%的家庭为孩子设置了专门固定的阅读空间，65%的家庭允许孩子在沙发、卧室、阳台等地方阅读图书。

3. 幼儿很喜欢绘本阅读，但阅读习惯和阅读能力有待提高。问卷调查分析得出，56% 的幼儿很喜欢阅读绘本，64% 的幼儿愿意与同伴或成人分享自己在绘本阅读中的感受，这充分说明，绘本是符合孩子的年龄特点和阅读需求的。43% 的幼儿主动要求成人为其讲述图画故事，85% 的幼儿愿意重复阅读自己喜欢的图书。

4. 家长对阅读的重视不够，多数人本身没有阅读的习惯。调查数据显示，只有 36% 的家长经常阅读图书，37% 的家长不经常读书，63% 的家长是在沙发、卧室、阳台等地方，41% 的家长是偶尔会看看，12% 的家长几乎不看书，67% 的家长偶尔和孩子一起看书，18% 的家长几乎没有陪孩子读书。

5. 在对待绘本阅读的态度上，家长没有认识到自己在幼儿绘本阅读中的地位，没有主动陪孩子阅读的意识。调查发现，46% 的家长经常给孩子讲睡前故事，44% 的家长给孩子讲故事时，是一边看着图画书一边讲，25% 的家长经常陪孩子一起阅读，67% 的家长偶尔陪孩子阅读，还有 7% 的家长没有一起阅读过。与 87% 的孩子很喜欢和家长一起阅读的要求相比，家长的陪伴少了很多。

6. 家长亲子阅读的困惑多。调查问卷显示，家长指导孩子进行阅读的过程中，也遇到了很多问题：家长对孩子阅读能力发展特点认识不够，多数家长缺乏指导亲子阅读的知识，不懂如何去指导幼儿阅读；家长不能根据幼儿的年龄特点和兴趣爱好选择书籍。

三、建议与策略

（一）通过多种渠道转变家长的观念

1. 通过广泛宣传，提高对阅读的认识。首先就要转变家长的认识，提高家长对亲子阅读重要性的认识。用“致家长的一封信”、观看视频宣传片、家长绘本与专题讲座等方式对家长进行宣传，在班级中请有阅读经验的家长进行经验分享，提高家长对亲子阅读重要性的认识。

2. 专题指导。开展关于《绘本与幼儿早期阅读行为》为主题的家长培训会。从介绍绘本是什么、绘本阅读有什么好处、目前亲子阅读存在的问题、父母在绘本阅读中的重要作用以及如何在家庭中开展绘本阅读等几个方面帮助家长理清了思路。教师在班级中还开展了形式多样的专题指导，如指导家长掌握亲子绘本阅读中的提问策略、亲子阅读的方法等。

3. 指导家长选择适合幼儿的绘本

什么样的绘本是优秀的绘本呢？好的绘本是以图画的细节与整体结合以图文一致的形态表现整个故事。首先，要重视绘画的艺术品质，高品质的图画能培养孩子高品质的审美能力和想象力，陶冶孩子的情操。其次，幼儿年龄小，对图画的色彩、纸质的要求相对要高一些。好的绘本注重图书译制、编辑质量、装帧、设计和纸质等方面。所以，在选择时要选一些在国际上获过奖的知名绘本。再次，选择绘本时，要以幼儿兴趣为主，选择与幼儿生活经验紧密联系的绘本。因为有兴趣，所以阅读起来才能有动力。最后，幼儿期是具体形象性思维开始发展的时期，要选择适应幼儿年龄特点的绘本。既要注重文字和图画的言语功能，还要注重文字的表演功能，图文是互为补充的。

4. 开展绘本阅读观摩研讨活动

在孩子刚刚接触时给家长公开绘本阅读活动主要是让家长学方法以及认同这样的理论。利用家长开放日或专题阅读观摩活动时间，组织家长观摩阅读教学活动、区域阅读活动或绘本馆中的同伴阅读情况，引导家长深度了解绘本的价值，以及在陪伴孩子阅读的时候要注意的问题。

5. 拓宽家长间的交流和座谈途径

针对家长对绘本的认知情况，幼儿园通过家长会、班级论坛、家教宣传栏、班级 QQ 群等不定期地向家长介绍新的亲子阅读的理论、指导方法、好书推荐、近期的阅读信息和需要家园配合的事项等。在班级中利用 QQ 群开展了亲子阅读沙龙，给家长提供相互交流的一个平台，沙龙主题由教师和家长定期发表在 QQ 群的公告栏上，引发大家的讨论，从而更好地开展亲子共读活动，提高孩子的阅读能力。

（二） 指导家长在家为孩子创设适宜的阅读环境

我们知道书柜自古以来就是书房学堂的重器，承载着人们的精神食粮。孩子的书架里藏着他的眼界、他的未来。一个温馨舒适的读书环境，能够激发孩子的阅读兴趣，让他们更愿意投入阅读中去。幼儿园的活动室里有图书角，幼儿园里有绘本馆以及大量丰富的绘本图书。家长可以在家庭中选择一个孩子喜欢的光线较好的房间，放置上阅读桌、合适的书架和丰富的图书，让幼儿安静、舒适且不易受到外界干扰地阅读，让他们可以安静、惬意地享受阅读的乐趣。还可以带孩子定期参观图书馆，去书店共同挑选合适的书籍，并在阅读后分享彼此的思考和感受等。同时，父母要以身作则，放下手机，和孩子一起制定阅读计划，每天有固定的阅读时间。父母与幼儿进行亲子共读或孩子自主阅读的时候，家长在旁边读自己的书，创设一个互动、轻松的亲子阅读氛围。

（三） 形式多样， 提高幼儿阅读兴趣

家长不单单是给孩子讲故事，还可以进行绘本故事表演，父母和孩子一

起表演角色演绎绘本的内容，从而让幼儿更加喜欢绘本的内容。有些绘本可以启发孩子进行创编、亲子制作，来提高孩子的阅读兴趣。还可以加入班级的图书漂流活动分享自己喜欢的绘本。让幼儿在潜移默化中获得阅读兴趣、态度与情感的提升，加强领域渗透，营造多元阅读环境。

相信在家长的陪伴、引导下，绘本阅读一定会使幼儿受益终身。

第三节　以课题为依托推动幼儿早期阅读能力的培养

我们立项了市级课题《书香园所建设的实践与研究》，经过两年的研究和探索实践，圆满完成了课题研究实验任务，实现了预期目标，取得了比较丰硕的成果，彻底改变了家长对幼儿绘本阅读重要性的认识，激发了幼儿阅读的积极性，提升了幼儿的主体意识，发展和提高了幼儿的能力，促进了幼儿全面、和谐和可持续发展。

一、对正思路，科学提出研究课题

书籍是人类文明和智慧的结晶，是知识的宝库。莎士比亚曾说过："生活里没有书籍，就好像没有阳光；智慧里没有书籍，就好像鸟儿没有翅膀。"读书是人们重要的学习方式，是人生奋斗的航灯，是文化传承的通道，是人类进步的阶梯。

联合国教科文组织早在1982年就向全世界发出"走向阅读社会"的召

唤。世界上一些发达国家早已把儿童智能发展的重点转移到阅读能力的培养上来了。早在20世纪50年代，美国学者就在对6岁儿童的阅读研究中发现，具有一定阅读能力的儿童求知欲往往比较旺盛。与同龄人相比，他们不仅善于运用语言大胆与人交往，而且能够养成良好的学习习惯，并对自己充满信心。我国在2000年前后开始大量（此前有少量引进，但未明确提出绘本的概念及相关理念）引进绘本并关注早期阅读。许多学者认为，幼儿早期阅读能力的形成和提高将与其以后学习生活的成功密切相关。

《幼儿园教育指导纲要（试行）》明确把阅读纳入语言教育目标："培养幼儿对生活中常见的简单标记和文字符号的兴趣，利用图书、绘画和其他多种方式引发幼儿对书籍、阅读和书写的兴趣，培养前阅读和前书写的技能。"因此，阅读对幼儿发展具有深远的影响。3—6岁是人的阅读能力发展的关键期，在这个时期，儿童需要养成阅读的习惯，形成自主阅读的能力。我园开展《书香园所建设的实践与研究》课题研究，试图以新教育实验为契机，选择、制作适宜的图书（绘本），为幼儿营造良好的书香氛围，通过幼儿园绘本阅读教学和亲子共读，培养幼儿对阅读的兴趣，提高幼儿的阅读能力，养成良好的阅读习惯，全面提升幼儿园文化建设，构建"书香幼儿园"，创教育特色品牌。

二、课题研究的理论依据

1. 幼儿语言发展的关键期是0—6岁，3个月到1岁半的婴儿就对语言敏感，口语学习两岁时最强，直至5岁都处于语言敏感期。美国幼儿能力开发研究所多曼博士提出："孩子两岁以后，对于文字的记忆会随着年龄的增长而越来越困难，如果想要花最少的时间和精力教孩子念书，从两岁开始教育是最完美的。”可见早期阅读对幼儿语言、思维、想象等能力的发展都具有重要意义。

2.《幼儿园教育指导纲要（试行）》指出：“培养幼儿对生活中常见的简单标记和文字符号的兴趣，利用图书、绘画和其他多种方式引发幼儿对书籍、阅读和书写的兴趣，培养前阅读和前书写的技能。”

3.《3—6岁儿童发展指南》强调语言领域重点在于培养幼儿的口语交流能力，培养幼儿的阅读兴趣、习惯以及初步的阅读理解能力。在教育建议方面，强调要积极为幼儿提供与同伴和成人交流的机会，提供丰富、适宜的低幼读物，经常和幼儿一起看图书、讲故事。强调要在生活情境和阅读活动中萌发幼儿对文字的兴趣，反对通过机械记忆和强化训练过早识字。

三、课题研究的意义与预期目标

本课题将对培养幼儿的口语交流能力，培养幼儿的阅读兴趣、习惯以及初步的阅读理解能力，提升幼儿早期阅读能力，养成良好的阅读习惯，全面提升幼儿园文化建设，构建“书香幼儿园”，创教育特色品牌，具有重要意义。

我们通过有效的研究工作达到如下目标：

1. 为幼儿、家长、教师创设良好的阅读环境，打造书香幼儿园。园内形成良好的科研氛围，打造一支学习型、研究型教师团队，打造以绘本阅读为特色的幼儿园。

2. 通过感受绘本画面的精美，体验绘本所带来的情趣，培养幼儿产生浓厚的阅读兴趣，提高幼儿早期阅读能力，养成良好的阅读习惯，促进幼儿语言、思维、想象、审美等多种能力的发展。

3. 提高教师对幼儿文学作品的赏析能力，以及指导幼儿阅读的能力，促进教师深入地研究作品教材、教法及指导策略，提高教师绘本阅读教育能力。

4. 帮助家长形成正确的早期阅读理念，能选择适合自己孩子的绘本，并能运用多种方法与幼儿进行亲子阅读。

四、课题研究基本情况

（一） 研究的组织管理

该课题由幼儿园园长直接主管，下设课题研究小组。领导小组主要负责实验方案的制定，硬件环境的改善，教师培训工作的组织与管理，对实验工作的监控，对结题工作的自检，对教师的评价等。

研究小组主要负责按照实验方案，有计划地实施实验工作，并及时向领导小组汇报实验工作进展情况，提出整改意见。组织开展实验汇报、研讨工作。及时总结经验，总结成果。

通过领导小组和研究小组的联合工作，保证了实验工作的顺利进行。

（二） 研究的主要过程和活动

1. 建章立制，保证课题研究的顺利进行

俗话说：“没有规矩，不成方圆。”本课题提出后，得到了幼儿园领导的高度重视，认为本课题的研究与实验能培养幼儿的口语交流能力和阅读兴趣，提高家长陪读意识，促进幼儿全面、和谐和可持续发展，进而提高我园的保教质量。于是相继制定了《幼儿园教科研制度》《幼儿园课题研究制度》等一系列规章制度。这些规章制度的制定，大大地调动了实验教师工作的积极性，为本课题研究工作的开展提供了强有力的保障。

2. 精读绘本，深度把握绘本的精髓

周一、周二、周三分别是小中大班的一周绘本推荐，利用晨会二十分钟的时间，每班轮流分享绘本，提高教师对绘本的理解能力。分享者需要先对要分享的绘本进行深入地学习、理解、分析，然后将自己的理解分享给其他教师们，听取教师们的意见，共同提高。推荐的这本书作为本周的绘本阅读教学活动，推荐的老师联合年级组一起集体教研并负责写活动教案，制作课件，在群中共享。

3. 开展绘本专题研讨活动

结合参加学习培训的资料，我们把好的绘本教学理念、教学方法对教师进行二次培训。针对绘本阅读中存在的问题，如小班的绘本教学如何开展等展开研讨交流，提高了教师的教研水平。

4. 积极开展优秀教案评选活动

为不断提升教师精读绘本的研读与活动方案的设计能力，我园每个学期都会组织教师开展绘本教学案例评比活动。绘本教学案例的设计要求全体教师围绕幼儿年龄特点及阅读发展特点，从目标的把握、程序的设计、重难点的把握以及教师引领方法等方面梳理绘本阅读活动模式。活动共征集优秀案例 24 篇，经过评选产生一等奖 7 篇、二等奖 10 篇、三等奖 7 篇。

优秀案例评选活动的开展，收到了较好的成效：一是彻底改变了实验教师传统的教育观念，增强了成长意识；二是减轻了实验教师工作和心理的压力，调动了他们工作的积极性，提高了他们的研究能力和研究水平；三是聚集了教师集体智慧的优秀教学案例，对全体幼儿的整体发展起到了巨大的促进作用，也从整体上提高了我园的教育教学质量。

5. 积极开展绘本阅读活动

为推动绘本阅读活动的开展，幼儿园坚持开展以绘本为载体的阅读活动，让孩子们爱上读书，体验到阅读带来的无限快乐。通过多种形式开展丰富多彩的活动，激发幼儿阅读的兴趣，培养幼儿阅读的习惯，营造书香园所的文化氛围。

（1）每年一度的快乐阅读节活动

快乐阅读节活动，旨在让更多的孩子爱上阅读，让更多的家长参与亲子阅读。我们通过营造浓浓的阅读氛围，设计丰富多样的活动，激发孩子和家长参与阅读的兴趣，使他们真正体验阅读的快乐。2014 年我们快乐阅读节的主题是“爱在亲子阅读间”，活动时间为一个月。活动期间，家长每天陪孩子阅读从幼儿园借阅的图书，并为孩子建立一个阅读记录本，把阅读的书名、时间及孩子的收获或家长的体会记录下来，同时留下亲子阅读时的照片。活动中，家长和孩子以书为媒，以阅读为纽带，沉浸在“亲子阅读”的书香中，孩子不仅收获着阅读的快乐，还收获着爸爸妈妈心中那满满的爱。2015 年快乐阅读节的主题是“智慧阅读伴我成长”，现在每年的四月结合世界读书日活动，我们都开展快乐阅读节活动。通过集体阅读、区域阅读、亲子阅读等多种方式，让幼儿在绘本阅读中轻松地与作品对话，让幼儿的心灵与生活对话，呵护孩子的心灵，滋养孩子的灵魂，陶冶孩子的身心，从而使孩子形成良好积极的情感，学会关怀、分享、坚强、勇敢，启迪了人生的智慧。

（2）幼儿讲故事比赛活动

为了进一步增强孩子阅读的兴趣，展现绘本阅读的成果，发展幼儿的语言表达能力和表现能力，为幼儿提供一个展现自我的舞台，我们组织开展了每年一度的“春天的故事”幼儿讲故事比赛活动。从班级预赛到全园决赛，我们都为幼儿营造了一个学说话、敢说话、会说话、勇于表达的语言氛围。孩子们稚嫩的嗓音、可爱的表情、夸张的动作，把故事里的小动物表现得惟妙惟肖，生动极了。中、大班的孩子用生动、形象，富有表现力的语言和适当的肢体动作，将故事情节、角色个性渲染得淋漓尽致。一个个动听美妙的故事在孩子们的心灵中播种下希望的种子，让阅读为他们美好的童年生活创造另一个美丽的世界。

（3）假期阅读在行动

每年的寒、暑假，我们都会为孩子建立阅读档案，请家长和孩子一起制定阅读计划并执行，假期开学后幼儿展示假期阅读成果。一本本精致的绘本图书是孩子最爱的礼物，一个个好听的绘本故事见证了孩子的进步与成长。

（4）爸爸妈妈故事讲堂活动

为了引导孩子与经典好书交朋友，体验阅读的快乐，提高亲子阅读的兴趣，在园领导、各班家委会成员的支持下，成立了“幼儿园故事妈妈（爸爸）义工团”，每周“故事妈妈（爸爸）”都会走进课堂，用生动活泼的语言给孩子们讲故事。他们制作课件、设计精彩的游戏，与孩子们进行互动；有的“故事妈妈”还精心准备表演等，让孩子们在快乐中感受阅读的乐趣。在“故事妈妈（爸爸）”的带领下，孩子们认真听讲、提出各种问题，良好的互动、积极的参与、大胆的表演让人意犹未尽，大开眼界，在思考与欣赏中不知不觉地度过了愉快的阅读时光。

（5）亲子绘本制作活动

为培养幼儿对图书的兴趣，开阔幼儿的阅读视野，促进幼儿想象创造、语言表达和动手能力的发展，增进亲子间的情感交流，我园开展了以“书香润童心”为主题的亲子绘本制作评选活动。

活动中，家长和孩子亲密合作，或以媒体资源、或以生活认知、或以个性原创为素材，充分运用生活中的废旧材料大胆创制，一本本主题鲜明、色彩艳丽、富有创意的亲子绘本呈现出来。从绘画的流畅、手工的细致、色彩的丰富、材料的多样都可见家长们的用心程度，有的绘本展示了多种制作技巧，有的绘本运用了最新的色彩颜料，有的绘本字迹娟秀美观，有的绘本设计巧妙，有的绘本手工制作精良，显示了家长的高超水平。每一件作品，都透露出孩子和家长们的聪明才智，每一本绘本里都蕴含着家长与孩子们浓浓的亲情。此次活动不仅增强了幼儿对图书的兴趣，更形成了全园共读的书香阅读氛围，让孩子与父母共同体验亲子创作的乐趣，共同感受书香润童心的幸福。

绘本阅读的系列活动，在家长们的大力支持下，在不断的摸索中形成了一定的模式，使家长们越来越重视阅读，也让家长们愿意抽出更多的时间陪伴孩子，让书香陪伴孩子成长，让阅读成为每个家庭的必需品。

4. 搭建合作交流的平台，推动课题研究进程

课题研究需要教师彼此之间的支持与协作，这是现代教育科学研究发展的现状，也是教师科研素质本身的要求。在课题研究过程中，如果教师之间不能够团结合作，不能够密切配合的话，势必会导致研究的低效与失败。因此，我们在研究过程中，积极地为实验教师搭建合作交流、相互学习的平台：

一是开展小论坛、经验交流会活动；二是选派部分实验教师参加市区教育部门组织的培训活动，让他们在这个平台上达到共勉、共识、共享、共进。这些措施，极大地提高了教师之间的通力协作能力，使本课题组焕发出旺盛的生命力，从而将课题研究推向纵深。

五、课题研究的方法

1. 问卷调查法：结合课题的开展，对在园幼儿进行“亲子共读”的现状调查，主要用于调查、了解家长对于早期阅读和绘本的认识。

2. 行动研究法：用于完善教师组织绘本教学的指导策略，在教学实践基础上发现问题、分析问题、解决问题；逐步建立一套比较科学的适合幼儿年龄特点的绘本教学策略。

3. 文献法：通过网络、杂志、书籍等途径，收集目前国内外有关绘本阅读的研究成果，对其长处加以发扬光大，不足之处加以发展创新。

4. 经验总结法：对在实践中搜集的材料进行归纳、提炼，进行适时性分析，得出能揭示教育现象的本质和规律，确定具有普遍意义和推广价值的方法与策略等。

六、课题研究的经验和体会

经过两年的研究，课题组圆满完成了研究任务，实现了预期目标，并取得了较好的成绩。

（一）形式多样，提高幼儿阅读兴趣

家长不单单是给孩子讲故事，还可以进行绘本故事表演，父母和孩子一

起表演角色演绎绘本的内容，从而让孩子更加喜欢绘本的内容。有些绘本可以启发孩子进行创编、亲子制作，来提高孩子的阅读兴趣。还可以加入班级的图书漂流活动分享自己喜欢的绘本。教师要指导家长加强绘本阅读与领域间渗透的研究，不断发现渗透到的教育渠道，让幼儿在潜移默化中获得阅读兴趣、态度与情感的提升，加强领域渗透，营造多元阅读环境。

（二）家长的认识水平和幼儿的阅读能力得到非常显著的提高

课题组选取临沂市河东区第二实验幼儿园的98名小班幼儿家庭作为研究的样本，共发放问卷98份，回收问卷98份，回收率为100%。问卷由家长填写，调查采用记名的方式，要求如实、认真填写。采用定性评价与定量评价相结合的方式，获得实验班与非实验班学生在学习水平与解决问题方面的差异情况。问卷分为两个部分：第一部分是家长与孩子的阅读情况；第二部分是家长个人的阅读行为。

实验班级与非实验班级家长认识水平比较统计表

班级	绘本阅读					
	亲子阅读				家长阅读	
	认同绘本阅读	主动陪同阅读	购买意愿	幼儿阅读时间	个人主动阅读	个人阅读时间
实验班级	92%	98%	83%	68%	91%	95%
非实验班级	29%	34%	52%	13%	44%	49%

通过比较发现，课题实验对家长在绘本阅读对提高幼儿阅读能力认识上有着重要的推动作用。

实验班级与非实验班级幼儿阅读情况比较统计图

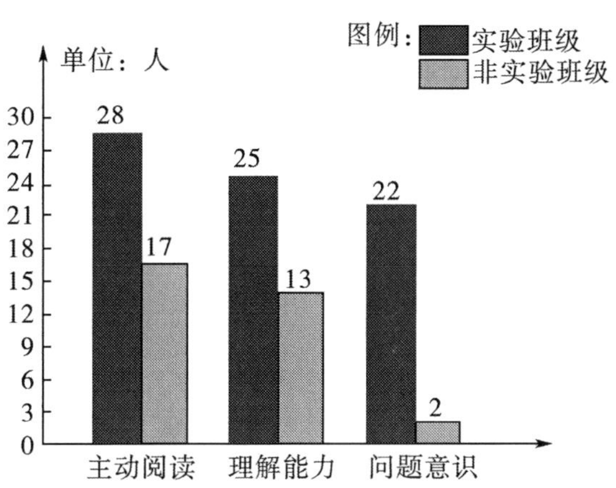

从图中可以直观具体地看到，在主动阅读上实验班有 28 人，占 93.33%，非实验班有 17 人，占 56.67%；在理解能力上实验班有 25 人，占 83.33%，非实验班有 13 人，占 43.33%；在问题意识上实验班有 22 人，占 73.33%，非实验班仅有 2 人，占 6.67%。由此可见，绘本阅读在提高孩子阅读能力水平方面显示出它强大的作用，尤其是在发掘幼儿问题意识、张扬幼儿个性、培养幼儿创造性思维方面有着不可替代的作用。

（三）促进了教师的专业发展

课题研究为参加实验研究的教师搭建起了“研究——交流——提高”的平台，使他们的自身业务水平、教育教学能力和教育科研能力都得到了大幅度提高，从而促进了教师业务水平的提高。

经过两年的实践研究，园内形成了良好的科研氛围，带动教师从研究课题入手，形成幼儿园的绘本阅读特色。提高了教师对幼儿文学作品的赏析能力，以及指导幼儿阅读的能力，促进教师深入地研究作品教材、教法及指导策略，提高教师绘本阅读教育能力，打造了一支学习型、研究型教师团队。

参与课题研究的教师的教科研能力也得到很大提升，在各级各类比赛中获得了优异成绩。教师不仅系统地学习了绘本教学的理论知识，并运用在自己的教学、科研、教研、班级管理等各项工作中，不断反思改进工作方法，提升自己的工作经验，在发展幼儿的过程中发展自己。

（四）提高了园所的办园水平，提升了园所的知名度

本课题研究不仅促进了幼儿的全面、和谐、可持续发展，还有效地提高了教师的整体教育水平，促进了教师的专业化成长，提高了园所的办园水平，提升了园所的知名度。两年来，我们本着创设书香园所，让书香浸润童年，让阅读启迪童心的宗旨，教师、家长、孩子参与其中，感受阅读带来的成长和进步，推动了园所的内涵发展，受到了社会各界及家长们的一致好评。在河东区幼儿园绘本教学观摩研讨会上做了题为《智慧阅读伴我成长》的成果汇报，一些好的做法在全区推广。

第四章

园家社协同共育下幼儿合作意识及能力的培养

联合国教科文组织的报告《教育——财富蕴藏其中》指出："学会合作，是面向21世纪的四大教育支柱之一。"可以看出，合作是幼儿未来发展、立足社会的重要素质。《幼儿园教育指导纲要》中明确提出："要引导幼儿积极参加各种集体活动，体验与教师、同伴等共同生活的乐趣，帮助幼儿正确认识自己和他人，养成对他人、社会亲近、合作的态度，学习初步的人际交往技能。"

合作，是指两个或两个以上的个体为了实现共同目标，通过相互之间的配合和协调，而实现共同目标的一种社会交往活动。

幼儿合作，是指在幼儿的一日生活、游戏、学习中，幼儿能主动与同伴在游戏、学习、生活中共同合作，自我想办法解决困难，在完成任务的同时体验到合作的快乐。这其中的能力就是合作能力。

第一节　幼儿合作意识和合作能力的现状及分析

合作意识和合作能力不是与生俱来的。从小培养孩子的合作意识和能力，为他们终身生存和发展打下基础。但现在幼儿的合作意识和合作能力的现状是什么样的？通过对小中大三个年龄段的幼儿进行观察，我们发现存在不少问题。

一、合作意识

目前，部分幼儿的合作意识较为薄弱。一是幼儿在成长的早期阶段，他们可能更倾向于以自我为中心，幼儿对外在世界的认知缺乏相对性，总是把自己的看法、感觉或想法看成是绝对的。他们更关注自己的需求和兴趣，而不太能理解或关注他人的需求和想法。这种自我中心化思维和自我中心化言语，导致幼儿与成人甚至同伴间的交流与合作存在困难。

二是有的幼儿缺乏与他人合作的意愿和主动性，在面对合作机会时，部分幼儿可能会表现出犹豫、退缩的态度，更愿意独立完成任务而不是与他人合作。在与同伴交往中表现得较孤僻、任性，不愿意和同伴一起游戏，不愿意参加集体活动。他们喜欢一个人待在一边，不愿让别人接近自己，更不会主动与同伴进行合作游戏。

三是社会经验不足。幼儿由于年龄较小，社会交往的机会相对有限，缺乏足够的社会经验来学习如何与他人合作。随着年龄的增长和社会交往经验的积累，合作能力会逐渐增强。

二、合作能力

一是认知发展水平有限。幼儿的认知发展水平限制了他们的合作能力。随着年龄的增长，幼儿开始能够区分自己和他人的行为，但协调自己与他人行为的能力还在逐渐发展中。

二是现在有不少的独生子女，他们从小就被长辈们宠溺，在生活中宠爱有加，养成了以自我为中心的不良习惯，养成了过于自我的性格。这种行为导致这部分幼儿在交往合作能力方面普遍比较薄弱。

三是幼儿可能缺乏有效的合作技能，不知道如何与他人进行有效的沟通、协商和解决问题。在合作过程中，可能会出现矛盾和冲突，导致合作效果不佳。此外，部分幼儿的语言表达能力有限，难以清晰地表达自己的意思，也限制了他们的合作能力。

四是教育引导不够。幼儿的合作意识和能力需要通过适当的教育和引导来培养。如果家长或教师没有提供足够的机会让幼儿参与合作活动，或者在活动中没有有效地引导幼儿理解和体验合作的价值，幼儿可能就不容易形成合作的意识。

五是幼儿之间的个性差异。每个幼儿的个性不同，有的幼儿可能天生更倾向于独立行动，而不是寻求合作。这种个性差异也会影响到幼儿合作意识和能力的发展。

六是环境因素。家庭环境和幼儿园环境对幼儿的合作能力有着重要影响。随着城市化进程的加快，高楼中的居住模式，减少了幼儿与其他幼儿接触的机会，电子设备占据了孩子们的游戏时间。如果这些环境没有提供充分的合作机会，或者环境中的竞争氛围过强，都可能抑制幼儿合作能力的发展。幼儿的情感状态也会影响他们的合作意愿和能力。例如，如果幼儿感到不安全或者不被接受，他们可能会更不愿意参与合作活动。

七是集体生活教育因素。幼儿从家庭步入社会的第一个集体活动场所就是幼儿园，所以，在幼儿园中培养幼儿合作意识和合作能力是非常重要的。有些教师虽然意识到了幼儿合作的重要性，但对合作意识和合作能力的含义不够了解，缺乏对幼儿合作能力培养的指导策略。

第二节　在集体游戏中培养小班幼儿合作意识的策略

幼儿进入幼儿园小班之后，就开始了他的社会生活，也就有了和同伴一起游戏、生活的社会性交往需要。3—4 岁幼儿的游戏特点是平行游戏，由于语言表达能力不足和交往技能的缺乏，小班幼儿合作意识不强，去帮助同伴时，通常以替代同伴为主。他们的行为受到周围同伴的影响，看到别人做什么自己也要做什么。比如，一个孩子正在玩“给娃娃穿衣服”的游戏，另一个孩子看到后也会模仿去给娃娃穿衣服。但是孩子们在平行游戏中，也不可避免地产生交流合作，有时候会发生争抢游戏材料的情况，这时候就需要老师给予一定的指导，让孩子们在集体游戏中感受合作的快乐及彼此互动带来的成就感与愉悦感，培养幼儿的合作意识。

一、教师积极创造集体游戏的机会，并及时鼓励和评价强化合作行为

教师是孩子们游戏活动的观察者、支持者、引导者，要不断提升自身业务素养。小班的幼儿在独自游戏、平行游戏了一段时间后，教师可以结合孩子们游戏的水平创造合作的机会，让孩子们体会到自己是集体中的一员的感受。集体游戏是孩子们共同参与的游戏，孩子们兴趣浓厚。特别是获得小伙伴们的掌声和鼓励后，孩子们展示自己本领的欲望更加强烈。这时，教师要小心呵护孩子们的好胜心，并及时给予奖励。社会学习理论认为每个有个性

的孩子就是学习的资源，共同建构了学习共同体。孩子们在学习共同体中互相学习、建构新的游戏经验，同化、顺化学习经验。小班幼儿的模仿力很强，能从学习共同体汲取经验，从而满足自己的成长需求。当幼儿在同伴的帮助下获得合作的成就感时，孩子便会体验到与同伴交往的快乐。此后，孩子们在这种美好的体验感的驱使下去寻找、创造条件来获得同伴合作游戏的愉悦。

教师要及时捕捉集体游戏的时机，组织孩子们进入游戏的活动中。如晨间活动，洗手、喝水的等待时间，餐前活动及离园前的准备时间，可以组织孩子们玩一些活动量小的游戏，如手指游戏《土豆土豆皮》，孩子们一起比赛看谁的小手做得又好又快，特别当语速越来越快的时候，孩子们边做动作边发出开心的笑声。做得最棒的幼儿可以站在最前面当“小老师”带领大家一起玩，这样的游戏场景鼓励幼儿更加积极主动地参与游戏；轮流分组玩的游戏也可以让孩子们感受到彼此共同配合，一起玩耍的快乐。

教师及时地鼓励、肯定幼儿的做法，会激励幼儿主动探索、合作、发现更有趣的游戏玩法，获得一定的学习与发展。教师的期望、爱会成为孩子们自主学习的强劲剂，也是孩子们的保护伞，让孩子们感受到“被允许”的安全感，从而勇敢去做。

二、创造游戏的合作程度从浅到深，不断深入，层层递进

小班幼儿的合作和交往技能水平有限，教师可以根据投放的游戏材料特征组织最简单的合作小游戏。合作的策略也可以从简单的指令要求开始，慢慢上升为建议、协调。比如先组织简单好玩的二人一组小游戏，然后慢慢增

加合作的同伴人数。在玩的过程中，孩子们合作游戏的对象从固定、单一的同伴到多元化、多方的合作，体验积极合作带来的游戏效果。当两人合作时，幼儿更容易投入并及时做出反应。如果游戏的同伴是对面的同桌，或是自己选择的好朋友，一方面孩子们在玩的过程中可以配合默契，另一方面可以增进友谊。当人数增加时，游戏的物质、心理环境也让幼儿感受到集体合作的力量，激发幼儿主动参与的积极性。比如“击鼓传花”游戏，首先，小班的幼儿可以在一桌内的小组传递，先学会简单的传递方法，遵循游戏规则；其次，可以将两张桌子合并，成为两大组对抗赛，教师用图案帮孩子们记录比赛结果，比赛看谁传递最快。孩子们在玩的过程中，有一部分幼儿的团队合作意识非常强烈，突出表现在看到组员没有集中注意力传递就非常着急。没有努力完成任务的孩子看到其他成员很生气，他就会觉得很奇怪，从而产生认知冲突。当看到比赛结果时，他就会慢慢领悟到自己合作行为的重要性，萌发合作意识。教师这时候要帮助孩子们分析原因，及时表扬孩子的合作行为，并鼓励大家继续寻找更好的方法来取胜。

因此，教师在组织集体游戏时，可以从简单的游戏出发，改变游戏的环境条件，也创造孩子们积极主动参与的心理环境，让孩子们自主参与游戏，合作的意识和行为就会萌发。

三、充分开展户外的集体游戏活动，培养幼儿合作意识

户外游戏是孩子们最爱的游戏之一，在户外开阔的环境中，孩子们自由地选择游戏、选择玩伴、选择材料，游戏中可以释放孩子们的天性。为保证户外环境都成为孩子游戏的场地，幼儿园对户外环境进行了精心设计，如，

积木建构区应设置在平整的场地上；滚筒、箱梯区应设置在宽阔且铺设塑胶或草皮的软质地面上；沙水区和涂鸦区要设置在有水的区域等。通过区域的合理设置，培养幼儿的同伴合作意识，提升幼儿间的合作能力，有效支持幼儿的合作行为。户外环境是一个更为开放的环境，教师可以充分利用这种开放性，积极开展丰富的游戏。每个区域的游戏材料虽然能满足一个班级幼儿的需要，但在游戏中幼儿也会出现争执材料的情况，为了合理使用游戏资源，幼儿之间需要协商，有时会通过冲突来达成游戏的规则和秩序，幼儿通过交流、协商等在问题解决的过程中发展合作的能力。混龄教育在这种有冲突的环境中凸显其优势：高龄孩子可以将自己的游戏水平、交往技能展示给大家看，获得自我成就感；低龄的孩子可以在同伴的榜样下直接获得游戏经验；混龄孩子之间共同合作的机会会增多。自身的社会交往行为，自然萌发合作意识。

教师可以传承民间经典特色游戏，如老鹰捉小鸡、丢手绢、跳绳、丢沙包、推风火轮、跳房子、跳山羊、跳皮筋、捉迷藏、网小鱼、顶锅盖等游戏，让孩子们把这些优秀的游戏代代相传。孩子们在这样的游戏中需要承担不同的角色，自觉遵循游戏规则，只有互相合作才能将游戏进行下去，自然萌发合作意识。

此外，借助低结构玩具材料，创造学习共同体，共同建构新游戏。低结构的玩具材料可塑性很大，孩子们在掌握材料的特征后可以发挥自己的想象力，展示自己的动手能力，就可以进行创造。孩子们很善于学习，可以借鉴同伴的玩法，自己再进行创造。如简单的桌面玩具，当孩子们拿到之后，有的孩子很快就可以拼插出新颖的造型。教师表扬了这个孩子后，其他同伴就会去模仿、创造，渴望获得教师和同伴们的鼓励与认可。

低结构的游戏材料没有固定的玩法，孩子们可以自主选择材料，根据自己的兴趣和游戏的需要进行挑选，为孩子们的合作游戏提供了便利的条件。众所周知，共享的新时代需要人们彼此建立精诚合作、携手共赢的美好局面，具有预见性的教育更需要培养有合作精神的下一代；个体社会化的进程也要求幼儿具备合作的意识和能力，需要与同伴建立友好合作关系。除了集体游戏的方法外，教师也可以利用移情方法、角色表演、教导具体的合作策略等方法培育幼儿的合作意识；家园共育、实施社会实践活动也是培养幼儿的合作意识必不可少的途径。孩子们是祖国的未来，幼儿教育是基础教育的基础，幼儿教师需要在幼儿时期就要为培养孩子们善于合作、乐于助人的亲社会行为奠定良好的基础，从而实现人的全面发展。

第三节　在建构游戏中培养幼儿合作能力的实施办法

在建构游戏活动中，幼儿的合作能力至关重要。幼儿间的相互合作能够提高游戏效率，促进幼儿社会化、个性化、全面化发展。建构游戏中，合作能够有效打开幼儿思维，促进幼儿创新性发展。

幼儿的游戏行为包括平行游戏、联合游戏和合作游戏，大班幼儿正处于合作游戏阶段，他们期待和同伴们一起游戏，在游戏开始前，他们就已经知道自己游戏的目的，会和同伴事先讨论分工，从而达到理想的游戏结果。而在建构游戏中，往往会因为幼儿缺乏合作精神，而使得游戏效果大打折扣，达不到预期效果。因此，提高幼儿的合作能力尤为重要。

一、建构游戏中合作的重要性

（一）合作能够提高效率

合作可以促进幼儿的个性化、社会化、全面化发展。合作的根本目的是促进幼儿的个体发展，从而带动幼儿的全面发展。在建构游戏中，幼儿之间的相互合作能够提高解决问题的效率。以A幼儿园大班下学期为例，幼儿进行了《万里长城》的搭建，在前期认知经验丰富的情况下，教师带领幼儿进行搭建活动。万里长城的搭建是由山海关、嘉峪关、烽火台以及连接这些关口的城墙组成的，孩子们在了解这些基本信息之后开始分工合作。孩子们将团队进行分组，确定搭建位置后，山海关、嘉峪关、烽火台同时开工，相互交流搭建方法，在关口搭建完成后，将它们连接起来，万里长城的基本雏形已经出现，孩子们之间的相互合作，把原本一个大型建构作品拆解成一个个组成部分，把大问题分成小问题一一解决。

（二）合作能够开拓幼儿思维

幼儿在合作的过程中，会潜移默化地相互模仿学习。每一次的建构游戏都是一次全新的挑战，幼儿会遇到新问题，个体幼儿思维有限，群策群力，集体合作让问题迎刃而解。在搭建长城过程中，烽火台的多样性让孩子们犯了难，为此，老师将孩子五人一组分组，在烽火台的基本结构完成后，让孩子们对本组的烽火台进行丰富和改造，创新出不同风格的烽火台，让本来千篇一律的烽火台变得各具特色。同伴间相互出谋划策，让问题变得简单，让建构游戏出现新突破。

（三）合作能促进幼儿创新能力的发展

幼儿是合作建构的主体，在户外自主游戏过程中，我们赋予了幼儿更多的自主权和决定权。幼儿会自主决定玩什么游戏、用什么材料、和谁玩、怎么玩，在与同伴之间的交流过程中达成共识，在建构作品的过程中，不断地协商调整，产生新的发现，对于发现的问题，寻找解决问题的方法。建构作品的不断完善就是发现问题、分析问题、解决问题的过程。

二、通过建构游戏提高幼儿的合作能力

（一）关注幼儿，创造合作机会

幼儿年龄偏小，大部分的事情都不能独立完成，这是促进幼儿合作能力发展的绝佳机会。在日常的一日生活中，当孩子们遇到难题时，教师要善于发现，提醒同伴进行帮助，让能力强的孩子带领能力弱的孩子进行游戏活动，让幼儿体会到合作的乐趣，并将这种行为迁移到建构游戏中来。例如在建构前期的设计图纸环节，对于绘画能力偏弱的幼儿，可以让能力强的孩子作为主执笔人，相互交流画出重要主体；能力偏弱的孩子根据自身能力，为设计图纸添砖加瓦，这样既完成了设计图纸，同时也让幼儿在建构过程中对建构作品更加了解。除此之外，在搭建过程中，有些能力有待提高的孩子，通常他们的角色为搬运工，他们在与同伴交流的过程中得知需要的建构材料，之后将材料搬运到指定地点，这样，即使对建构游戏不知如何下手的孩子也能在建构游戏中找到自己的角色定位。

（二）明确目标，分组游戏

教师要根据幼儿的游戏需要，把握游戏任务。在大班上学期，教师进行

了“土中寻宝”的主题教学活动，幼儿在这一主题教学活动过程中，提出了要搭建蚂蚁窝的需求，作为教师，应鼓励幼儿进行尝试，并引导幼儿分组尝试搭建。孩子们对搭建蚂蚁窝的目标明确，接下来也采取了分组搭建的方式进行建构活动，并且取得了较好的结果。

（三）相互交流，解决问题

幼儿在建构过程中，如果要独自且高质量地完成建构作品还是有一定难度的。当幼儿自己搭建一段时间后，发现自己完成不了，需要其他小朋友的帮助时，他会主动去寻找合作伙伴。比如在搭建山海关时，文文是主搭建师，她在搭建过程中利用长方形积木进行垒高，作为山海关的城墙，但是她在盖顶的过程中经常刚刚把长块积木盖上去，墙壁就倒了，为此她很是苦恼，旁边的糖糖看见后，主动上前交流：“文文，你遇到什么困难了？”文文说：“我想把这块积木放上去盖起来，可是刚刚放上去，手一松，旁边的积木就倒了，你帮我扶一下。”尝试了几次之后，墙壁倒的问题还没有解决，于是他们想了一个办法——把墙面加厚。文文和糖糖又去拿了很多块长方形积木，为墙壁加厚了一层，这样，再次盖顶时，墙壁就没有倒了。就这样，孩子们通过相互交流，共同出谋划策，搭建好了山海关的墙体，让建筑稳定了起来。

（四）相互展示，携手共进

通常在活动结束之后，我们要进行游戏分享，借助教师拍摄的游戏视频，请幼儿说明在建构过程中遇到的问题，同伴之间是如何解决这一问题的，针对这个问题，其他幼儿有没有不一样的方法。在这一过程中，教师可以请团队中的其他人对其进行补充说明，帮助幼儿获得合作意识的发展。幼儿间互相学习借鉴游戏经验，有助于幼儿积累经验，进一步推进下一次游戏。

三、实施方法后的反思

（一）关注幼儿，从兴趣出发

兴趣是最好的老师。《3—6 岁儿童学习和发展指南》中也提到了要尊重幼儿的身心发展规律，善于发现儿童的兴趣点。孩子们本身对建构游戏充满了兴趣，孩子们通过建构游戏获得丰富的游戏体验。为了真正地激发幼儿的合作意识，教师应从孩子的兴趣点出发，提高幼儿之间合作的可能性。例如在搭建蚂蚁窝的过程中，孩子们非常期待辅助材料的提供，搭建前期，辅助材料都是由老师提供，在察觉孩子的兴趣后，辅助材料就可以交给孩子自己制作，教师提供原材料，并进行适当指导，让孩子可以根据自己的需要制作出各种各样的辅助材料，这样不仅能提高幼儿在建构游戏中的参与度，而且在制作过程中还促进了幼儿与同伴之间合作能力的发展。

（二）活动中要关注每一位孩子的动态

建构游戏是典型的自主游戏，孩子们有充分的自主权，在游戏过程中，孩子与孩子之间的交流支撑着游戏继续发展。教师在建构游戏的过程中充当着观察员的身份，因此，教师应当关注每一位孩子的活动，分析孩子的游戏行为，引导孩子建立健康的交往模式，从而达到更好的建构效果。

第四节　幼儿合作意识的培养途径

3—6 岁是幼儿人格形成和发展的关键期，如何培养幼儿的合作意识和合作能力是园家社共同的责任和目标。

一、日常教学创新化

教师要注重对日常教学活动的创新处理，为教学活动增添趣味性和合作性，从而帮助幼儿在每天的活动中培养与人合作的意识与能力。比如对于建构游戏的创新性表达，教师可以组织幼儿自由组队，每个小队通力合作，共同搭建一个建构模型。与以往小团队之间搭建的模式不同，老师还可以鼓励不同小队之间的交流，比如学习别的小队的技巧，小队之间分享搜集到的积木等，这样一来幼儿在一次建构游戏中的交流对象就不单单是小队内的成员了，而是整个班级的小朋友。这种小队间的密切交流不仅能够打破以往幼儿中小团体众多的弊端，同时也能增强幼儿的参与感与集体荣誉感。此外，教师也可以针对全班幼儿间的合作设计新颖的教学设计。例如，老师可以举办主题绘画活动，设定“春天的花园”的主题，邀请每一位小朋友画出春天的花园里的美丽景物，要求小朋友们广泛讨论，保证在画板上呈现的景物在色调、结构上保持一致性。这种大范围的班级合作活动，能够为幼儿创造与每一位小伙伴的交流机会，而幼儿的合作意识也在“画同一幅画”中得到充分的锻炼。

二、意识培养生活化

对于幼儿合作意识的培养不只是体现在教学活动中，更体现在日常生活中。因此，教师对于幼儿的教育也不应局限于课堂上，而是要从一言一行的小事做起。首先，教师在校园生活中应当重视幼儿之间的交往方式，比如引导幼儿与其他小朋友之间礼貌用语，温柔相待，例如："这个事你能帮帮我吗?""你如果需要帮助就来找我。"帮助幼儿理解尊重他人是合作的基础。其次，教师也应该在一些生活小事上帮助幼儿树立合作意识。比如在午饭时间，老师可以指导幼儿之间相互合作，一个小朋友去领餐具，一个小朋友去领水果，这种分工合作可以促进幼儿合作意识的提升。此外，在生活中对于合作意识的培养还可以采取体验模式，通过将不合作与合作的效果进行比较，促使幼儿体会到合作带来的满足感与成就感。比如，老师可以与小朋友们比赛做手工，一边是老师一人，一边是幼儿们通力合作。当最终的结果是本该处于弱势的幼儿战胜了心灵手巧的老师时，那种团队合作带来的愉悦感就会激励幼儿自觉进行合作的意识。

三、家园合作日常化

家园合作在提高幼儿合作能力方面起着至关重要的作用。一是家长和教师之间需要建立稳定、有效的沟通渠道。这可以通过定期的家长会、家长教师互动平台（如微信群、QQ 群等）等方式实现。双方可以分享孩子在家庭和学校的表现，共同商讨如何更好地培养孩子的合作能力。二是家长和教师需要设定共同的目标，以培养幼儿的合作能力。这些目标可以包括学会分享、学会倾听、学会协商、学会解决冲突等。双方可以根据这些目标制订具体的行动计划，并在日常生活中逐步实施。三是家长和教师需要为孩子提供各种各样的合作机会。在家庭中，家长可以鼓励孩子参与家务活动，如一起整理房间、一起做饭等；在幼儿园中，教师可以组织各种团队活动，如小组游戏、合作项目等。这些活动可以帮助孩子学会与他人合作，提高合作能力。四是家长和教师都是孩子的重要榜样。他们需要展示出良好的合作行为，如互相尊重、互相支持、互相理解等。这样，孩子不仅能从中学到合作技能，还能感受到合作的重要性。当孩子表现出合作行为时，家长和教师需要及时给予鼓励和肯定。这可以增强孩子的自信心，提高孩子的积极性，促使他们更愿意参与合作活动。同时，家长和教师也需要关注孩子的进步，及时给予反馈和指导。五是家长和教师可以教授孩子一些合作技巧，如如何与他人沟通、如何表达自己的意见、如何协商解决问题等。这些技巧可以帮助孩子更好地与他人合作，提高合作效果。

总之，家园合作是培养幼儿合作能力的重要途径。需要教师、家长和全社会的共同配合，通过多途径、多方式、多活动让幼儿学会合作，养成良好的意识，提升合作的能力，促进幼儿的健康成长。

第五章

园家社协同共育下幼儿社会交往能力的培养

《3—6岁儿童学习与发展指南》中指出：幼儿社会领域的学习与发展过程是其社会性不断完善并奠定健全人格基础的过程。幼儿在与成人和同伴交往的过程中，不仅在学习如何与人友好相处，也在学习如何看待自己、对待他人，不断发展其适应社会生活的能力。

随着素质教育的落实推进，更加注重幼儿个体同外界环境的沟通和交流。而学前教育阶段作为幼儿成长和启蒙的重要阶段，为幼儿的发展打下重要基础，基于此，幼儿的社会性交往能力的培养更应当受到高度的重视和关注。由此可见，幼儿从独立个体，开始步入集体，到成为一名社会人，幼儿社会交往能力的发展对于其自身的成长而言显得至关重要。

第一节　幼儿社会交往能力培养存在的问题及培养策略

《幼儿园教育指导纲要》中提出，要将“乐意与人交往，学习互助、合作和分享，有同情心”等作为社会领域目标，教师要“引导学前儿童学习初步的人际交往技能”“为学前儿童提供人际间相互交往和共同活动的机会和条件，并加以指导”。幼儿在一日生活中，都会与同伴在不同环节中产生交集、进行交往，其交往方式和交往能力也会存在一些问题。

一、幼儿社会交往能力培养方面存在的问题

（一）家庭教育环境

幼儿家庭中大多有一个或者两个子女，由于子女的稀少，家庭中便极易出现溺爱现象，父母将过多的爱给予幼儿，对幼儿的要求有求必应，以孩子为中心，并对幼儿过分保护。爱子女并没有错，但过度的爱甚至溺爱便是不正确的，这种行为容易使幼儿养成不良的性格或者习惯，比如唯我主义、性格固执、脾气差等，这都是不利于幼儿社会交往能力发展的。

同时，幼儿园阶段幼儿处于自我中心或是自我中心过渡阶段，幼儿在与他人进行正常的交往中，常常以自己的想法支配交往行为，从自己的立场和角度去认识事物、思考问题，出现不愿意与他人分享的行为，不能站在他人的角度理解不同的观点，体会他人的想法和行为，出现矛盾时、自己失败时均以哭闹的方式让大人帮忙解决问题的现象，这些自私、霸道的行为容易引起他人的反感，社会交往能力发展好的幼儿不喜欢同有上述行为的幼儿进行交往、玩耍，这便严重影响了部分幼儿正常的社会交往。

举个真实的例子：我们班有个叫扬扬的小朋友，刚开始入园的时候，他适应情况良好，与同伴关系也不错。有一次，他在争抢一位小朋友的玩具时与对方发生肢体冲突。我发现后及时进行了询问、处理，并将事情原委告诉了孩子家长。通过与家长沟通，我了解到家长的教育理念是任何事不能吃亏，当发生同伴争执时一定要还手，家长还在每次放学后都询问他是否有小朋友欺负他，导致孩子情绪低落，甚至不愿上学。班里的小朋友也因此疏远他，认为他“不讲理”，自己先错的还责怪别人。后来，我主动找扬扬奶奶谈了一

下这个问题，我对孩子奶奶耐心地说："扬扬奶奶，孩子们之间需要交往，因此小孩子之间有时候有些矛盾很正常，他们很快就忘了。我建议您和孩子爸爸妈妈回家不要一直问他'谁打他'这个问题，这样的心理暗示会导致他对幼儿园产生抵触情绪、不喜欢上幼儿园。您可以跟孩子多讲一些在幼儿园发生的快乐的事情，比如，在幼儿园都玩了什么？开心吗……我们一起帮孩子建立一种积极阳光的心态，他开心才是我们共同的愿望。"扬扬奶奶认真听着我的意见，在那之后，扬扬有了很大的改变，小朋友也喜欢与他交往了。

冲突是孩子生命历程中必要的体验之一，是孩子生命张力的一种体现方式。家长要学会放手，做好正确的引导，让孩子学会在矛盾的自我处理过程中长大，培养幼儿社会交往能力，相信孩子，给予孩子处理人际关系的自由。

（二）幼儿缺乏交往机会和策略

社会交往能力是一项技能，幼儿园教育在幼儿形成某项技能中发挥着重要的作用，但是个别教师持有注重幼儿学习成果等错误认知，还是以传统教育方式进行教学，并没有按照新课改理念对幼儿进行全面发展的教育，这在一定程度上减少了一些可以培养幼儿社会交往能力的活动。交往活动的减少会避免幼儿在社会交往活动中出现意外受伤等情况，教师可免于承担相关的责任。在传统的灌输式教学中，幼儿之间的交流互动很是匮乏，并且枯燥的课堂气氛也使得幼儿不愿做过多的思考，幼儿不明白应如何与他人进行正常交流。长此以往，这对幼儿的思维发展也是有影响的，并且不利于幼儿社会交往能力的提升。幼儿从平行游戏到联合游戏、合作游戏，有一个循序渐进的过程。本来是大家一起玩的游戏，由于幼儿缺乏与同伴的交往策略，运用了不正确的交往方式，从而与其他小朋友产生矛盾和冲突，这时就会出现争抢玩具、拉扯、推搡等攻击性行为。

（三）不良社会风气影响

社会风气同样可以影响到幼儿的社会交往能力。在培养幼儿的社会交往能力中不可忽视社会风气带来的影响，特别是不良的社会风气。不良的社会风气能够影响幼儿的语言、心理发展，比如幼儿经常身处恶语相向的环境，他们在与他人的交往中便会出现辱骂现象；当幼儿身处随手扔垃圾、不珍惜粮食或者其他劳动成果的环境，他们在与他人的交往中也会出现随手扔垃圾、随意损坏物品等现象，然而，幼儿的父母在家庭教育中并没有重视不良风气带给幼儿的不利影响。媒介的不良影响也是潜移默化的，例如，电视、抖音、快手等传媒平台播放的消极的视频内容也会成为幼儿的模仿来源。另外，不文明语言屡见不鲜，无论是在班级里还是在外面常会听到有的孩子爆粗口，例如“不要脸”“滚”等这些词汇，被说的孩子就认为在骂他。于是，我们经常听到孩子告状：老师他骂我 × × ×。这也明显影响幼儿健康的社会交往能力的发展。

（四）幼儿缺少同伴交往机会

在城市中生活的幼儿，生活在钢筋混凝土筑成的格子房里，缺少了与同伴交往、玩耍的机会。即使在幼儿园中，班级中的幼儿也有很大的个体差异，有的性格开朗，善于与老师、小朋友交往，就像小“社牛”，周围的人都可以是他的朋友；而有的性格比较内向，不善于表达；有的孩子长期在家中独自玩耍，与同龄幼儿接触较少；也有的则因为是独生子女等原因，缺少跟同伴交往的机会。

父母是孩子的第一任老师，他们的语言环境对孩子影响最深，生活中总会有一些父母在家里不讲究语言文明，夫妻之间经常出言不逊、话语粗俗。孩子处在这样的家庭环境下，不自觉地就会模仿成人的语言。幼儿园阶段的幼儿处于爱模仿阶段，听到这样新鲜有趣的词，幼儿很快就能掌握。掌握之后，在适当时机孩子就会运用。不文明的语言和行为影响幼儿的人际交往，导致没人愿意和他玩。在班级里当我们遇到爆粗口的孩子，我们会进行批评教育，或引导孩子模仿学习他人良好的行为，并让家长配合，一起创造适宜孩子的环境。

二、整合各方资源培养幼儿社会交往能力的策略

（一）提高社会交往技能

幼儿社会交往技能的提高能够提升其社会交往能力，这对幼儿的全面发展有促进作用。这就需要教师改变当前的灌输式传统教学，多研究适合幼儿心理认知以及幼儿喜欢的游戏化教学方式。教师在教学中要重视幼儿分享、助人、乐观等积极品质的培养，为幼儿创设交流平台、提供交流机会，组织相关培养社会交往能力的游戏活动，如角色游戏、表演游戏、合作交流等教育方式，来吸引幼儿的注意力，促使幼儿能够对教师的社会交往能力的教学产生浓厚的兴趣，提高社会交往技能。

除此之外，教师要将关注点放在幼儿交往中存在争执的部分，并对幼儿的语言以及行为进行分析，找出问题所在，以具有解决问题的针对性活动对幼儿展开教育，促使幼儿明确在与他人交往过程中运用正确的语言、行为进行交流的重要性，对幼儿的社会交往能力进行培养，提升幼儿的社会交往能力。

（二）开展游戏化教学

学前教育阶段的幼儿是“以游戏为基本活动”的，在游戏的过程中与其

他幼儿交流、交往，更能促进幼儿社会交往能力的提升。游戏营造了一种轻松、自由的氛围，可以使孩子们在一种自然、无压力的环境中交往，既可以提高幼儿间交往的次数，又提高了幼儿交往的质量。特别是对于那些在交往中自信心不足的幼儿来讲，游戏更是他们获得自信、提高交往能力的最佳途径。

游戏化教学易于激发幼儿的学习积极性，在教师的引导下幼儿进行积极思索，幼儿会思考应采取怎样的语言方式进行准确的交流，这对培养幼儿的思维能力有帮助，同时游戏活动教学提高了幼儿的社会交往能力。例如教师可开展“公共巴士”游戏活动，给所有的幼儿分配具体的角色，如幼儿扮演司机、售票员、耳背的老奶奶、漂亮的姐姐、爱丢东西的叔叔等，由幼儿们模仿坐公交车的情景。在进行游戏之前，教师要引导幼儿思考：面对不同的角色应采取怎样正常的人际交往？教师提问：“面对耳背的老奶奶说话要小声点是吗?”使得幼儿能够仔细揣摩角色，应进行怎样的交往，这对幼儿的思维发展有促进作用。经过思考，幼儿会明白面对耳背的老奶奶要大声、礼貌说话，并扶老奶奶安全上下车。面对爱丢东西的叔叔要认真观察乘客是否丢落东西，并主动提醒、归还物品，面对不同的人需要运用不同称呼等。在游戏中，不仅会提升幼儿的社会交往能力，还会培养幼儿的良好品质。

（三）强调生活情境的创设

在运用游戏化教学培养幼儿社会交往能力的同时，教师还要考虑幼儿身边的环境或者人物应采取哪些方法来发展幼儿的社会交往能力。基于此，教师在教学中就要强调生活情境的创设，充分利用幼儿身边的事或者人对幼儿进行社会交往能力的教育。在生活情境中幼儿与其他同伴相互分享、交流意见，在这个过程之中便会锻炼幼儿的社会交往能力，这有利于幼儿之间良好关系的建立。例如，教师可开展具有生活情境的“娃娃家”游戏，幼儿自由扮演爸爸、妈妈、宝宝，结合他们的生活经验，爸爸去买菜、做饭，妈妈照顾宝宝。宝宝哭了，妈妈让爸爸给宝宝冲奶粉、换尿不湿，还给宝宝唱歌，玩玩具等。在这个过程中，幼儿们联系生活，积极思考，互相交流发表意见，有利于幼儿的全面发展。

（四）强化家园协同共育

家庭因素同样是幼儿发展社会交往能力的重大影响因素，在加强幼儿园教育的同时，还要重视家庭教育给幼儿带来的积极影响，所以教师在对幼儿进行社会交往能力培养的过程中，要注意社会交往能力培养的教育延伸。加强与家长们的联系，强化家庭教育。这样家庭与幼儿园便形成连接，实现良好合作，家园共同致力于幼儿社会交往能力的提升。例如，教师可以充分利用聊天工具平台，如微信、QQ、钉钉等，加强幼儿园同家庭的联系，及时向家庭普及良好家庭氛围对教育幼儿的重要性以及其对培养幼儿社会交往能力、对幼儿拥有社会交往技能的重要性等，促使家长提高对幼儿社会交往能力的认识，积极为幼儿营造和谐友爱的家庭氛围，注重在生活中培养幼儿的社会交往能力。同时，教师还可开展分享会，鼓励家长们分享与幼儿有趣的交往活动，实现家园教育无缝连接，提高幼儿社会交往能力。

第二节　加强园家社合作有效培养幼儿社会交往能力的对策

一、家庭应为幼儿社会化发展奠定基础

父母的教育方式对幼儿的社会化发展具有极其重要的影响。人们常说：父母是孩子的第一任老师，同时也是幼儿的第一个交往对象。父母应通过教育的方式影响幼儿，使幼儿获得社会的价值观和传统的行为习惯，并为将来的发展做好心理上的准备。

（一）家长提高自身素养，树立良好的榜样

首先，家长应认识到教育的目标是培养孩子的全面发展，要摒弃功利主义观念，关注孩子的身心健康与情感发展。同时，要明白社交能力是孩子成长过程中不可或缺的一部分，需要积极培养和引导。家长可以通过阅读相关书籍、参加讲座或课程，了解儿童心理发展规律与适宜的社交教育方法。这有助于家长更好地理解和应对孩子在社交过程中遇到的问题，同时也能提升自己的社交能力。

其次，家长应注重培养自己的情商，包括情绪管理、同理心和人际交往能力。通过积极倾听、理解和尊重孩子的观点与需求，建立良好的亲子关系。在与孩子的日常交流中，家长可以教授孩子一些基本的社交礼仪和沟通技巧，如如何礼貌地与人交谈、如何表达自己的想法和感受等。

再次，家长要树立良好的榜样。家长的行为和态度对孩子的影响是深远

的。因此，家长要在日常生活中展现出积极、友善、尊重他人的行为。例如，遵守社会规范、尊重他人意见、友善待人等。这样，孩子就会从家长身上学到如何与人相处，形成正确的社交观念和行为习惯。积极为孩子创造社交机会，如邀请孩子的朋友来家里玩、参加社区活动等。在这些活动中，家长可以引导孩子如何与人分享、合作和解决问题，帮助他们建立良好的社交关系。

（二）创设良好家庭氛围，帮助幼儿建立自信

首先，家长每天要有高质量的陪伴，抽出一定的时间和孩子一起做游戏、一起看书等。以儿童的视角出发，做孩子的朋友和伙伴，不高控、不强制，尊重孩子的想法，与孩子们一起唱唱跳跳、玩玩闹闹，共同享受快乐的时光。也可以在与孩子游戏的过程中，让孩子提出游戏玩法，分配游戏角色等，让孩子体验与同伴游戏时的情景。

其次，家长要以欣赏的眼光对待孩子，树立孩子的自信心。明智的家长应该把幼儿犯的错误以及挫折的经历作为幼儿积累经验的好机会，并为他储存起来。家长要以鼓励、帮助的心态看待孩子成长中的错误及挫折，让孩子在不断修正中建立良好的心理品质。

再次，倾听孩子也是非常重要的。有很多时候看见的未必是真实的，我们很难通过看见了解孩子内心的想法。所以，家长要学会倾听孩子。和孩子一起像朋友一样聊一聊，不催促、不评判，不轻易打断孩子的思路，给孩子充分思考的时间，了解孩子的所思所想。

二、幼儿园应提高幼儿的交往能力

幼儿园要充分提供幼儿与同伴自由交往的机会，不仅要重视在课堂上培

养幼儿的社会交往，还要注意在日常生活、游戏活动中渗透幼儿的交往意识。

首先，教师要利用故事、儿歌、谈话、讲述、表演等手段，有目的、有计划地进行教育。通过这些方式让幼儿了解社会的知识与交往的方法，从而建立起幼儿的社会交往的意识及情感，为良好的人际关系打下基础。如在看图书过程中引导幼儿向同伴换取读物来看，为幼儿的交往打开一个很好的开始。模仿是孩子的天性同时也是孩子学习的主要方式，教师应善于运用榜样的方法引导鼓励，运用正面的教育方法强化巩固幼儿的交往意识，提高他们的交往能力。

其次，教师要在游戏中培养幼儿的交往能力。不管是户外游戏还是区域游戏中，我们会发现，游戏是最好的培养交往能力的方式。一方面，幼儿会通过模仿，学习社会交往行为；另一方面，幼儿会把生活经验迁移到游戏中进行实践，并在实践中不断优化自身的交往行为。

最后，利用生活常规培养幼儿的交往能力。在生活中有许多方面都可以帮助幼儿进行社会交往的活动。例如，在盥洗、如厕、就餐、散步等环节，幼儿之间的对话、需要遵守的规则等，都存在着交往发生。当同伴遇到困难要主动地去帮助他，让幼儿感受到助人为乐的快乐，培养幼儿友好交往。

三、社会应为幼儿提供良好的交往环境

幼儿时期的交往对幼儿无论是适应社会还是自身成长都有着重要的意义。在交往的过程中，幼儿通过与同伴、社会人的交往，逐渐摸索出与不同的人交往，其交往方式也是不同的；在与不同人群的交往中也提升了幼儿的交往能力。

幼儿园、家庭、社会都对孩子的社会交往能力发展起到了重要作用，它们之间是相互影响、相互促进的。对孩子的教育要对这三个关键因素都引起重视。幼儿园、家庭、社会要三位一体，通过这三个方面共同努力才能达到预期的教育效果，才能为幼儿营造良好的成长环境。幼儿园应当通过各种有效合理的方式普及家教知识和民主的教养模式。要经常保持与家长的联系，通过家长学校、家园联系册、家长委员会等进行交流并指导、帮助家长掌握科学的育儿方法，提高家庭教育的效果。

四、做好家园共育，强化交往行为

著名幼教专家陈鹤琴在他的著作《幼儿教育》一书说过："幼儿教育是一种很复杂的事情，不是家庭一方面可以单独胜任的，也不是幼儿园一方面可以单独胜任的，必定是两个方面共同合作才能得到充分的功效。"这句话说明了幼儿园和家庭必须两者同向、同步形成教育合力，才能有效地促进幼儿的发展。培养幼儿交往能力是一个长期持续的过程，家长和老师要一致要求、共同培养，才能取得更好的效果。老师和家长要保持沟通、交流，让家长充分认识到交往能力在幼儿的成长过程中的重要作用，理解配合教育的意义和好处，强化幼儿良好的交往行为。

老师要以开放日、亲子活动、家长会、运动会等大型活动为契机，有意识地指导家长，多给幼儿自主交往的机会，留意幼儿与同伴的交往表现，对于良好的、积极的交往行为加以肯定和鼓励，使幼儿的交往行为得到强化，并增进幼儿与同伴交往的能力。例如，我们班有个小男孩，在家中是独子，被家长众星捧月般地捧着。在园时，他的性格上表现得很强势，什么都要以自己为中心。每次游戏的时间，他都会和别的小朋友抢玩具，认为这个是他的，那个也是他的，有时还会动手。别的小朋友都不愿和他一起玩耍。出现这种情况，我在班级引导他怎么和其他同伴相处的同时，也第一时间利用家长接送幼儿的时间和他们及时沟通。但是只用语言跟他们描述幼儿在园人际交往方面出现的问题，好像并没有什么说服力。家长也只是随口应付一下，并没有做什么实际行动来改善幼儿的不良行为。于是在开一次家长会之前，我特地邀请了他的家长来参加，并嘱托家长一定要提前来看一看幼儿的在园表现。经过家长自己亲自的观察，他们会认识到问题的严重性，更积极地配合老师，就这样家园的共同努力，使幼儿学会了分享，有了集体意识，现在和小朋友相处得很友好。

总之，培养幼儿的人际交往能力是循序渐进、持之以恒的过程，不是只凭老师或家长的说教就能得到发展的。而是需要老师做一个有心人，不仅为幼儿提供、创设交往的环境和机会，还要对幼儿进行耐心细致的引导，教师要真正做到一个支持者、合作者、引导者。只有这样，才能培养幼儿良好的人际交往能力，促进幼儿更好更快地适应社会，成为社会的有用人才。

综上所述，幼儿人际交往活动的开展是非常有必要的，教师应当根据幼儿的发展状况，通过创设交往的环境和机会，科学设计一日活动等内容，帮助幼儿积累基本生活经验，形成正确的世界观、人生观、价值观，以此帮助幼儿获得更多的交往体验，提高人际交往能力。我相信通过多种渠道的努力，幼儿一定会掌握人际交往的技能并建立良好的人际关系。

第三节 幼儿园要努力营造环境，满足幼儿与人交往的需要

一、建立亲密的师幼关系，激发幼儿人际交往的欲望

幼儿来自不同的家庭环境，而不同的家庭环境有不同的交往发展模式，有些幼儿性格外向、活泼开朗、善于交际，而有些幼儿性格却内向、孤僻、不敢与人交往。因此，幼儿在园时作为老师最首要的就是给予幼儿良好的情感体验，消除幼儿对交往的紧张感、畏惧感。作为教师，在一日生活中，我们要主动亲近和关心幼儿，经常和幼儿一起游戏或活动，让幼儿感受到与成人交往的快乐，从而和幼儿建立起亲密的师幼关系，激发幼儿人际交往的欲望。

例如，我们班有一个小男孩，他性格比较内向，平时不愿意和同伴说话、玩耍。室内活动的时候他一般都是坐在自己的座位上东张西望或者跟在老师的后面寻找安全感。户外活动的时候，他内心其实特别想去玩滑梯、轮胎等户外的运动器材。但他不敢参与到同伴的游戏中去，经常表现出很紧张、很胆怯的样子。当发现这种现象以后，我们用老师特有的爱心、细心、耐心、责任心向幼儿倾注浓浓的爱意；用和蔼的微笑、称赞的目光、温柔的话语和幼儿相处，以游戏者的角色带着他一起玩耍，时刻流露出对他的关心、爱护。渐渐地我们和他建立了亲密的师幼关系。接下来，我们便一步步引导他和其他幼儿一起交流、玩耍。慢慢地，他变得活跃起来，会主动参与到其他幼儿的游戏中去，而且会主动地和其他幼儿说话并和他们相处得非常愉快。

二、创造交往的环境和机会，从而树立人际交往的意识

对于刚入园的幼儿来说，他们刚刚离开父母的怀抱来到一个陌生的环境，会产生焦虑、恐惧、不安等心理。他们常常表现得很胆怯，不敢与人交流。面对这种情况，身为幼儿教师的我们应为幼儿营造一个自由宽松的环境，提供自由交往和游戏的机会，进而帮助幼儿体会人际交往的乐趣并树立人际交往的意识。

首先，我们可以扮演成幼儿喜欢的动画片里的角色为幼儿表演节目、讲故事，跟小朋友做游戏等方式来创造自由宽松的交往环境，使幼儿慢慢地融入其中，慢慢地从孤独、害怕、不安的情绪中走出来，使他们感受到温暖、开心的同时学会交往。其次，在幼儿园的一日生活中，教师应给予幼儿充分的游戏活动时间。因为游戏是幼儿园的基本活动，是幼儿进行交往、学习的最好时机。特别是区域活动，它是培养幼儿人际交往能力的有效途径。如角色区可以设置不同的场景：娃娃家、医院、理发店等，这些区域提供了幼儿和同伴交流、合作的机会，幼儿在区域活动时更容易融入其中，幼儿学会分享、学会合作，慢慢地便和同伴相处得很友好，成为好朋友。

记得我们班有个小女孩，胖嘟嘟的非常可爱。她平时不太喜欢说话，但她对娃娃家特别感兴趣。每次区域活动的时候她都会选择角色区。刚开始的时候，她只对角色区的娃娃感兴趣，每天她都会抱着娃娃自己一个人坐在角落里，沉浸在自己的世界里。有一次，我见她又是一个人坐在角落里抱着娃娃玩，便提高声音说："这个娃娃长得真漂亮，像你一样可爱。不知道她现在饿不饿呢？是不是该喂奶了呢？"听我这样说她笑了，连忙点点头。其他小朋友听到后，便对我说："老师这里有个奶瓶，我来给娃娃喂奶吧。"我微笑着

点点头。于是他们便忙碌起来。喂奶结束以后，又有个小男孩加入进来，他说："娃娃吃饱以后就要睡觉啦。"她便抱着娃娃和同伴一起把娃娃放到小床上睡觉了。就这样她开始和同伴熟悉起来，以后的区域活动中，她不再是一个人玩耍，而是有说有笑地和同伴一做起游戏，玩得不亦乐乎。

三、帮助幼儿学会人际交往的技能

现在的幼儿大多数为独生子女，与同龄伙伴交往的机会也在减少。由于缺乏社会锻炼，缺乏社会交往技巧，一些幼儿常常出现不会与他人交往的现象，而且经常与同伴发生冲突。因此，幼儿在园期间老师应该把握机会从下面几点入手来帮助幼儿学会交往的技巧。

（一）教师要在一日生活中帮助幼儿学习交往技巧

首先，我们要引导幼儿学会恰当的语言表达。比如：怎样和同伴友好地交流、沟通，怎样委婉地拒绝别人。其次，在一日生活中，我们要培养幼儿尊重别人、礼貌交往的意识与习惯。比如：早上入园时要主动向老师问好，不小心犯了错误要说"对不起"等。再次，还要培养幼儿的分享、谦让等意识，让幼儿学会分享，去除以自我为中心的意识。这些细小的环节都会拉近人与人之间的距离，掌握这些可以帮助幼儿建立良好的人际关系。

（二）在活动中，教师要把握好介入指导的时机

在游戏活动中，教师首先要做个观察者，当幼儿出现争抢玩具的现象时，教师在保证安全的前提下，让争执双方自己去解决。教师要用视频的方式做好记录，如果这个问题当场解决了，回到班级后进行游戏分享时，要进行鼓励和表扬。如果没有解决，那就请幼儿一起解决这个问题。鼓励幼儿通过集

体的智慧解决交往问题，从而提高幼儿的人际交往能力。

实践证明，幼儿是具备解决这样问题的能力的。多数时候幼儿会自主解决，如他们会商讨如何轮流玩，并制定规则，确保每人都有机会玩；或者是合作一起玩。游戏中，当幼儿自己无法解决矛盾时，教师除了当观察者，还可以根据游戏的需要以游戏者的身份介入，引导幼儿用正确的方式解决问题，让幼儿懂得怎样和他人交往。

（三）让幼儿大胆面对人际交往的挑战

幼儿在人际交往的过程中有可能会遇到一些问题和挑战，对于小班幼儿来说，他们并没有处理这些问题的经验，同时，就小班幼儿的年龄特点而言，尤为突出的一点就是爱模仿。因此他们更需要通过教师的示范进行学习。教师可以选择特定的主题，对人际交往的过程进行演练。例如，不同班级的教师可以进行场景再现，传递“见面问好”“犯错道歉”等的意识，这样能够更好地让幼儿在自身的生活中加以模仿和实践，更容易帮助幼儿掌握人际交往的技巧。我们班的梓橦小朋友，刚入学的时候她不爱说话，看见老师也不问好，只是默默地走开。有一次，早上入园时我向她热情打招呼，可是她并没有回应我，于是，我喊住她跟她说：“看见老师要问好哦，这样才是有礼貌的好孩子。”她看看我，又低下头沉默不语，好像不知道该怎么样表达。面对这种情况，我开展了一次关于礼仪教育的主题活动，利用幼儿爱模仿的年龄特点，我请了隔壁班的老师配合我，进行了礼仪方面的现场演练，如见面问好、离开说再见等活动。同时请了梓橦上前面和老师互动问好，梓橦声音很洪亮地对老师说：“老师早上好。”从那一天开始，梓橦每天早晨入园都会主动向老师问好。

第六章

园家社协同共育下幼儿语言能力的培养

语言是实现人际交流的重要手段，是人类沟通交流的基础。人与人之间的交际、沟通离不开语言的表达与阐述。良好的语言表达能力是一个人思想的外在表现。3—6 岁是幼儿的语言发展关键期，特别是口语方面的发展，其语言潜能中的表达能力随着词汇量迅速增长而变得更具有概括性。抓紧这个时期培养幼儿形成良好的语言习惯，是发展口头（书面）表达能力、智力、理解能力的前提，将使幼儿受益终身。

第一节　当前幼儿园语言教育中存在的弊端及对策

一、弊端

幼儿园语言教育在培养孩子的语言能力和思维发展方面起着至关重要的作用，但在实际的教育过程中也存在一些弊端。

（一）对幼儿语言能力培养的重视程度不够

《3—6 岁儿童学习与发展指南》（以下简称《指南》）中指出："幼儿语言的发展贯穿于各个领域，也对其他领域的学习与发展有着重要的影响。幼儿在运用语言进行交流的同时，也在发展着人际交往能力、理解他人和判断交往情境的能力、组织自己思想的能力。通过语言获取信息，幼儿的学习逐步超越个体的直接感知。"当前，一些幼儿园的教学观念较传统，未能创新教学模式，对幼儿语言能力培养的重视程度不够，对语言能力的重要性把握不准，没有为幼儿创设良好的“想说、敢说、喜欢说”的语言环境，幼儿缺乏自主表达的机会。

（二）语言教育活动的设计缺乏科学性

有些教师对《指南》中各年龄段幼儿语言领域的发展目标理解不到位，往往没有结合幼儿的学习规律和特点；教学内容可能不符合幼儿的学习和发展水平，无法有效地培养他们的语言能力和素养。导致教学内容与孩子们的实际需求不相符，难以激发他们的学习兴趣；教学方法比较单一，教师实施知识讲解的方式培养幼儿语言能力效果比较差，主要是幼儿本身比较爱玩好动，让其在整堂课只听教师讲解知识，难以集中注意力，无法理解和掌握语言相关的知识，最终导致语言能力培养成效低，使得语言活动变得索然无味，难以发挥应有的教育作用。

（三）语言活动的实施脱离实际交际语境

教师在教授语言时，有时未能充分考虑到儿童的生活经验和词汇量，导致教学脱离了实际的交际语境，孩子们难以将所学应用到实际沟通中。部分教师因为缺乏系统的培训和指导，不能因地制宜地调整教学策略，导致教育内容与幼儿的成长规律脱节。

（四）家庭与学校沟通不够充分

家庭是孩子早期语言学习的重要环境，但有时候幼儿园和家庭的沟通不够充分，导致教育连贯性和一致性的缺失。教师不仅承担着教育幼儿的责任，也承担着家庭教育指导的责任。但有些教师缺乏与家长建立长效家园沟通机制的意识，导致家园在教育理念和教育方法等方面缺乏沟通，出现教育的不一致性。有些家长缺乏科学的教育理念，认为培养幼儿的语言能力得多认字、多写字，也有的家长认为培养幼儿的语言能力是幼儿园教师的事，与自己无关。

二、对策

为了改善这些问题，幼儿园需要定期对教师进行专业的培训，更新教学观念，设计符合幼儿发展特点的教学活动，并采用多样化的教学方法来满足不同儿童的学习需求。同时，加强家园合作，建立有效的沟通机制，确保家庭和幼儿园在语言教育方面的一致性和互补性，从而不断提升教育质量。

（一）营造丰富真实的语言环境

语言能力并不是人与生俱来的，而是需要借助后天的不断练习形成的，所以在对儿童进行语言训练时，一定要注重提升儿童锻炼的机会，对此，应该为儿童创造真实并且丰富的语言情境，让儿童能够全身心地投入真实的环境中，这样才能有进行语言锻炼的冲动。良好的语言环境的营造直接关系到幼儿的语言学习成果，教师在对儿童进行语言教学活动时，一定要根据幼儿的学习实际为其提供自由的轻松的真实的语言环境，让幼儿能够在情境中自由表达，将自己的想法以及情感在语言环境中释放，充分激发儿童在语言学习当中的主观能动性。另外，为儿童营造良好的真实的语言环境，可以帮助幼儿提升语言表达时的自信心，这样能够让幼儿在真实的交流环境中更加自信从容。营造真实轻松丰富的语言环境还可以让儿童在交流过程中不断积累语言、词汇，丰富情感表达，加深幼儿对于语境以及情感的认知。

（二）加强家园合作巩固语言表达成果

家庭教育和幼儿园教育在培养幼儿的语言能力过程中同等重要。因此，教师要发挥自己在教育中的组织者、引领者角色。借助QQ、微信等互联网平台以及线下时间主动与家长进行联系，反馈幼儿在园语言能力发展的情况，并对存在的问题与家长共同探索其解决策略。定期向家长推送与语言能力培养相关的内容。同时，家长也要积极参加幼儿园组织的各种家长入园活动，通过绘本集体教学了解教师在语言能力培养过程中运用的方法，通过幼儿园组织的专题讲座提高家长语言教育的科学性。幼儿园组织的家庭故事赛和家庭绘本剧表演也是提高幼儿语言表达能力的好时机，家长尽量陪孩子一起参加，在活动中提高幼儿的语言表达水平。

（三）在自主游戏中多方面提升与幼儿的交流

自主游戏给幼儿提供了一个自由、自主的物质和心理环境，幼儿在与材料、同伴的相互作用中，自由、平等地交流，幼儿可以随心所欲地表达，释放心中的疑惑，提出难以解决的问题，主动寻找解决问题的方法。自主游戏后的分享环节是必不可少且尤为重要的，孩子们在分享环节能进行游戏回忆和复盘，能提高语言表达能力和思维水平。鼓励幼儿对自己的游戏内容大胆地说出来，获得了语言表达的自信心和成就感。之后的“一对一倾听”，教师在尊重儿童主体性，理解儿童多样性的基础上，对幼儿一日活动中的语言、图画、情境等表征进行专心、耐心、移情式的倾听，并给予积极、专业的反馈，促进良好的师幼互动，提供给幼儿想说、敢说、喜欢说的心理环境。

（四）创设生活化话题，让幼儿想说

幼儿阶段的孩子年龄虽然小，但是小小的他们也在认真地生活，有着真切、美好的生活感知与体验。幼儿教育工作者可以从幼儿熟悉、亲切的生活出发，创设与他们每日接触、经历着的生活紧密相关的生活化话题，以此话

题调动起幼儿们想说、想表达的积极欲望。特别是平时不太爱说话的幼儿，教师要有针对性地创设幼儿感兴趣的话题，如乐乐喜欢蜘蛛，家中养了很多种蜘蛛，他还喜欢在书中、在手机上搜集关于蜘蛛的知识。但乐乐不爱和别人交流。老师就抓住他感兴趣的蜘蛛和他交谈，乐乐很开心地和老师、小朋友分享他知道的小蜘蛛的种类、蜘蛛吃什么等，其他小朋友都非常佩服他对蜘蛛的了解，这也激发了乐乐想和小朋友交流的欲望。当幼儿们想说、愿意说，才能奠定他们自身语言能力有效发展的重要前提。

（五）营造和谐的氛围，让幼儿敢说

孩子们的思想是天马行空的，这是孩子们身上的一个鲜明特点，同时也是他们充满童真，不受约束与限制的一个体现。作为幼儿教育工作者，要保护幼儿们的各种奇思妙想，而不能一味地对幼儿规定框架，不能这样说，不能那样说。只有充分尊重幼儿的想法，积极营造和谐的表达氛围，才能让置身其中的幼儿敢说、能大胆地说。例如，《我妈妈》是一本非常经典的绘本，从孩子的视角出发，将孩子眼中的妈妈形象进行了生动、有趣的描述。我便富有感情地向幼儿们朗读了这一绘本。同时，鼓励幼儿尝试用自己的语言描述自己的妈妈，将自己眼中妈妈的形象表达、分享给其他人。我不限制孩子们的思维与想法，而是鼓励他们，肯定他们所想到的有关妈妈的各种有趣表达。在宽松融洽且愉悦的氛围中，越来越多的孩子愿意表达，愿意交流，愿意将自己心目中有关妈妈形象的想法呈现出来，有的幼儿说“我妈妈是一个清洁工，总是能把家里收拾得很干净”，有的幼儿说“我妈妈是一个大力士，她能拎得动很重很重的东西”，还有的幼儿说“我妈妈是一个小闹钟，每天都能准时把我叫醒”……可以说，正是这和谐的氛围与环境，让幼儿们敢说，

让他们脑海中所思所想有了充分展示的机会。

（六）给予幼儿以指导，让幼儿会说

想说、敢说，尚且不够，幼儿们还应当会说，即有技巧地说。这样，幼儿们语言能力的发展才能真正落到实处。教师需要从实际出发，从所教幼儿的认知水平出发，恰当且精准地给予其引导，让幼儿清楚该说什么，该怎么说。我们要求幼儿复述一件事情的时候，会发现大多数幼儿不知道从哪里开始复述，也不知道复述哪些内容，对于此时的幼儿来讲，脑子里千头万绪全都是各种信息，犹如一团毛线一般杂乱无章。对此，我会有意识地教给幼儿们“5 个要素”的语言表达技巧，“5 个要素”分别为“什么时间”“什么地方”“做了什么”“如何做的”“为什么这样做”。同时，为幼儿们进行了示范。这样一来，“5 个要素”便会深刻地留在幼儿们心间，每当他们想要复述一件事情的时候，脑海中都会率先浮现出这“5 个要素”，且“5 个要素”促使着他们一边表达一边想，使得他们能逻辑清晰、言之有物地进行复述。

（七）教师恰当地反馈，让幼儿乐说

语言能力的发展不是一蹴而就的，而是一个循序渐进的过程。学生单次的想说、会说有益，却仍需要付诸长期实践，进行不断的练习。教师应当在日常语言教育实践中给予幼儿及时的、恰当的反馈，帮助幼儿养成坚持表达的良好习惯。当这一良好习惯养成，幼儿自然能做到乐说，在长期坚持的语言表达中有效锻炼与提升自身的语言能力。

幼儿阶段的孩子正处在语言能力快速发展的重要阶段，幼儿教师要意识到培养幼儿语言能力的重要性，积极学习相关教育理论和实践技术，立足幼儿园教育实践，家园合作探索更多有效培养幼儿语言表达能力的有效策略，

并对其进行恰当、合理的应用，发挥幼儿语言在活动中的主体性，让孩子们想说、敢说，更会说、乐说，从而不断推动幼儿语言教育的发展。

第二节　在区角游戏中培养幼儿语言能力

3—6 岁的幼儿对身边的任何事物都感兴趣，都想尝试，很喜欢问“为什么”，经常用语言来描述和发问。但是由于其语言能力的限制常常不知道如何表达，或者常常出现词不达意的情况。而区角游戏不仅能满足幼儿的好奇心，还能给幼儿创造轻松愉快的语言学习氛围，让幼儿在区角游戏中主动思考学习如何表达自己的想法。

一、区角游戏活动的概念

区角游戏活动，是指教师根据活动目标和幼儿发展的水平，有目的地创设游戏活动环境，投放游戏活动材料，以操作、摆弄、探索为主的方式让幼儿按照自己的意愿和能力，进行个别化的自主学习的活动。

二、区角游戏活动对幼儿语言表达能力的影响

（一）让幼儿想说、敢说、愿意说

幼儿在游戏活动中会有无数的疑问，并产生想寻找答案的愿望，教师追随幼儿感兴趣的问题，引导让幼儿讨论并想办法去解决问题，支持幼儿从质疑到猜想并验证自己的猜想，让幼儿在实际探究中乐意看，敢想，愿意说，

无形中提高了幼儿的语言表达能力。

（二） 解放幼儿的思维，活跃幼儿的语言

幼儿教育是渗透在一日生活中的，给他们想象和提问的空间，并且鼓励幼儿动脑，不能否定或嘲笑或忽视幼儿的想法。如在美工区，我为幼儿准备了很多颜色多样、形状不一、大小不一的纸张，以及颜料、太空泥等材料，幼儿自主选择同伴一起讨论、设计他们的作品。当创作设计完成后，向同伴展示时，需要介绍自己的作品。在一对一的倾听过程中，幼儿还会把自己的想法、创作的过程等说给老师听。西西用图形拼了一个“房子”，其实我也不确定是不是“房子”，旁边的文文说：“你拼的是锅吗?”西西说：“我搭的是妈妈煮饭用的铲子，我用一个长方形做了手柄。”他一边说还一边学妈妈煮饭的样子给我们看，他的解释让我们一下子看懂了他的作品，同时让别的幼儿有了新的想法。我很惊讶，原来幼儿创作的作品和我们看到的、想到的不一样，教育者不应该把自己的想法强加给幼儿，而是开发幼儿的创造思维，丰富幼儿的语言及交流的内容，适当做一个旁观者、倾听者。

（三） 培养幼儿礼貌语言的表达能力

当幼儿习惯性地用礼貌用语，就会给人感觉这个孩子家教好。但是如何把礼貌用语运用到日常生活中，不仅需要家长的教导，老师们的引导也至关重要。我们的班区角布置了一个“聊天室”，在“聊天室”里我发现孩子们会学老师用礼貌用语进行对话，“请”字用得特别多，还像模像样地学习老师讲话的语气。特别是小静小朋友，一个平时很内向的孩子，说话的声音都是柔柔的。她很喜欢“聊天室”，刚开始她选择和我“打电话”，后来她开始主动跟其他小朋友一起玩，她的进步让我看到了区域活动的重要性。在区域游

戏中增进了小朋友之间的合作，有矛盾的时候也会想办法去解决，提升了他们解决矛盾的能力。

三、常见几种区角类型中幼儿语言能力的培养

（一）在建构区里培养幼儿的语言沟通能力

1. 创造宽松和谐的游戏氛围，让幼儿快乐地建构。建构区包括积木以及各种材料的拼搭。《纲要》提出“创建一个资源宽松的语言交往环境，支持鼓励、吸引幼儿和教师、同伴或其他人交谈，体验交流的乐趣，学习使用适当的、礼貌的语言交往”。建构区是幼儿最喜欢的地方，尤其是男孩子居多。他们在一起商讨主题、分配角色，自主选择所需要的材料和游戏伙伴，并与同伴一起合作建构，有利于提高幼儿的语言表达能力及同伴间的交往能力。同时它的操作性强，幼儿不管在游戏中尝试搭建，还是沟通合作时都有“顿悟”、有“错位”、有“创造”，幼儿在不断探索操作中体验失败与成功。如建构区一开放，政政、晟晟、希希等几个小朋友就赶忙跑过来了。政政率先拿材料搭建起来，希希问政政：“你搭的是什么？”政政指着墙上的建筑物图纸说：“我搭的是这种跟我家很像的楼房。”希希看后说：“我可以帮你一起搭。”政政和希希一边商量着一边找材料搭建。他们搭得很高但并不牢固，掉下来好几次。这时候晟晟也跑过来询问后说：“你们的楼房不牢固，我爸爸是建筑师，我来帮帮你们吧。”晟晟当起了“解说家”。他们一起搭建，一起商讨、分工。“你弄这边。”“这样不行。”通过上面的例子，我们也可以看到幼儿在游戏中不光有“顿悟”“错位”“创造”所带来的交往及其语言，在游戏过程中分配角色任务时，由于能力不同会出现分配不合理，就需要再进行语

言沟通，最终在不断磨合、协调中得到成功的体验，这个过程本身就有利于发展语言能力和交往能力。

2. 建立平等和谐的师生关系，建立幼儿自信。师生之间应该是平等的对话伙伴，当幼儿遇到困难时，教师用激励性的语言不仅能够让幼儿重新树立信心继续进行游戏，对于一些幼儿也是一种指导。如在建构游戏中发现幼儿有困惑，不知道怎么搭或不知道搭什么时，教师以引导性的语言“你想搭什么”“想用什么搭”，当幼儿完成或进步时及时表扬鼓励，幼儿会树立自信心，从而在游戏中和别人交往，也发展了语言表达能力。

（二）表演区里幼儿敢说，敢演

1. 提供良好的语言环境。表演区包括儿歌、音乐、舞蹈方面的绘本故事表演。如“星空大道”“快乐舞台”等。在表演区教师选择一个主题，如“生日派对”，幼儿说出自己想表演的节目，配上表演角色里他们熟悉的道具、服装，用喜欢的饰品给自己打扮起来，再上台表演。表演区是一个能使他们想说、敢说、喜欢说、有机会说并能得到积极回应的环境。

2. 营造真正的自主表演空间。当幼儿第一次上台表演时，不要急着指导幼儿的表演技能，可以当一个忠实的观众，及时给予掌声，让幼儿觉得自己是最棒的演员。幼儿的语言能力是在实际运用的过程中发展的。当幼儿处在没有压力的环境中，即使平时看起来比较胆小的幼儿也能慢慢敞开心扉，不再压抑，从而充分发挥自己的想象力进行表演。

（三）益智区里促进幼儿探索语言能力的发展

1. 为幼儿提供丰富的材料和探索主题。这个区域包括数学角、科学角、动手动脑等。在益智区里，教师给幼儿提供各种丰富的材料，幼儿根据自己的探究兴趣，确定探索主题，与同伴讨论，自由探索。如益智区里利用冰棒棍让幼儿了解“数”、制作数学材料。或者提供“水的力量”“神奇的空气”“软和硬”等各种主题让幼儿讨论探索。

2. 教师引导幼儿探索游戏。我在班级益智区新投放了一些多米诺骨牌，孩子基本都没听过也没有玩过。当他们第一次接触这个游戏的时候，表现得都有点手足无措，不知从何下手。于是我鼓励幼儿，想怎么玩就怎么玩。孩子们有的拼图、有的搭建，也有的小朋友把多米诺骨牌立起来，孩子们之间互相交流自己的玩法，也在交流中提升了自己的游戏经验，发现更多的玩法。教师在观察一段时间后，以平行游戏介入游戏中，玩起了多米诺骨牌游戏。孩子们观察到后，也产生了浓厚的兴趣。不一会儿就有孩子说：“这个多米诺骨牌可以变成长长的‘小蛇’，我们轻轻一推，‘小蛇’就倒了。”其他孩子都模仿起来。过了一会儿，又有孩子发现了新玩法，还能利用多米诺效应推动其他东西。为了让孩子们更深入地了解“多米诺效应”，我利用视频引导，孩子们操作验证。在一系列的探索和验证之后，再让孩子们进行集体讨论，提出自己的观点，交流自己的探索、操作过程或操作方法，以及从中获取的情绪体验，从而促进了幼儿的交往能力以及口语表达能力。

（四）语言区里培养幼儿的学习兴趣及看图讲述能力

1. 注重幼儿语言习惯的培养和良好的学习兴趣。包括阅读、讲述、创编等语言区，培养幼儿的学习兴趣及看图讲述能力。幼儿读图书，实际上是在看画面，图画本身就是一种语言。幼儿能很认真地看，当看到不明白的时候，他们也会问我：“老师，这是什么?”有一次，在班级图书角中我看到了奇奇小朋友。他平时最喜欢去建构区，自己玩自己的，不怎么爱说话，口语表达能力较弱，于是我便关注他。只见他拿着一本书，时不时抓抓头发，窃窃私语，像是在思考什么。平时不爱表达的他，这时候却主动找小朋友探讨了起来。原来，他是在看迷宫的书。几个好朋友一起在走迷宫，还时不时地抬头互相交流，在交流中增进了他们看图讲述的能力以及连贯性语言的表达能力，同时学习了相关知识、开阔了视野。

2. 给幼儿提供丰富的阅读材料和良好的阅读氛围。教师应该为幼儿提供大量的图书，让孩子们养成阅读的好习惯，感受书本中精美的画面，乐于倾听故事，感受文字的意义，从而喜欢读书、爱看书，这对于引发幼儿的阅读兴趣，养成良好的阅读习惯起到了积极的作用。

3. 引导幼儿进行创编。在语言区，鼓励幼儿将故事改编成好听的歌曲，让幼儿自己创编歌词或者听某一故事引导幼儿进行延伸。投放了大量的故事图片和不同角色的头饰、服装，幼儿可以选择自己喜欢的角色，搭配头饰、服饰等进行创编讲述或创编表演。在创编过程中，幼儿的语言表达能力、合作交往能力、创造力都得到了相应的发展。

《指南》表明语言是交流和思维的工具，可以促使幼儿获得社会化的良好发展。幼儿个体在走向社会的过程中，在与他人交往的过程中，在语言的不断交流中获得快速发展。

第三节　早期阅读提升小班幼儿口语表达能力的实践探索

幼儿时期是语言发展最关键的时期，语言表达能力不仅是幼儿生活与学习的基础，更是幼儿思维和智力发展的关键，也是幼儿在未来的社会中生存与发展的重要条件。而口语表达是幼儿学会正确表述、丰富词汇量、掌握复杂句运用的综合能力，是幼儿语言能力发展的核心与关键。早期阅读以色彩鲜明、角色生动活泼的绘本吸引着幼儿的阅读兴趣，也是能促进幼儿口语表达能力发展的最佳途径。口语表达是人与人之间交往的主要形式，口语表达是人类最基本的语言能力。3—4 岁是幼儿语言发展的关键期，《3—6 岁儿童学习与发展指南》中指出“幼儿期是语言发展，特别是口语发展的重要时期”。幼儿口语表达能力决定着幼儿适应新环境及与老师、同伴交往的能力。对于小班幼儿来说，良好的口语表达能力能帮助幼儿清楚地表达自己的意愿，促进幼儿尽快适应幼儿园的生活，结识更多的朋友。然而，多数的小班幼儿入园后，表现出来的语言表达能力会存在发音不准确、说话不连贯、语序表达颠倒、语句描述不完整、词汇贫乏等现象，由于这些特点造成他们喜欢用行动来代替语言，因此会出现“打人”的现象，或者不愿意说话或少说话，进而会出现大小便不告诉老师，尿湿裤子等情况。

《指南》中指出：“为幼儿提供丰富、适宜的低幼读物，经常和幼儿一起看图书、讲故事，丰富其语言表达能力。”早期阅读是根据幼儿的年龄特征，选择合适的阅读书目，和幼儿一起阅读或者引导自主阅读的方式，激发幼儿的阅读兴趣，养成良好的阅读习惯。幼儿通过阅读绘本，感知并模仿书面语言，可以帮助幼儿提升口语表达能力。

一、提升小班幼儿口语表达能力的意义

（一）适应新环境，表达自我需求

小班幼儿从家庭迈进幼儿园的大门，第一次踏入社会，陌生的老师和同伴以及陌生的环境，首先从心理上会产生一定的紧张与局促，如果幼儿不善于表达自己，在新的环境中，就会增加幼儿的焦虑感。比如，上厕所不知道该怎么跟老师说，身体不舒服不知道该怎么表达，就非常容易出现尿裤子、生病没有及时得到救治等问题。如果幼儿具有一定的口语表达能力，能及时表达自己的需求，那么，在适应新环境中会相对更快一些。

（二）结识新朋友，大胆与人交流

幼儿园和家庭生活的最大区别就是幼儿园里有很多同龄的同伴一起游戏、生活，通过与同伴的交流能提高幼儿的认知、生活能力、社会交往能力等。与同伴交流也是提升幼儿生活与学习经验的主要途径之一。因此，口语表达能力强的孩子往往能大胆自信地与同伴交流，从而获取丰富的信息与经验，提升自我。

（三）发展新起点，奠定语言基础

口语表达是幼儿学会正确表述、丰富词汇量、掌握复杂句运用的综合能力，是幼儿语言能力发展的核心与关键。良好的口语表达能力能为幼儿未来的语言发展奠定坚实的基础。

二、早期阅读推动幼儿口语表达能力发展的实践

（一）因材施教——巧选阅读书籍

由于小班幼儿对表象与符号的思维才初步迈开过渡性步伐，生动活泼的动物形象是小班幼儿最喜欢的。我们选择阅读的材料内容必须是孩子现阶段能力的体现，画面构图线条柔和，图像要比较大，一页以一个清晰图像为主，突出主要对象，减少无关刺激物对幼儿注意力的干扰。《小熊宝宝》系列读物的内容和幼儿的生活比较贴近，其中的故事也是以最有规律的语句为主，每页只有一个规范的短句，幼儿容易学习或重复学说。如《大声回答“哎”》一书中，每一页以小熊的图像为主，其余四只小动物是幼儿常见的小兔、小猪等。每页通过夸张的大嘴告诉小朋友，别人喊到你的名字时你要大声回答“哎”。这本书在展示给小朋友后，每次早晨点名时都能听到他们自信、响亮的应答声。游戏时也经常听到同伴之间互相喊对方名字再响亮回答的声音，孩子之间多了一份交流的乐趣，也在一学期时间内认识了全班的同伴，提高了幼儿的交往能力。通过实践发现选择有关动物的早期阅读读本，幼儿阅读兴趣比较浓厚，模仿动物学习口语表达的愿望也比较强烈。在阅读活动开展了两个月后，幼儿口语表达能力有了明显的提升。

（二）因势利导——培养阅读习惯

虽然现在很多家庭有意识地进行着亲子阅读的尝试，但很多家长和孩子都没有掌握正确的阅读方法。甚至大部分幼儿在入园前还没有过阅读经验。因此，选好了阅读材料后，最重要的任务是让幼儿学会正确的阅读方法，培养良好的阅读习惯。我在实践过程中发现，最初给幼儿图书时，他们有的倒着看；有的

从前翻到后，就把书给了我；有的把书卷起来；有的拿着书坐在椅子上不知所措。于是，我们的早期阅读活动就从学习怎样阅读开始了。每次阅读前，我都会让孩子们和我一起说一说“这是书的封面，这本书的名字叫×××”。为了防止他们拿倒书，我在书的封面上贴上了小熊的图标，让孩子们在看书前先找找小熊的标记在哪里，这样不但找到了书的封面，也能根据小熊是否站立的姿势发现自己是否把书拿倒了。然后逐步引导幼儿一页一页地翻书看。随着阅读活动的连续开展，久而久之，孩子们逐步学会了正确的阅读方法。

在阅读活动中，我还发现了幼儿一个不好的习惯，每次在图书角拿一本书翻一会儿就换书。经过几次跟踪观察和交流发现，幼儿出现这种情况的主要原因是幼儿缺乏对画面的理解，每次只知道书中有自己熟悉的形象会叫出名称，而不会把画面完整地结合起来看。再加上幼儿词汇量的贫乏，导致幼儿每次看书的过程就是翻书了。发现这种情况后，我每次和幼儿一起阅读时，先引导幼儿观察书中每一页的整体画面，说说画面中有什么，再引导幼儿用一句话猜一猜画面中各种形象之间的关系，并鼓励幼儿说出不同的想法，激发幼儿的想象力。这样的方法我一直坚持着。幼儿从一开始只会说“有××和××”到现在学会说“我觉得××和××可能在做××”，幼儿的表达能力有了进一步的提高。孩子们逐步学会了阅读的方法，养成了良好的阅读习惯，渐渐对阅读活动越来越感兴趣，也变得越来越喜欢和同伴、老师交流自己的想法了。

（三）因机而变——丰富幼儿词汇量

幼儿口语表达能力的提升与幼儿词汇量的掌握有着密不可分的联系；幼儿词汇量的掌握直接影响幼儿在运用言语交往时的表达能力及思维的发展，

丰富的词汇量能促进幼儿表达准确、灵活运用。在早期阅读活动中，幼儿可以通过一幅幅具体形象的绘本角色及画面来理解和学习新词语，从而逐步丰富词汇量，词汇量丰富了，幼儿的表达自然更完整、更全面了。《小熊宝宝》系列故事中给了我们学习新词句、丰富词汇量的好渠道。在《好朋友》故事中，每一页的故事都是重复“我们一起玩儿，好吗”这句完整的发出邀请的话语，对于小班的幼儿来说是急需学会的一句话，因为小班幼儿在与同伴交往时，容易出现由于不知道如何跟同伴发出邀请而出现推拉的现象。通过这个故事的阅读，幼儿知道了想和小朋友玩游戏时要大胆地问一问，有什么想法要用语言表达出来别人才会明白。我们通过对故事的情景表演活动，帮助幼儿学会了用故事里面的语言与小朋友交往。孩子们之间推拉、打闹的现象有了明显的改善。取而代之的是孩子们礼貌地与同伴商量，大声向小朋友表述自己的想法。

书中的小猫由于害羞，不敢向其他的小动物发出邀请，没有朋友玩。在读了这个故事后，孩子们也学会了用“害羞”这个词语，每当老师邀请小朋友在大家面前讲话，遇到扭扭捏捏的小朋友，其他小朋友都会及时鼓励说：“你别害羞啊，我们给你加油。”运用《小熊宝宝》读本，不但激发了幼儿口语表达的欲望，增加了幼儿的词汇量，更为可贵的是通过阅读活动，幼儿学会了正确与同伴相处的方法，促进了幼儿间的情感交流，培养了幼儿交往的能力和自信心。

（四）因势乘便——拓展阅读素材

阅读，对于小班幼儿来说，除了常用的绘本图书之外，其实，在我们生活的周围，自然的环境“阅读教材”无处不在。当幼儿在户外的时候，常常会主动地指着一幅图或者一些汉字问身边的家长或老师“这是什么呀”“这是什么意思啊”等。为此，当我们在关注绘本提高幼儿口语表达能力的同时，可以根据幼儿的需求适当拓展阅读素材。如每次节日前，幼儿园的节庆环境布置和每个班的节日祝福语是大家“阅读”的资源，也是幼儿非常感兴趣的阅读内容。通过阅读，幼儿学会了很多祝福的词语，知道节日里怎样向别人说祝福话；还有幼儿园内草坪、花园边、自然角的植物名称牌、告示牌，都是既方便又有教育意义的阅读材料。阅读还可以渗透在一日活动的各个环节之中，如日常人际交往、自由游戏、散步、倾听等。只要老师做一个有心人，世间万物都是教育的资源，时时刻刻都是教育的契机。

绘本以其优美的词汇、趣味的故事情节、重复的语句激发幼儿阅读的兴趣，丰富幼儿的词汇量。早期阅读不仅使幼儿受到了语言艺术的熏陶，更是能提升幼儿的口语表达能力。通过阅读《小熊宝宝》系列绘本，如今小班的幼儿已经能说一些简单的复合句，能够清楚地表达自己的需求，能用清楚的语言描述一件完整的事件；能听清楚老师的问题并完整地用简单句回答；和同伴相处时能主动用语言表述自己的观点，有强烈的表达欲望和对语言表达的自信。同时在发展幼儿口语表达能力的同时也促进了孩子发现问题、表述问题、解决问题的能力，培养了孩子大胆、活泼、开朗、自信的性格特征。由此可见，通过早期阅读的方式，帮助幼儿丰富口语表达的词汇，既能提高幼儿的口语表达能力，又能提高幼儿的自信心。幼儿的这些进步，将激励我不断地探索和反思，从培养兴趣入手，更好地发展幼儿的语言潜能。

第七章

园家社协同共育下幼儿自主学习能力的培养

在教育实践中发现，自主是儿童重要的成长力。自己的事情自己做主、自己为自己的选择或做的事情负责，是儿童成长的一种体现，也是他们持续发展不可或缺的核心能力。要培养孩子的自主能力，就要给他们自主活动的机会，创设自主活动的环境和条件，经历从独立到自立的过程。教师和家长作为儿童成长的陪伴者，要树立正确的儿童观、教育观，深入把握儿童成长规律，保护儿童本身具有的自主意识，发展理性的自主行为。

第一节　培养幼儿自主学习能力的意义以及存在的问题

一、培养幼儿自主学习能力的意义

学前教育阶段是人生智力发展最重要的阶段之一，它将为中小学教育和终身教育奠定坚实的基础。自主学习能力的培养对于幼儿的学习成长有着重要意义。

首先，幼儿具备自主学习能力，可以让他们摆脱对教师以及家长的依赖，不仅在学习上能自主探索、自主学习，在生活习惯上也能够独立自主，这对于幼儿的学习成长有巨大的帮助。

其次，培养幼儿自主学习能力有助于幼儿养成良好的学习习惯，让幼儿在今后的成长道路上能够更好地积累知识、拓展思维，是帮助幼儿拓宽未来道路的有效助力。

最后，自主学习能力能够帮助幼儿对学习产生兴趣，让幼儿能够积极参与到学习当中，有助于幼儿学习效率的提升。

因此，教师及家长需要注重对幼儿自主学习能力的培养，结合幼儿成长规律及自主学习能力特点来制定相关措施，为他们的未来打下坚实的基础。

二、幼儿自主学习方面存在的问题

自《纲要》《指南》颁布以来，随着自主游戏的推进，幼儿教师及家长的教育观念和教育行为均发生了可喜的变化，如积极探索、实施整合课程，注重教育内容与幼儿生活经验的结合，在教学中重视幼儿的兴趣，利用各种方式引导幼儿自主参与活动……表面看来，幼儿能积极参与教师精心设计的教学过程，对教师的引导作出积极的反应，活动气氛颇为热闹。有些幼儿可以用绘画表征、自言自语等方法来帮助自己明确活动的任务和步骤，有时还能结合自己的计划图用较为清晰的语言告诉老师活动的计划，幼儿的自主学习能力得到了很大程度的体现。但在幼儿园阶段，幼儿的自主学习能力尚处在一种无意识阶段，幼儿自主学习能力还存在一些问题。

（一）对幼儿的差异缺乏充分认识

教师对幼儿的差异观察不够，缺乏足够的尊重，在传统观念的影响下过多重视知识水平的差异，忽视了幼儿情绪、意志、气质性格、生理、能力水平和结构等方面的差异。“一刀切”的集体活动形式过多，幼儿缺少自主学习的机会，对学习难以产生兴趣。长此下去，幼儿能力强弱之间的距离越拉越大，对幼儿的发展极为不利。教师作为幼儿学习的组织者、引导者、合作者、支持者，应充分了解和尊重幼儿的差异，根据幼儿身心发展规律和性格特点，努力营造多元化的学习氛围，满足其多样化的学习需要，这样才能让孩子寻找适合自己的学习方式，促进幼儿能力最大限度的提高和发展。

（二）对幼儿“兴趣”缺乏深层的审视

虽然在主题式课程中，教师能从幼儿的兴趣出发选择主题，但教师对主题的系统性、逻辑性以及方向性的设想较多，教师预设的多，幼儿生成的较少。在集体活动中，为达成预设的目标，教师利用各种方式激起幼儿的兴趣，只是为了吸引幼儿的注意，没有把幼儿的兴趣作为与知识能力等同一层面的发展目标。幼儿对活动难以产生持续的投入和专注，他们只是对活动中某一短暂的动作、现象、情景等外部刺激感兴趣。

（三）对幼儿学习的过程关注不足

由于教师还没有摆脱传统教育观念的思维定式和行动方式，过分关注“幼儿是否按教师的规定活动”“幼儿是否学会”“是否完成教学任务”的教育结果，满足于表面的、暂时的教育效果，而忽略了幼儿在学习的过程中是否丰富经验、获得体验、在分享经验中互相学习自我完善、自我成长。即使关注教育的过程，也只是为了追求教育进行中的“活跃气氛”。教师要有敏锐的眼光观察幼儿在活动中的情绪表现、心理需要、能力水平，关注幼儿的最近发展区，才能发现与把握每一个教育机会，据此实施个性化的适性教育。

第二节　培养幼儿自主学习能力的措施

《幼儿园入学准备教育指导要点》中提到：兴趣是终身学习的原动力。呵护幼儿的求知欲，尊重幼儿好问的个性，促进幼儿对周围事物持续不断的探索，保持幼儿的好奇心，让幼儿不怕困难，积极地主动学习。

一、创设自主环境，引导幼儿自由发展

教师要想在教育教学活动中培养幼儿自主学习的能力，教学环境尤为重要。什么样的环境里，就有什么样的学习。教学环境作为幼儿可以直观感受到的事物，会直接影响到幼儿的学习成长。因此，老师要根据幼儿的兴趣和需要创设适宜的、多元的、供幼儿自主自由选择的学习环境。幼儿能否自由地学习，可选择的环境是关键。

（一）保护幼儿的好奇心与主动性

幼儿对世界的理解，是由他们的兴趣和认识来建立的。创设良好的氛围为他们积极地掌握学习方法和知识创设良好环境。接纳、引导幼儿对新鲜事物的观察、提问和探究行为，并避免直接打断或否决幼儿的奇思妙想。爱因斯坦也曾经说过："我毫无别的才能，我只是有强大的求知欲；我毫无别的才能，只喜好寻根究底地追问事情罢了。"幼儿长大后也不一定能变成爱因斯坦，但好奇心是一颗魔豆，在它刚萌发的时候，谁又能说不会变成下一位爱因斯坦呢？而当幼儿提出疑问并主动学习时，我们也应该给出赞赏的反应，并作出口头赞扬。如"这问题问得好""不错啊，你怎么想的""自己主动学

习真棒”等。这会使他们觉得问问题和自主学习是一种很幸福的事情，并觉得自豪。

（二）丰富操作材料，体验自主学习过程

创设自主自由的环境，很重要的一个方面就是有充足的可选择的材料。孩子是通过动作与具体事物和感性形象的接触，来感受信息，获得经验的。这就需要为幼儿提供丰富、合适的学习材料，让孩子依据自己的水平和意愿自主选择。在孩子的学习活动中，我们要尽量把学习内容物化为可以呈现的经验，尽量让学习材料传递更多的信息，蕴含更多的学习价值。孩子们每天都能在这样的环境中根据自己的兴趣、能力主动寻找自己所需要的东西和想做的科学探究，一些碎纸屑、一把梳子、一个吹起的气球在科学区域中投放，孩子们轻轻摩擦头发，就会发生有趣的科学现象。简单科学材料的填充、投放与组合，他们也能从这些有趣组合的科学材料中，带着内心萌芽的科学小种子和持续探究的热忱，全身心地坚持开心快乐地去探索发现、交流、投入到游戏中，在寓教于乐的特色科学区域的自主游戏环境中去收获，玩出童年的科学乐趣。例如，幼儿教师在活动区域投放了积木这一创造性的玩具之后，可以让幼儿按照自己的想法来进行搭建，在搭建完成之后可以说一说，自己搭建的是什么？为什么要搭建这个作品？请幼儿分享在他们搭建过程中遇到困难之后，是怎样解决的。积木建构能够让幼儿充分发挥自己的想象力以及动手能力，按照自己内心的想法去发挥、去创造，从而有助于幼儿自主学习能力的培养。

（三）追随儿童兴趣，确定活动内容

自主教学环境的创设不仅仅是放入一些玩具、材料让幼儿们自主选择，

教师的态度、方式都是自主教学环境创设的重要内容。而活动内容的选择和确定也尽量从孩子中，从孩子的问题和矛盾冲突中确定。因为，这些内容是孩子喜欢的，能引起孩子探索和认识兴趣的，也是孩子当前需要的。各班教师积极持续地捕捉幼儿兴趣的生发点，跟随幼儿的主动兴趣，形成本班各具特色的班级科学主题区域自主游戏活动。如，涂鸦区的幼儿对调色盘为什么会漂浮在水面上产生了兴趣，教师及时发现并追随幼儿的兴趣，生成了“谁主沉浮”主题探究活动。幼儿自主选择材料，猜猜哪些材料是可以浮在水面上的，哪些是沉在水底的。然后逐一进行验证，得出结论。在探索过程中，孩子们又不断发现新的问题，再通过小组交流、实验等方式再次验证，获得新经验。整个探究活动持续了一个星期，孩子们依然兴趣盎然。

（四）创设心理环境，激发幼儿自主学习的积极性

自由自主的环境不仅是物质环境，更重要的是创设宽松的精神心理环境，在这样的环境中教师会积极关注幼儿情绪、社会性、个性品质的形成，激发幼儿内在的自主学习的愿望，激发幼儿对自主学习的兴趣。因此，创设自主环境是引导幼儿自由发展以及培养幼儿自主学习能力的有效策略，为幼儿今后的成长进步奠定了坚实的基础。

二、设计情景游戏，鼓励幼儿自主探索

幼儿教师在进行相关知识传授时，不能够单纯地以灌输的方式让幼儿接受，而是要给幼儿更多进行自主探索的机会，从而获得知识经验。幼儿教师可以在教学中设计一些情景游戏，让幼儿在情景游戏中自主探索、发现知识，最终实现幼儿自主学习能力的有效培养。对于情景游戏的设计，教师需要结

合教学内容以及幼儿的兴趣特点来进行设计。例如，幼儿教师在进行交通安全这一主题教学活动时，可以先利用信息技术来播放一些关于交通安全的相关动画视频，让幼儿知道一些基本的交通规则。在幼儿对基本的交通规则有一个大概的了解之后，便可以通过教师创设不同的交通情景开展情景游戏。幼儿扮演情景中的人物，自主体验交通规则，明白在什么样的情景下应该怎么做。例如，在红灯面前要停下脚步等待，绿灯时再通行，又或者是过马路要走人行横道，不能够打闹、嬉戏等。通过情景游戏，让幼儿在情景中体会规则的意义，这个过程就是对于幼儿自主学习能力的一种有效培养。因此，设计情景游戏来鼓励幼儿进行自主探索，也是培养幼儿自主学习能力的一种有效途径，让幼儿摆脱自己对于教师的依赖，能够独立学习、独立探索，从而为幼儿未来的成长奠定坚实的成长基础。

三、支持幼儿自主游戏提升幼儿自主学习能力

游戏中体现自主游戏的主旨，是充分相信、尊重幼儿，相信他能做，是积累直接经验的过程。教师在游戏中担任幼儿的支持者与合作者，在游戏达到瓶颈或失去兴趣时，教师给予及时的参与与帮助，深挖游戏潜在的价值，探索游戏玩法，让幼儿体验游戏的乐趣。我们积极开展户外自主游戏，投放了丰富的可操作性、可移动的低结构材料，鼓励教师放手，扎实开展自主游戏。在活动中，教师充分理解和尊重幼儿的兴趣和爱好，更多地给幼儿以自由，让他们有进行创造活动的权利和机会，使他们在自由的天地里，在自主游戏活动中，充分用眼、手、脑去发现、去创造，也只有这样才能真正使幼儿成为学习的主人，使幼儿的身心都得到健康和谐的发展。现在，孩子们投

入、喜悦的游戏状态随处可见，游戏水平越来越高。教师坚持游戏后的分享与表征，孩子们反思的能力越来越强。同时，教师将幼儿自主理念贯穿一日生活各个环节，使得孩子们自主生活、学习的能力越来越强。

四、畅通家园沟通渠道，助力幼儿自主学习能力的提升

幼儿的自主学习能力培养中，家长的观念最重要。幼儿园应该把家庭当成重要的合作伙伴，发挥家庭教育主体的作用，构筑家庭共育平台，共同搭建幼儿健康成长的桥梁，所以，父母应该采取各种方法来充实自己，理解幼儿，以便更好地开展家庭教育，共同培养幼儿的自主学习能力。

首先，要利用家长开放日等活动，观摩幼儿一日的生活活动。从幼儿的户外自主游戏、室内区域游戏以及一日生活中的自主活动，如自主取餐、自主整理被褥、自主梳头发等，去发现幼儿是有能力的学习者，了解游戏是幼儿学习最好的方式，从而引导家长在家庭中学会放手，给孩子自主探究、自主生活的机会，培养幼儿在家庭中的自主学习能力。

其次，通过科学育儿专题讲座，引导家长学习科学的育儿理念和育儿工具，如，针对家长比较感兴趣的如何培养幼儿的专注力、如何养成幼儿良好学习习惯等，邀请有经验的老师进行专题讲座，并通过研讨交流、经验分享等让家长们互相学习，提升育儿能力，让家长不要做旁观者，而是重在参与。

再次，开展幼儿园共育活动时，要以幼儿园的一日教育为基础，以达到“自主玩、自主学、自主求发展”的目的。请父母一起加入其中，针对各阶段所蕴含的幼儿自主性训练的重点提取出来，形成幼儿自主认知的情境气氛，调动幼儿投入一日中的兴趣与主动性，以这种方式帮助家长与幼儿园科学做

好幼儿自主学习能力的培养。

五、开展正面评价，树立幼儿自主学习的信心

现代心理学认为：儿童只有在民主平等的教育氛围中，才能自由地思考探究，提出问题，发表意见，才有新的发现和创新。科学的评价方式，有利于增强幼儿自主学习的信心，可以促进和提高幼儿学习的积极性。在活动中，我们本着以幼儿发展为本的思想，相信幼儿是有能力有自信的学习者。所以，对幼儿活动中的表现以鼓励、表扬等积极的评价为主，采用激励性的评语，尽量从正面加以引导。我们通过学习新西兰的学习故事，教师们尝试在幼儿园一日的生活中捕捉儿童活动的“哇时刻”，有的老师会发现“哇时刻”随处可见，孩子们似乎总是会带给老师惊喜。我们倡导从儿童的视角解读儿童的内心，用心去体会孩子的游戏。然后评价儿童的知识、技能和已有经验等，并回应和支持孩子的学习兴趣和需要，以进一步激发儿童参与学习的热情和学习的力量。

例如，学习故事评价案例：头发飞起来

户外活动的时候，大家都在享受着大型滑梯带来的乐趣，当然也包括你。突然，你大声地喊我：“张老师，快看呢，我的头发都竖起来了，真好玩儿!”你的喊声吸引来了好多小朋友，大家都来看你表演：只见你飞快地爬上滑梯，当你迅速往下滑的时候，头发就真的都竖起来了！离开滑梯或是静止不动的时候，你的头发很快就恢复到正常状态。看到这一神奇的现象，其他小朋友也都跃跃欲试。这时的你俨然成了一位小老师，指挥小朋友排好队，并有秩序地一个一个滑下来。当有的小朋友发现自己的头发竖不起来时，你会主动

地把秘诀告诉他："必须先从滑梯上滑下来，然后你的头再晃一晃头发就竖起来了，你试一试。"

可是一些短头发的小朋友怎么也没成功，你想了想说："因为你们的头发太短了，没有我的长，等你们头发长长了就能飞起来了！"在你的指挥下，小朋友们玩得格外开心。

户外活动结束的时候，你们依然沉浸在刚才的欢乐之中，同时你也对这一现象产生了浓厚的兴趣，你跑到我身边迫不及待地问："老师，为什么头发会飞起来呢?"我神秘地笑了笑，没有直接告诉你们答案，而是追随着你们的兴趣点，开展了"奇妙的静电"这一活动，让你们在实验中更清楚地了解生活中的静电现象。

什么样的学习在这里发生了?

圣雨，你在玩滑梯的过程中发现了头发会飞起来的奇妙现象，并乐于与老师和小朋友们一起分享你的发现；当小朋友们尝试体验的时候，你指挥得有模有样，还能给予一定的指导，看得出你是一位出色的组织者；当有的小朋友头发飞不起来的时候，你还能大胆说出自己独特的见解，较为正确地推测失败的可能性，你可真是一位善于动脑筋、乐于分析的好孩子！活动结束时，你的好奇心驱使着你去找老师寻找答案，你的科学探索精神也深深感染着我。于是，我们开始了新的探究之路。

机会和可能性"回应"的部分：

玩滑梯的无意发现，让你对静电现象产生了强烈的好奇心。你推测着静电现象产生的原因，并通过小实验发现生活中的静电现象。老师会围绕"电"的主题，开展一系列的活动：如，摩擦起电、小灯泡亮起来等来满足你们的好奇心，支持你们的探索精神，一起探索电的奥秘。科学区里，老师也准备了很多有关电的游戏材料，等着你们去发现新的科学秘密呢！

总之，培养幼儿自主学习能力是帮助幼儿拓宽未来道路的有效方式。因此，幼儿教师首先需要明白培养幼儿自主学习能力的意义，重视幼儿自主学习能力的培养。然后是能够结合自主学习的能力特点以及教学内容来制定出合理的教学策略，例如，创设自主环境、设计情景游戏以及开展正面评价等，从而助力幼儿能够真正地自主探索知识、掌握知识，达到培养幼儿自主学习能力的最终目的，为幼儿们的将来奠定坚实的基础。

第八章

园家社协同共育下幼儿注意力的培养

注意力是21世纪儿童必须具备的能力之一，是大脑进行感知、思维、记忆以及逻辑判断等认识活动的基础。幼儿期是人类注意力快速发展的关键时期，注意的发展与儿童的智力和学习技能的发展有关，并影响儿童的智力和发展潜力，因此，在教育活动中培养孩子的注意力很重要。

注意力，是指人的心理活动指向和集中于某种事物的能力。它包括注意力的稳定性、注意力的广度、注意力的分配以及注意力的转移四个维度。注意力的稳定性，也就是注意持续时间的长短。有的小朋友注意力持续时间长，有的持续时间短，所以，孩子们的注意力稳定性不同。家长和教师往往通过注意力时间的长短判断该幼儿的注意力好不好。注意力的广度，则是指一个人在同一时间能够注意到的对象的数目。比如注意力持续时间同样长的孩子，在这段时间的内老师讲了几个知识点，有的孩子这几个知识点都注意到了，有的孩子却只注意到一个，这就是注意力广度不同。在注意的分配方面，能够同时把两件以上的事情都做好。如，做操的时候既要做好手上的动作，还要配合脚上的动作。有的孩子就配合不好，做了手上的动作，忘了脚上的动作。注意力的转移，就是注意力可以在不同的任务之间转移，切换任务的能力。比如，有的孩子虽然坐在教室里，可注意力还停留在刚才室外的游戏中，没能及时切换过来。

第一节　幼儿注意力分散的原因及培养对策

幼儿时期的孩子活泼好动，加之年龄较小，很容易受到干扰和影响，产生注意力不集中的情况。如集体活动时走神，不听讲，咬手指，随意离开座位，晃动身体等，这样的表现让家长和老师都非常头疼。

一、幼儿注意力分散的原因

一般孩子注意力不集中有生理原因也有非生理原因。

（一）生理原因

孩子注意力不集中的生理原因主要是前庭觉失调引起的注意力障碍或注意力缺陷。前庭觉的失调是孩子注意力不集中的根本生理原因。心理实验研究显示：孩子注意力集中的程度和年龄成正比。如果孩子的注意力维持在特定的范围之内，就属于正常现象，他的注意力会随着年龄的增长而逐步提高。反之，需要带幼儿到正规医院做进一步检查。

（二）非生理原因

1. 环境因素

孩子的注意力很容易被新鲜、多变的刺激物所吸引。一些幼儿园周边有马路、建筑工地或飞机场，声音嘈杂、干扰过多；有些父母在孩子玩玩具或看书期间看电视、打电话或与其他人交谈，但不注意音量控制，都会影响孩子的注意力。孩子的玩具太多，就容易分散其注意力，一会儿玩玩这个，一会儿玩玩那个，注意力持续的时间也会缩短。

2. 注意力的敏感期被破坏

比如，孩子在对小石头、小树枝等各种小东西感兴趣的敏感期，喜欢捡这些小东西玩，并且能玩很长时间，但家长往往感觉不干净，予以制止，无形中破坏了幼儿敏感期注意力的发展。

3. 父母不断干扰

孩子在做事的过程中，父母不断干扰孩子。比如，孩子在玩玩具，家长一会儿过来问“渴了吗”，一会儿过来送个零食，使幼儿不能专心玩。有的家长看到孩子做事情笨手笨脚，就急着帮忙做，这样的指导其实是一种干扰，孩子自己专心做事的能力会越来越弱。有的家长强迫孩子做他不感兴趣的事情，孩子不喜欢做、不感兴趣，自然不会集中注意力。

二、培养幼儿注意力的有效策略

（一）提供有助于幼儿注意力发展的教育环境

良好的学习、生活环境对孩子教育起着很大的作用。例如，在教学活动中，幼儿常常会因为一些无关紧要的事情而出现注意力分散的现象。因此，要清除环境中可能分散注意力的事物，尽可能隔绝一切外来的干扰。在日常的教学活动中，教师尽量做到手机处于静音状态，因为手机一响，正常的教学秩序就被打乱了，幼儿的注意力也会随之转移。在区域活动的安排时，教师要注意区角的划分，做到动静分开。如表演区、运动区等动的活动区域要和图书区、美工区等静的活动区域分开，这样可以避免分散幼儿的注意力。当孩子从事某种活动时，周围的环境要尽量保持安静，如孩子们玩积木时，教师不应该着急干预孩子如何搭建，而是让孩子们在连续拆除和重建的过程中自由运用自己的想象力，孩子们建立认知的空间关系并享受游戏的乐趣。对于家长来说，在孩子认真看书、做事情的时候，应尽量为孩子创造安静的环境，千万不要把电视或音响的声音开得很大，更不能在孩子旁边打牌等去干扰他们。

教师和家长应适当地赞美孩子，孩子们的主动性和老师的鼓励相结合，以适当地提高注意力，孩子们在舒适的环境中会更加活跃，参与游戏的积极性会更加高涨，对儿童思维能力、注意力、学习习惯和社交能力起着至关重要的作用。

（二）运用科学合理的教育方法

幼儿园的孩子活泼好动，对周围事物都有好奇心，其本身注意力集中的时间就短。家长和教师要充分尊重幼儿的学习特点和发展规律，当孩子们专注于制作自己的小手工艺品或观察小动物时，老师和家长要尊重孩子，不要打扰孩子，给他们时间，要耐心等待。当年幼的孩子沉迷于自己的爱好时，他们的注意力就会持久。家长和教师也可以引导孩子们懂得如何利用时间。当他们专注于在相对较短的时间内完成自己的学习任务时，他们将有更多时间做其他事情。

在阅读方面，老师或家长可以指导幼儿选择自己喜欢的图画书或大声朗读喜欢的故事。人的注意力是有限的，当幼儿发展注意力时，要专注于做一件事，如果同时做几件事，幼儿的注意力就会分散，不利于注意力的有效集中。

（三）利用多媒体课件和新鲜玩教具吸引和培养幼儿的注意力

处于幼儿阶段的孩子，对眼睛所触及的事物都感到新鲜和好奇。信息化水平的不断提高，为幼儿教育提供了更多可以借鉴和利用的教学资源。教师可以灵活地选择合适的资源运用到教育教学活动中，增加趣味性，吸引孩子们的注意力。比如，教师为小班幼儿讲故事时，选择了与故事相匹配的动画，故事与动画配合引发了幼儿的兴趣，幼儿的参与度也提高了，整个活动，注意力都非常集中。此外，家长也可利用新颖、色彩丰富的玩具来吸引孩子的注意，如各种动物的手偶玩具、各种适合幼儿年龄特点的低结构益智玩具等，都可以训练幼儿的注意力。

（四）利用幼儿的兴趣培养注意力

强烈的好奇心是孩子天生就有的，而且孩子有很多感兴趣的东西。当教师或父母发现孩子对某些事物产生好奇感之后，要把握时机，积极引导孩子认真地对该事物去观察、去发现，进行探究。同时，教师或父母还要主动地去寻找合适的观察对象，去吸引孩子的观察兴趣，比如选择一些新奇、色彩艳丽的事物让孩子观察，只有把各种感官都调动起来，才能更正确、更清晰、更完整地去观察某一事物。因此，我们要选择适合孩子的对象积极引导，运用各种感官参与，全面观察。在观察的过程中，教给孩子一些常用的观察方法，让孩子学会有目的地、自主全面地、细致地观察事物。当孩子学会了观察，就会主动关注，学会有效利用注意力，成为一个有心人。教师或父母要时刻关注孩子的一举一动，捕捉到孩子生活中的兴趣点，提高孩子的注意力。

第二节　在建构游戏中培养幼儿的注意力

《指南》中提出：“要充分尊重和保护幼儿的好奇心和学习兴趣，帮助幼儿逐步养成积极主动、认真专注、不怕困难、敢于探究和尝试、乐于想象和创造等良好的学习品质。”这些良好的学习品质是幼儿终身学习所必需的一种能力。其中，对于教师和家长来说更要重视注意力的培养。注意力持续时间长的孩子，做事效率提高，随之产生的是充足的自信心、成就感以及高度的学习意愿，有利于孩子的长远发展。因此，在幼儿的游戏与生活中，培养良好的注意力对孩子的发展起着重要的作用。通过长期实践发现，建构游戏是培养幼儿注意力的有效途径。

一、建构游戏对培养幼儿注意力的重要性

建构游戏是个体通过有意识地堆积、拼插、排列、组合建构材料，伴随或主动进行各种认知建构，以获得感性经验和心理满足，逐步实现社会建构的游戏。其游戏材料多为低结构材料，便于堆积、排列、组合等操作，可以构建出各式各样的作品。建构主义理论认为，孩子通过主动参与建构活动，即通过与环境的互动、探索和建构来学习和认知。建构活动通常包括搭积木、玩沙子、绘画等能够激发孩子主动参与和动手操作的活动。这些活动能够激发孩子的好奇心和求知欲，让他们在玩耍中获得知识、收获快乐。

在建构游戏中，幼儿需要花费大量的时间和精力来拼插一件作品，这就需要他们保持较长时间的注意力。而且在游戏的过程中，幼儿需要不断调整自己的行为和思维，解决游戏中遇到的问题和挑战，这也需要他们保持高度的专注力。

幼儿在建构游戏的过程中，可以直观感知游戏材料的大小、颜色、形状，不仅提高了他们的动手操作能力、想象力、创造力，还在与同伴的合作、交

流中，促进了他们认真、专注等良好学习品质的养成。幼儿在游戏活动中伴随语言来调控自己的行为，通过与同伴的合作来调整游戏策略，遇到困难向他人求助等方式来让自己专注于当时的游戏活动之中，从而专注地完成建构活动。因此，建构游戏对培养幼儿的专注力具有重要的意义。

二、通过建构游戏培养幼儿注意力的实施策略

（一）创设适合幼儿游戏的环境，营造良好的游戏氛围

从幼儿的年龄特点来看，3—6 岁幼儿的注意仍然主要是无意注意。此时的幼儿有意注意发展水平较低，稳定性差，处于发展的初级阶段，而且依赖于成人的指导和组织。由于幼儿的有意注意发展水平不足，教师或家长需要把智力活动与实际操作相结合起来，让注意对象直接成为幼儿行动的对象，使他们处于积极的活动状态，有利于幼儿有意注意的形成与发展。

《纲要》强调通过空间、设施和材料，激发支持幼儿的各种活动和探索。幼儿园户外的建构区要设置在干净整洁、地面平整的大块区域，保证一个班级的幼儿开展建构活动。如，我们幼儿园有三个建构区，分别为常规积木建构区、螺母积木建构区、大型雪花积木建构区，满足不同年龄阶段的幼儿使用。在班级中同样需要设置建构区，这个区域的设置要在相对安静、整洁明亮的环境中，避免杂音、过多的人流干扰孩子的注意力。因为幼儿的神经系统还处于生长发育期，大脑皮质、神经系统还未发育成熟，如果长时间受外界强烈刺激的干扰，对幼儿的神经系统和大脑的发育不利。

（二）提供丰富适宜的建构材料，满足幼儿建构游戏的需要

《纲要》指出，要有充足的游戏材料，为每一位幼儿充分利用各种感官、

多种方式进行探究创造有利的环境和条件。建构区是幼儿最感兴趣的区域之一，因此，必须保证有充足的建构材料，才能满足幼儿游戏的需要。在投入的过程中，要注意游戏材料的丰富性、层次性和可塑性。

师幼共同选择和收集的材料要多样化，在种类和数量上要比较丰富，可供幼儿根据自己的愿望和需求来进行自由选择，才能真正地促进幼儿的综合发展。除了成套的常规积木或螺母积木、雪花积木，还应尽量多地设置一些低结构型的材料，如奶粉桶、硬纸板、竹筒、易拉罐等，让幼儿自己在其中自由发挥。

室内建构区中要根据本班幼儿的年龄特点，放置不同层次的材料，以适应孩子的成长需求。比如，适合小班幼儿使用的建构材料有：软体中型泡沫积木、大颗粒拼插积木等；中班幼儿则需要投放一些彩色的小木制积木、乐高积木、雪花片等；大班幼儿的主题意识较强，手部精细动作发育比较好，对材料的要求要更精细、具有创作难度、有更大学习空间的建筑素材，如小颗粒乐高积木、太空积木、奇思百变趣味插头等。

在常规建构材料投放的基础上，再增加一部分可替换的、可持续发展的半成品、废旧物品等，能够满足幼儿的需求，并能在构建活动中有所发现、进步、提高，如牛奶箱、一次性纸杯、奶粉桶、石头、小盒子等。老师也可以根据幼儿的需要和兴趣点，随时添加游戏材料。丰富适宜的材料是建构区中培养幼儿注意力的基础，对于幼儿的专注力培养至关重要。

（三）创设有吸引力的情境和任务

在建构活动中，教育者可以通过设计各种有趣、有挑战性的情境和任务来激发幼儿的兴趣和动力，帮助他们提高专注力。可设计一些需要解决问题、合作完成的任务，让幼儿在玩耍中不断思考、调整行动，并最终完成任务。

（四）给予适当的奖励和肯定

在幼儿的建构活动中，给予适当的奖励和肯定对于培养幼儿的专注力非常重要。当幼儿完成一项任务或解决了一个问题时，可以给予他们一些实质性的奖励，比如表扬、小礼物等，让他们感到自己的努力得到了认可和回报，从而激发他们更多的专注力。

（五）培养良好的学习习惯

在幼儿的成长过程中，培养良好的学习习惯对于专注力的发展非常重要。家长和教师可以通过稳定的作息时间、合理的饮食安排、充足的睡眠等方式，帮助幼儿养成良好的生活习惯，从而为专注力的培养打下良好的基础。

（六）在当今数字化的时代，可以适当利用一些技术手段来辅助幼儿专注力的培养

利用一些有趣的教育 App、游戏、视频等，让幼儿在玩耍中学习、培养专注力。使用技术手段要适度，不可过度依赖，以免影响幼儿的健康和发展。

幼儿专注力的培养是一个长期的过程，需要家长和教师的共同努力和关注。本文从建构活动的角度提出了一些具体的策略和方法，帮助家长和教师更好地促进幼儿专注力的发展。希望这些策略和方法能够为家长和教师提供一些启发和帮助，让幼儿在快乐成长的同时也能够获得良好的专注力。

第三节　在家庭互动中培养孩子的注意力

一、在运动中培养注意力

研究表明，适度的运动对于提升孩子的注意力和集中力非常有效。在日常生活中，与孩子一起参加户外活动，例如骑自行车、跑步和打球等，可以使他们释放过剩的能量，提高身体素质的同时也提升了他们的集中力。而且，运动还能让孩子保持身体健康和充满活力。因此，家长应该定期陪伴孩子进行户外活动，促进他们的身体发展和注意力提升。

二、在亲子游戏中培养注意力

亲子游戏是一种非常有效的提高孩子注意力和集中力的方式。通过与孩子一起玩游戏，可以培养他们的想象力和专注力。例如，可以与孩子玩“猜谜语”游戏，让他们动脑思考，提高他们的注意力和集中力。还可以进行一些拼图游戏、记忆游戏等，以此训练孩子的专注力和思维能力。这样的亲子游戏不仅拉近了亲子关系，也提升了孩子的学习能力。

三、在亲子阅读中培养注意力

阅读是培养孩子注意力和集中力的重要途径。通过阅读自己感兴趣的书籍，孩子可以提高专注力和想象力，培养持续阅读的能力。想要引导孩子喜欢阅读，家长可以从孩子喜欢的主题和故事入手，选择适合他们年龄段的图书，每天陪伴孩子一起阅读，分享阅读的乐趣，逐渐培养他们的阅读兴趣和专注力。

四、在艺术创作中培养专注力

艺术创作也是培养孩子注意力和集中力的有效方法。通过绘画、手工制作、音乐等艺术形式，可以培养孩子的创造力和专注力。例如，家长可以与孩子一起绘制画作，或者鼓励他们去参加表演、唱歌、舞蹈等艺术活动。这不仅能够丰富孩子的课余生活，还可以激发他们对不同艺术形式的兴趣，提高他们的注意力和集中力。

五、制订良好的学习计划

制订良好的学习计划对于提高孩子的注意力和集中力至关重要。家长可以与孩子一起制订学习计划，合理分配学习和休息时间。通过制订明确的目标和时间表，让孩子学会合理规划时间，注重任务的完成度。同时，要鼓励孩子按照计划执行，培养他们的自律性和坚持力。这样的学习计划有助于提高孩子的学习效率和集中力。

总之，通过亲子互动可以有效提高孩子的注意力和集中力。创设良好的学习环境、进行适当的运动、亲子游戏、阅读、艺术创作以及制订良好的学习计划，都能够帮助孩子培养专注力和注意力。家长在亲子互动中要给予孩子关注和鼓励，激发他们的学习兴趣和动力。通过这些方法，孩子的注意力和集中力将得到有效的提升，为他们的学习和成长打下坚实的基础。

第九章

园家社协同共育下大班幼儿自我管理能力的培养

幼儿的自我管理能力是一种管理自己的生活、学习、游戏等各种活动的能力。为了让幼儿能更好地适应小学生活，在日常保教中主要从生活管理和良好学习习惯的养成两方面强化幼儿的自我管理意识。大班幼儿自我管理能力的培养，既可以提高幼儿的独立自主能力，又可以帮助他们更好地接受小学阶段的教育模式，使幼小衔接工作平稳有序地过渡。通过奏响“小主人”五部曲，让幼儿成为时间小主人、物品小主人、规则小主人、任务小主人、游戏小主人，让幼儿学会自我管理，让幼小衔接有序过渡、有章可循。对于大班幼儿来说，有一定的自我管理能力，能够自我约束、自我控制完成各种规则和要求，这是有效促进幼儿从幼儿园向小学过渡的重要方式。自我管理是幼儿的内在需求，也是一种独特的教育资源。培养幼儿的自我管理能力，对于教师顺利平稳地做好幼小衔接工作，增强幼儿的自信心和生活自理能力，帮助其顺利进入新的学习阶段，是十分重要的。

第一节　大班幼儿自我管理能力薄弱的案例与影响因素

一、案例分析

案例 1：孩子们升入大班，家长的焦虑情绪就开始了。经常有家长找我沟通：“老师，我家孩子每天起床真是一个大问题。我 7 点喊他，快到 8 点了他还赖在床上。吃饭也磨蹭，尽管我在一旁大呼小叫，但他似乎一点也不着急，我等着上班，只能喂他吃。马上就要上小学了，看着他这样散漫，我真的太忧心了！”“老师，有时候我在家做家务，会给孩子看动画片，但他一看动画片就不肯停下。我引导他多学习，比如阅读，但是他总要拖好久才肯坐下来，看一会儿书还总是摆弄这个那个。孩子这要是到了小学，还这么懒散，我该怎么办？”

案例2：集体教学活动开始后，辰辰坐在自己的位子上东张西望，他伸出小手拽前边萱萱的小辫子，萱萱皱了皱眉，将自己的椅子往前挪了挪，辰辰把萱萱的椅子使劲往后一拉，萱萱摔倒在地，哇哇大哭起来。在集体活动中，个别幼儿自我管理能力不强，经常因为一些与教学内容无关的事情而打断教师的活动组织；在区域活动中，个别幼儿缺少自主游戏的能力，一会儿跑过来问老师该玩什么，一会儿又问老师这个怎么玩。在一日活动的过渡环节，有的幼儿经常相互追逐打闹、玩弄教室中的活动材料等，缺乏规则意识和任务意识。另外，我通过和小学老师的沟通了解到，很多刚上一年级的学生不会自己整理书包，学习用品到处乱丢，常常忘记下课要去上厕所，上课发言不会先举手，倾听习惯差，老师交代的任务回家就忘记了等，自我管理能力较为欠缺。

二、影响大班幼儿自我管理能力提高的因素

由以上案例可以看出，部分幼儿的自我管理能力还相对薄弱，影响了自我的发展。那么形成这种现象的原因有哪些呢？

（一）家长对幼儿自我管理能力的认识不足

现在的孩子在家都是娇宝宝，家长的包办、代替使其缺少锻炼的机会。很多父母往往只重视智力开发、知识教育，认为学习成绩最重要，而忽视了

培养孩子的自我管理能力。比如案例 1 中，家长不断催促幼儿干这个、干那个，幼儿自己不用动脑筋，也不会积极地去做，养成拖沓磨蹭的习惯。这就要求家长转变观念，让孩子知道哪些事情是他自己的，让孩子自己思考应该怎样做，什么时间去做。家长多放手给孩子锻炼的机会，知道自己的事情自己做，并积极鼓励幼儿帮助家人做一些力所能及的事情，当幼儿做好后，及时给予表扬，强化幼儿行为，提高幼儿的自我管理能力。

（二）教师需加强对幼儿自我管理能力的培养

有些教师的教育理念还比较落后，相对于能力的培养教师更注重知识的传授。还有的老师认为幼儿自我管理能力的培养是家长的事，没有意识到幼儿自我管理能力培养的重要性。还有的老师缺乏培养的方法和策略，不知道从哪些方面培养。案例 2 中的辰辰，就是因为缺少自我管理能力以及正确引导，影响自己和他人。

（三）家园配合不到位

由于教育理念的不一致性，经常出现家园配合不到位的情况。比如，在培养幼儿自己穿脱衣服的时候，教师要求家长记录、打卡幼儿穿脱衣服的情况。有些家长怕孩子穿衣服慢，依然替孩子穿，使孩子失去了自己动手锻炼的机会，曲解了幼儿园布置任务的初衷和教育价值。

第二节　大班幼儿自我管理能力的培养策略

面对幼儿存在的自我管理意识差、能力弱的问题，家长和教师应该从哪些方面去做呢？

一、有序管理时间，成为时间小主人

孩子升入小学后，要从以游戏为主的活动进入以集体学习为主的阶段，孩子的时间观念变得特别重要，比如不迟到、上下课听铃等，这些对孩子的要求和改变都是一种考验。作为大班下学期的孩子，即将步入小学，孩子们在大班阶段培养了良好的时间观念，具备了一定的时间管理能力，进入小学后可以更有条理地安排生活，学习活动也更加独立自主。

（一）制定和实施一日的生活作息表

可以带着孩子一起列出一天的生活作息表，画上一天需要完成的各种事情，以及什么时间做什么事情，每做完一件就做个喜欢的标记。因为计划是他们自己制定的，所以大多数幼儿都能积极主动地去执行。当幼儿按照自己的作息坚持时，要及时鼓励和表扬，让幼儿体会到独立自主的快乐，体会到成功的感觉，并养成习惯，进行时间管理。

（二）小签到，大智慧

为了更好地丰富晨间活动环节，激发幼儿按时入园、有序入园的热情，我在班内开展了晨间自主签到活动。幼儿自主设计签到台，通过自由讨论，增强了幼儿的表达能力、自我展示能力、社会交往能力、探究问题能力和解决问题的能力。在签到过程中，锻炼了幼儿在表征、书写、表达、统计等各方面的能力，鼓励幼儿最大限度地投入其中。看似不起眼的签到，却给孩子们养成了良好的生活习惯，让孩子们每天早上的入园多了一份仪式感，同时对孩子们的自我管理能力也有所培养。

二、自我管理物品，成为物品小主人

（一）学习整理个人物品

学期初，我要求每个幼儿都要带一个书包，书包里放着自己的学习用品、操作材料、跳绳等，叮嘱幼儿要分类摆放物品，并要求幼儿每天都要保持。我们会不定期地进行比赛，评出“最整洁书包”。我班大部分幼儿都养成了自觉整理书包内物品的习惯，有空就打开书包看看，没有用的及时清除，有用的分类分层放好。

（二）共同整理集体物品

除了学会整理个人物品外，还要有整理集体物品的意识。

在户外游戏和区域游戏结束后，多数幼儿能自觉整理游戏材料，及时归位，但还有部分幼儿不去整理材料。面对这部分幼儿，教师用视频记录了他们的行为，请幼儿讨论：怎样才能把游戏材料又快又整齐地收纳好？面对不收拾玩具的小朋友应该怎么办？幼儿经过集体讨论，制定了班级收纳整理玩具材料的规则，并相互监督。规则的制定，帮助幼儿提高了自我管理的自觉性。

三、共同制定规则，成为规则小主人

通常规则是由成人来制定的，年幼的孩子往往只是规则的执行者。其实，不管是小班还是大班的幼儿都具备制定规则的能力。教师和家长应该从小班开始，就放手幼儿，给他们制定规则的主动权。如，小班幼儿经常出现争抢玩具的情况，基于此，教师请幼儿讨论，有幼儿提出谁先拿到谁先玩，这一建议得到了其他小朋友的赞成，也作为一条规则去执行。大班幼儿各方面能力都增强了，在游戏中经常看到他们与同伴讨论、协商，制定、执行规则的情况。在制定规则过程中，逐渐将外在的意识内化为行动。教师放手把班级管理权交给幼儿，幼儿以积极的心态去维护，获得积极参与班级管理的体验，既是规则的制定者，更是规则的执行者，自我管理能力得到了提高。

四、自主完成任务，成为任务小主人

刚上小学的孩子往往会感到茫然，因为以学习为主的小学生活一下子多了许多任务：读背古诗，抄写作业，自带材料等。如果经常完不成任务，孩子就会有挫败感和自卑感。所以，在幼儿园大班阶段，要有意识地给孩子增加任务概念，让孩子提高任务意识。开展“小值日生”“午餐播报员”“故事大王”等活动，给每个孩子锻炼的机会，促使他们管理能力的提高。如在班级环境布置时，也让他们积极参与其中，让他们策划这一块墙面要张贴的内容，怎么布局更美观。孩子们积极参与，乐在其中。他们的想法超乎我们的想象，在活动中也发展了他们的小主人意识。

五、学会沟通协商，成为游戏小主人

教师要放开手，让幼儿在游戏中最大限度地发挥主观能动性，潜移默化地在游戏中培养孩子自我管理的能力。不管在室内还是室外游戏中，教师充分放手，充分发挥幼儿的自主意识，给幼儿自主选择的权利，允许幼儿根据自己的兴趣爱好，自主选择游戏的场地、材料和玩伴，在自主游戏中幼儿的主动性、创造性、合作能力得到充分发挥，幼儿的人际交往、语言组织等方面的能力得到提高。游戏中，教师能做到“放开手，闭上嘴，睁大眼，竖起耳”，就会让幼儿更深地体会“玩中学”“学中玩”的快乐。

花开会有期，衔接自有序。让孩子学会自我管理，相信孩子的潜能，同时也给孩子自主发展的空间。通过奏响“小主人”五部曲，让孩子成为时间小主人、物品小主人、规则小主人、任务小主人、游戏小主人，让幼小衔接有序过渡，让成长有章可循，让孩子充满对小学的美好期许与向往。自我管理能力不是一朝一夕可以提高的，需要我们在日常生活中去实践、去坚持，才会有前进的脚印。高度重视幼小衔接工作，尊重幼儿身心发展规律，着眼于幼儿终身发展所需，以爱护航，快乐而坚定地与幼儿共同成长！

第三节　园家社通过习惯养成教育提高幼儿的自我管理能力

一、良好的生活习惯促进幼儿自我管理意识的提升

（一）学会归纳与分类

在日常的保教活动和生活中让孩子慢慢学习对物品进行归纳分类。比如整理用完的画笔，整理书包。同时，建议家长设立家务认领，鼓励幼儿饭后帮助父母收拾餐桌，大班幼儿主动参与洗碗或擦桌子、拖地等力所能及的劳动。通过这些生活习惯的培养，幼儿自我能力有了很大发展，技能技巧逐步养成，并且会有自己的独特见解，如各种物品的形状、颜色也可以进行多种分类，这对于培养数学思维也有所帮助。

（二）通过活动激发幼儿生活自理能力的提升

《幼儿园教育指导纲要》中明确指出：要培养幼儿具有基本的生活自理能力。幼儿生活自理能力的培养贯穿在幼儿园一日活动的各个环节，是幼儿一日活动的重要组成部分。自主穿脱衣服、自主盥洗喝水、自主吃饭等，无不体现着孩子的自我服务能力。在“一日活动”课程的引领下，将生活自理能力培养巧妙地与其他活动相融合，潜移默化地发展幼儿的自我服务能力，知道自己的事情自己做。我园非常重视幼儿自理能力的培养，每年都举行幼儿自理能力大赛活动，小班幼儿的穿鞋和整理床铺，中班幼儿的穿脱衣服，拉拉链和叠被褥，大班幼儿系鞋带和整理小书包等系列活动。通过这些活动，孩子的自理能力有了很大提高，也为后期的小学生活做好准备。

刚入园时，多数小朋友是不会穿衣服、叠衣服的，衣帽柜里也总是乱糟糟的，需要教师进行再次整理。为了让小班的孩子更好地认识衣服，教师和小朋友共同寻找衣服上的特征，如衣服的正面有可爱的标志、好看的花纹、拉链、扣子等，衣服里面有标签、小条条，衣服里面毛毛的，有的衣服前面有口袋……教师借助朗朗上口的儿歌指导孩子边念儿歌，边跟着老师学习叠衣服、穿衣服。经过每天的练习，孩子熟练掌握了穿叠衣服的技能。临沂市河东区第二实验幼儿园书香尚城园小班组开展了以“独当‘衣’面”为主题的自理能力之穿衣、叠衣大比拼的活动。在活动中，孩子沉着应战，有条不紊地完成穿、脱、叠衣服的整套活动，让我们看到了孩子良好的自我服务意识和能力。小衣服，大学问。虽然比赛结束了，但幼儿的锻炼和挑战还在继续。让我们一起关注孩子需求，放手让孩子体验，用心感受他们的进步，用爱陪伴他们成长，把养成教育贯穿到日常生活和教育中。把孩子的事情还给孩子，帮助孩子与世界握手。

（三）尝试放手，给幼儿动手实践的机会

《3—6岁儿童学习与发展指南》中健康领域提及：为有效促进幼儿身心健康发展，成人应为幼儿提供合理均衡的营养，让幼儿形成良好的生活卫生习惯和独立生活的能力。从小班开始，我园尝试幼儿自主分组取餐。由于小班幼儿年龄小，动作协调相对较差，在入园初期，孩子的自我服务意识还比较薄弱，两餐一点基本由老师协助完成。但经过一段时间的适应与熟悉，他们的情绪逐步稳定，生活自理能力也越来越高。于是他们有了更多的需求，想要进行更高层次的探究与尝试。教师结合幼儿需求，尝试放手让孩子自主取餐。在第一次自主取餐时，教师将取餐过程拍成视频，在孩子用餐后及时跟孩子分享，将刚刚取餐出现的一系列的问题，反抛给孩子，让他们自己发现，并动脑筋想出解决这些问题的办法。面对拥挤、洒汤、青菜取得少等问题，孩子经过讨论想出了一些解决办法。第二天，小朋友很自觉地排起了队，每样菜都尝试着盛一点，很多孩子第二次、第三次添加食物……两周后，所有孩子的自主取餐都有了很大的进步，他们知道了自觉排队，知道了根据自己的饭量来盛饭，地上撒饭的现象越来越少……慢慢地，孩子还参与到餐前准备和餐后整理的活动中。通过“自主取餐”活动的开展，我们放手幼儿、支持幼儿，做幼儿进餐的服务者和支持者。幼儿真正成为“饭桌”上的小主人，光盘小达人，幼儿在愉快进餐的过程中，不断提高生活自理能力，掌握基本的生活技能，养成独立自主的习惯。

自主取餐活动的开展，让我们看到了孩子是有能力做好自我服务的。同时，我们邀请家长到园内观摩孩子的自主取餐活动，看到孩子的表现，家长

们非常惊讶。在家里，都是家长给盛好饭菜，甚至有的家长看孩子吃得慢，还会追着喂，而在幼儿园里孩子都能做得这么好。所以，我们也倡导家长在家庭中做到放手，把自主权还给孩子，让孩子真正成为餐桌的主人，形成良好的生活习惯。

（四）为集体服务是自我管理提升的重要表现

《3—6岁儿童学习与发展指南》中提出，幼儿社会领域的学习与发展过程是其社会性不断完善并奠定健全人格基础的过程。人际交往和社会适应是幼儿社会学习的主要内容，也是其社会性发展的基本途径。幼儿园是一个小型的社会，每一个孩子在这个群体社会中都是一个独立的个体，每一个幼儿都有自己鲜明的个性特点。而让孩子发挥其特长，因材施教不妨为一种教育机制。大班的孩子自主意识在慢慢完善，自我服务的同时也在慢慢转型为为他人服务。孩子都想当小班长、小组长等，为班级服务的意识增强。同时，在日常工作中，我们经常听到孩子来告状："老师，他没洗手就来盛饭了。""老师，×××插队。""老师，×××的衣柜太乱了。""老师，×××不吃青菜。"这些问题怎么办呢？有的孩子说得让老师管一管，也有的小朋友说同伴可以提醒他。还有的小朋友说这么多事都让老师管太累了，可以选个小朋友替老师提醒他。小朋友们一起罗列出很多条可以提醒的地方，如喝水的时候、排队的时候、收纳玩具的时候、衣柜的整理等都需要有人监督提醒；还可以有人专门负责一件事情，如午休的时候拉窗帘、户外活动时拿小音箱等。面对孩子热情的集体服务意识，老师请小朋友认领任务，并给他们封上各种"官"，如门长、水长、窗帘长、手长、队长、包长等。上任后的小"官"，责任意识、服务意识、规则意识明显增强，主动在自己负责的范围内做好事情，同时提醒其他小朋友去做好，在活动中体验为集体服务的自豪感和快乐。

家庭、幼儿园和社会应共同努力，让幼儿在积极健康的人际关系中获得安全感和信任感。在家庭中，同样需要把孩子看成独立而有能力的个体，给他们为家庭、为社会服务的机会，发展自信心和自尊心，在良好的社会环境及文化的熏陶中学会遵守规则，形成基本的认同感和归属感，增强责任感。

二、良好的学习习惯养成教育促进幼儿自我管理意识的提升

（一）创造轻松愉悦的生活学习环境，培养幼儿的自我管理意识

西方教育学家杜威明确指出："儿童具有自我选择的能力，儿童是具有自我能动性的人。"幼儿与教师之间的关系是平等的。教师应多倾听幼儿的真实想法，尊重幼儿的个人意愿，这样才能让幼儿"敢于表达、大胆表达"，从而建立幼儿的自信心，让他们敢于并乐于"自我管理"。在集体生活中，每个幼儿都是一个独立的个体，他们是集体生活中的小主人，作为教师，应创设轻松愉悦的生活学习环境，鼓励幼儿积极参与到班级的规则制定当中。

（二）正确引导幼儿的学习兴趣，培养幼儿的自我管理意识

学习兴趣的激发来自幼儿本身的热爱，要正确引导幼儿对学习的兴趣与好奇心，鼓励幼儿大胆表现自己的想法，允许幼儿出错和试误，在幼儿遇到困难时，要积极给予他们正面引导和适度帮助，鼓励幼儿树立克服困难的勇气和信心。

（三）设立岗位管理员，提高幼儿自我管理的能力

幼儿的能力是在不断实践的过程中得到成长的，大班在班级设立了"岗

位管理员”，让幼儿自主选择，在实践中提高自我管理能力。幼儿园设立“爱心电台”“垃圾驿站”“绘本吧”“玩具屋”等场所，鼓励幼儿参与管理，并对表现好的管理员进行表彰。岗位管理员采用“轮流制”，每一段时间结束后由全班幼儿进行评价、竞选，各班幼儿轮流担当，幼儿为了能够当上岗位管理员，会自发地自我约束，逐渐提高“自我管理”的能力。

授人以鱼，不如授人以渔。教育是为了不教，管理是为了让孩子学会自我管理。从幼儿转变成小学生，是幼儿成长中一次重要的身份转变。幼儿园要本着以人为本的原则，充分尊重幼儿意愿，尊重个别差异，从生活习惯和学习习惯两方面着手，通过各种举措，不断提升幼儿的自我管理能力，让每一个孩子最终能够得到不同程度的提高，从而降低幼小衔接的坡度，使幼儿能以最佳的心态迈向小学的大门。

第十章

园家社协同共育下幼儿良好行为习惯的培养

第一节　幼儿良好行为习惯的概念及价值意义

我国著名教育家陈鹤琴先生说：“人类的动作十分之八九是习惯，而这种习惯又大部分是在幼年养成的……习惯养得好，终身受其福，习惯养不好，则终身受其害。”许多著名的教育家也都把教育归结为习惯的养成。叶圣陶先生说过：“什么是教育？简单一句话，就是要养成习惯。”英国的洛克认为：“事实上，一切教育都归结为养成儿童的好习惯，往往自己的幸福都归结于习惯。”

幼儿良好行为习惯指的是在长时间循序渐进的引导教育过程中，幼儿习得的稳定的反应倾向和行为方式。行为习惯有如下特点：它是自动化的行为方式；是在一定时间内逐渐养成的，与后天条件反射系统的建立有密切关系；它满足人的某种需要，可能起到积极和消极的双重作用。幼儿良好行为习惯包括饮食习惯、卫生习惯、睡眠习惯等，这些习惯会在他们的生活中重复出现并逐渐固定下来，成为他们日常行为的一部分。这些习惯不仅关乎个人卫生、饮食作息等生活细节，还涉及道德品质和社会交往方面，如诚实、礼貌、合作等社会性行为。

幼儿期是人一生的启蒙阶段，仅仅将知识、技能、品德作为教育的任务，作为成长的发端，是不够的。智力的开发，品德的培养，乃至性格的形成都受到个人习惯的影响。“习惯”其本质是行为的自动化，在幼儿那儿，一种行为重复到一定次数后，就成为习惯，从心理学的角度，习惯的形成经历了无意识——意识——无意识的过程。幼儿的学习是为将来的生活做准备的，因而幼儿的清洁卫生习惯的养成对其一生都有着重大意义。

幼儿良好行为习惯的价值在于它对幼儿的身心发展和健康人格的形成具有深远的影响。在幼儿期培养良好的行为习惯，有助于幼儿形成积极的学习态度和社会适应能力，为幼儿的未来成长打下坚实的基础。良好的个人卫生习惯和规律的作息时间有益于幼儿的身体健康和心理发展，使其拥有旺盛的生命力和良好的情绪状态，这些都是幼儿健康成长不可或缺的要素。同时，良好的行为习惯也是社会文明程度的体现，它反映了一个人的道德品质和教养水平，是社会和谐与进步的基础。家庭和学校作为幼儿成长的主要环境，其紧密合作对幼儿养成良好的行为习惯至关重要。

总之，幼儿期是养成良好行为习惯的关键时期，家长和教师应当给予高度重视，并通过创造良好的家庭环境和学校环境，以及有效的沟通协作，共同助力幼儿养成有益于其一生的良好行为习惯。

第二节　影响幼儿良好行为习惯养成的主要因素

在幼儿良好行为习惯养成的过程中，往往受园家社以及幼儿自身各方面因素的影响。

一、幼儿自身方面的因素

第一，有的幼儿在出生时缺氧或在母体内营养不良、出生后发育迟缓等，往往会出现听视觉迟缓或者表达、身体思维反应等方面的障碍。第二，有些幼儿的自控能力较弱，在适应新环境时比较容易出现问题行为；有的幼儿会采取哭闹、攻击他人等行为吸引他人的注意。第三，幼儿生来就具有的气质特点，比如，缓慢型和难养型气质特点的幼儿比较容易出现问题行为。

二、家庭方面的因素

有人说，孩子是看着家长的背影长大的。父母作为孩子的第一任老师，家长的一言一行对孩子都有着潜移默化的影响，加上孩子模仿的能力非常强大，孩子年龄小，分不清什么是对的，什么是错的，所以，不管家长的行为如何，孩子都会模仿照做。因此，有“家长是原件，孩子是复印件”的说法。有的父母经常骂人，用不恰当的方式宣泄情绪，孩子在这样的环境下耳濡目染，也会有样学样。有的家长控制欲强，在教育方式上过度专制，对孩子的行为干预过多，采取强硬的方式让孩子听命于父母，这样的教育方式容易导致幼儿产生过度依赖、顺从、说谎等问题行为。

在良好行为习惯的培养过程中，似乎很多家庭都认为父母一个唱红脸，一个唱白脸是解决问题的重要法宝。在面对幼儿的时候，父母说话不一致，孩子到底要听谁的呢？时间一长，孩子就会在父母之间找到自己生存的办法，从而变成一个两面人。尤其是孩子出现错误的时候，就会出现父母打，祖辈护的情况，甚至会因为孩子教育导致家庭人员互相间出现独立与矛盾。理所当然，教育效果也不够显著。有时是父母高兴时对孩子特别宽容，不高兴时就对孩子十分苛刻，让孩子不知所措，做事情没有统一的标准。

良好的家庭环境不仅仅是物质上的，也是心理上的，心理环境的建设更需要家长们的细心营造。温馨和谐的家庭氛围能给孩子足够的安全感和幸福感；而不和谐不融洽的家庭氛围容易使儿童产生过度的焦虑和矛盾。在不和谐的家庭氛围中，幼儿自身有没有选择的权利，容易导致幼儿冷漠、自卑、孤僻甚至于攻击性问题行为的出现。

21世纪以来，我国离婚率不断攀升，根据民政部相关数据，全国离婚数从

2000年的121.2万对上升到2020年的433.9万对，同期离婚率从1.91‰上升到3.1‰。2023年上半年，全国结婚登记人数为392.8万对，同比上涨5.3%；离婚登记人数为131.7万对，同比上涨30.1%。离婚不仅仅意味着夫妻双方的情感破裂，其带来的家庭结构破碎也会对家庭成员尤其是未成年子女造成诸多影响。在离异家庭、单亲家庭中幼儿问题行为出现的可能性最大，其问题行为主要表现为：自制力差、极易冲动、自卑感强、说谎、孤僻冷漠、逆反心理行为等。

三、社会方面的因素

幼儿园是儿童从家庭进入社会的第一个集体活动场所。幼儿园的教育理念，教师的教育态度、教学方法和个性特征，师幼关系等因素都会影响到幼儿行为习惯的养成。幼儿园不恰当的环创设计有时会使得幼儿内心恐慌、焦躁不安；不和谐的师幼关系也可能会造成幼儿退缩性问题行为的发生。有时在幼儿园一日活动中不当的同伴交流方式也会造成幼儿沟通障碍。

社区作为幼儿成长和生活的重要环境，对幼儿卫生习惯的养成也起着潜移默化的作用。幼儿经常成群结队地去社区玩耍，可能会导致原本卫生习惯比较好的儿童，在模仿中发生了不良变化。如，有的幼儿随手扔垃圾，对同伴就是一种不良的影响。大多数社区并没有发挥教育作用，有的社区中垃圾随处可见，抽烟的人随地乱扔烟头，随地吐痰等不良卫生习惯，都会对幼儿产生不同程度的负面影响，导致幼儿无意识地模仿，进一步加剧了卫生习惯的恶化。

在当今信息化爆炸的时代，有些家长把手机、平板等作为电子保姆，让幼儿长时间使用手机。而有些信息为了博流量，内容低俗，充斥着一些不当言论，幼儿很容易模仿，从而养成不好的习惯。如，有幼儿观看《喜羊羊与灰太狼》后就会故意模仿红太狼的暴力行为；《奥特曼》中的打斗场面，助长了一些孩子的攻击性行为等。

除了上述原因外，父母的文化程度、家庭内的亲子互动、隔代抚养等也与幼儿行为习惯的养成存在着密切的联系。

第三节　园家社协同促进幼儿良好卫生习惯的养成

经过三年疫情，人们对于卫生习惯的养成更加重视。我们知道防控新型冠状病毒的三个基本方法：勤洗手、戴口罩、多通风。这些我们耳熟能详的卫生习惯，却未真正成为孩子在生活中坚持的生活习惯。在这场无情的灾难面前，我们再一次审视我们的观念与行为。作为托幼机构工作人员，我们需要对幼儿进行及时的、必要的卫生习惯的培养，在教育孩子的过程中，不仅要关注孩子从观念、知识、技能方面的“能学会”，更要关注这些卫生习惯是否真正变为孩子生活中的习惯。通过家园合作、家园共育来共同陪伴、帮助、指导孩子把学到的卫生方法、技能真正变成孩子持续的、融在生活中的能力。

为切实做好园家社协同培养幼儿良好的卫生习惯，我们以课题《幼儿良好卫生习惯的养成研究》为抓手，扎实推动幼儿良好卫生习惯的养成。

一、课题研究的价值及理论依据

《幼儿园指导纲要（试行）》中明确规定：“幼儿园必须把保护幼儿生命和促进幼儿的健康放在工作的首位。幼儿园要与家长配合，教育幼儿爱清洁、讲卫生，注意保持个人和生活场所的整洁和卫生。”培养幼儿爱清洁、讲卫生的习惯和能力，既有利于幼儿健康，也是幼儿文明美德教育的一个方面。幼儿园应该从幼儿的实际出发，坚持对幼儿进行讲卫生的教育，帮助幼儿养成良好的卫生习惯。让孩子拥有一个健康的身体，最大限度地杜绝传染病的发生。

《3—6岁儿童学习与发展指南》中指出：“良好的生活与卫生习惯是维护和促进健康的积极方式和重要途径。”良好卫生习惯的养成不仅能有效减少有害物质对幼儿机体的不良影响，更好地维护幼儿的健康，而且，良好的卫生习惯一旦养成，将会对幼儿成年后的习惯产生一定的积极影响。

二、课题相关概念的界定

卫生习惯：是指幼儿在科学的引导下，经过多次练习形成的、符合幼儿身心发育特点的一时不容易改变的，较为稳定的良好的卫生行为倾向。

三、课题研究的对象、目标、内容及方法

（一）研究对象

临沂市河东区第二实验幼儿园全体幼儿。

（二）研究目标

1. 探索出一日生活中幼儿良好卫生习惯养成的目标、方法和途径。对幼儿进行卫生教育，向幼儿传递粗浅的、基本的卫生保健知识；培养幼儿的意识与态度；培养幼儿的卫生保健行为、能力与习惯，从而生成幼儿良好卫生习惯培养的园本课程。

2. 利用新型冠状病毒防疫过程中的真实事件，开展生动的系列教育活动，

如开展《我的小手本领大》《我自己》《打败病毒小怪兽》《我长大了》等系列主题活动，让幼儿知道戴口罩的作用，以及勤洗手、自我保护的意义。

3. 园家社协同帮助幼儿把学到的卫生方法、技能真正变成幼儿持续的、融在生活中的能力，为其终身发展奠基。

4. 提高教师、家长的理论修养，学习在实践中不断反思，对实践经验进行理性思考提炼，达成教师的专业成长，提高家长的认识及实践能力。

（三）研究内容

1. 通过教师、家长问卷调查了解当前幼儿卫生习惯的现状。

2. 根据疫情防控经验，寻找适合幼儿良好卫生习惯养成的教育资源。

3. 针对不同年龄段幼儿的特点开展多种形式的卫生习惯培养，将幼儿健康知识的获得、健康意识的养成、卫生保健能力与健康习惯的形成三者有机结合，相互促进。

4. 在卫生教育研究中不断创新教学方法，改进教学策略，提升卫生教育的实效性。

5. 师幼及家长共同参与健康教育系列活动、小身体大能量、幼儿生活技能大赛系列活动。

四、课题研究的步骤

（一）准备阶段（2023 年 3 月—2023 年 4 月）

1. 确定研究内容，成立课题研究小组，明确小组成员的职责与任务。

课题组：

组长：制定方案、撰写研究报告、主持、指导课题实施。

成员职责：参与课题组的培训学习，负责材料整理，及时撰写活动案例，组织研讨活动，分析归纳，撰写小结。

2. 查阅卫生习惯养成的有关文献资料，撰写申报、评审表，制定课题方案，确定研究目标、内容和方法，设计课题研究方案，申请研究课题立项。

3. 设计家长、教师调查问卷，了解幼儿卫生习惯的现状及存在的问题，并统计分析调查结果，为课题的开展提供依据。

4. 进行前期的教师培训，制定各年龄段幼儿卫生习惯的养成目标。

（二）课题实施阶段（2023 年 5 月—2023 年 12 月）

全面实施课题方案，定期检测目标完成情况，及时发现问题并解决问题，不断调整方案，积累教学资料并妥善管理，做好阶段性个人小结、课例论文教育笔记，及时收集音像资料。

1. 按照各年龄组幼儿的年龄特点制订活动计划，对养成目标进行细化，由专人负责执行，采用多种方法深入研究幼儿实际生活中的卫生问题。

2. 组织教师深入学习《纲要》《指南》中对良好卫生习惯的解读，梳理出幼儿卫生习惯养成的关键经验。

3. 创设适宜的卫生教育环境与氛围，探索一日生活中良好卫生习惯养成的策略与方法。

4. 挖掘教育资源，开展生动的系列教育活动。随时观摩随时研讨，进行阶段性反思与小结。

5. 通过多种形式做好家园共育，达成共识，采用同步措施，共同促进幼儿良好卫生习惯的养成。如，良好卫生习惯专题家长会、家长开放日、家长沙龙、家访等。

（三）课题结题阶段（2024 年 2 月）

1. 将研究材料进行汇总梳理，撰写结题报告，为课题成果鉴定做好准备。

2. 生成《幼儿良好卫生习惯的养成研究》优秀课例。

3. 请专家进行论证，进行结题。

五、预期成果：阶段性成果及研究报告

1. 幼儿良好卫生习惯的养成研究课题方案。

2. 课题研究的阶段性公报，调查报告。

3. 结合课题实施的教育活动展示，生成园本课程。

4. 课题研究论文，个案观察记录。

5. 幼儿良好卫生习惯的培养研究课题结题报告。

六、课题经验梳理：园家社协同培养幼儿良好卫生习惯的策略

在整个幼儿教育环境中，家庭、幼儿园、社区乃至全社会都对幼儿卫生习惯的培养产生一定程度的影响。根据课题实施方案的计划安排，我们开展了一系列活动，总结出以下策略。

（一）明确方向，步调一致前行

在幼儿的成长阶段，幼儿园、家庭、社会是幼儿发展的三大主要环境。三者之间，各有自己的职责，又互相联系，只有方向一致、步调一致才可以培养幼儿的良好行为习惯，朝着共同目标共同和谐发展。生活习惯的养成，不是一朝一夕的事，也不是幼儿园单方面能够胜任的工作，需要长期的坚持和全方位的配合。

1. 定期召开家长会，让家长明白幼儿卫生习惯养成的重要性。第一次家

长会上发放问卷，调查幼儿在家的卫生习惯情况，以便有针对性地开展活动。同时，将课题的内容、目标要求、实验方法、周计划表等印发给家长，听取家长的意见，争取家长的配合，明确幼儿园和家长在培养幼儿良好卫生习惯的过程中需要做什么、怎么做。

以后每个学期都要召开家长会，将每一个阶段的目标要求，为什么这样做和正确的做法以书面的形式分阶段地发给家长，及时让家长填写家园联系表，听取家长好的意见、建议，同时向家长汇报孩子在幼儿园中卫生习惯养成的情况。

2. 设立家长学习日，根据周计划安排，组织家长一起学习行为指导课，并提出实验要求，与家长一同交流经验，同时做好观察记录。

3. 利用幼儿园公众号、家长宣传栏、早晚接送孩子的时间及时与家长进行沟通，了解孩子出现的问题和进展情况，及时解答家长的问题，让培养幼儿良好的卫生习惯工作得以顺利进行。

（二）制订详细的、切合可行的实验计划是实验的基础

根据课题实施方案以及每个年龄班实验工作安排的内容，制订详细的周计划安排，并采用具体内容专人负责制，搭班教师协助完成的方式。每周五对实验内容进行汇报，每月对幼儿进行测评，进行详细记录。如，小班下学期计划：

家长通过活动安排表，对哪个活动需要做什么、怎么做都一目了然。一个好习惯的养成需要 21 天，所以，在家庭中的坚持是非常重要的。有的家长不太重视，不注重培养，让每周在幼儿园 5 天养成的习惯，过两天周末后大打折扣，从而产生了“5 +2 =0”的负面效果。

《幼儿良好生活习惯的养成研究》小班下学期活动安排表（三月）

习惯类型	目标	组织形式及内容					
		教学活动	游戏活动	生活活动	环境创设	家长工作	教师工作要求
照顾自己	1. 学用纸巾擦汗、擦鼻涕等方法。 2. 养成使用纸巾清洁的习惯。	《学用纸巾》自编。 行为指导：擦汗、擦鼻涕的方法。	自　编	生活中随机教育：用过的纸巾放入垃圾桶。	教室中在固定地点放好纸巾。	引导幼儿适时使用纸巾，为幼儿准备好纸巾。	及时提醒幼儿使用纸巾以及正确方法。
	1. 了解碗、盘、筷子、勺子的名称、用途，知道它们都是餐具。 2. 教育幼儿使用餐具要轻拿轻放。	《我喜欢的餐具》科教指导P55 行为指导：如何端碗、端盘。	儿歌《人人夸我是好宝宝》养成方案P354	指导幼儿正确使用餐具，文明进餐。	创设生活角，练习正确使用餐具。	培养幼儿在家文明进餐，不挑食。	进餐时随机教育。
	1. 引导幼儿知道红、绿灯等常见交通标志代表的意思。 2. 教育幼儿注意交通安全，遵守交通规则。	《认识红、绿灯》科教指导。	《什么车开来了》明版。	随机教育	张贴交通规则及标志挂图。	请家长在带幼儿过马路时随机教育。	引导幼儿在游戏中熟悉规则常识。
	1. 引导幼儿感受身体的成长变化。 2. 培养幼儿初步形成锻炼身体、预防疾病的意识。	《健康的身体》自编。 行为指导：保护耳朵的方法。	音乐游戏《摸耳朵》明版P150。	带领幼儿测身高、体重、视力等。户外活动时引导幼儿加强锻炼。	在室内设置标尺，用于幼儿测量身高。	带领幼儿查体，并给幼儿讲解具体内容或事项。	组织幼儿开展丰富的户外活动，积极锻炼，预防疾病。
关心环境	引导幼儿学做一些力所能及的事。	《瞧我多能干》明版P17。	音乐游戏《给爷爷奶奶敲敲背捶捶腿》明版P28 《角色游戏》明版P240。	就餐时，安排值日生分碗、分小勺；吃点心时帮忙分水果。	设计一周的值日生表，便于幼儿了解自己哪天做值日。	为幼儿提供帮助家人做些简单事情的机会，如摆碗筷等。	激发幼儿为他人做事的兴趣，并为幼儿提供帮助同伴的机会。

（续表）

习惯类型	目标	组织形式及内容					
		教学活动	游戏活动	生活活动	环境创设	家长工作	教师工作要求
关心环境	引导幼儿喜欢周围的环境（主要引导幼儿了解并喜欢幼儿园的环境）	《幼儿园里玩具多》科教指导 P37；《炊事员阿姨辛苦了》科教指导 P54。	《摸一摸，说一说》科学教育指导 P37；《尝尝看，特别香》南版《健康》P148。	结合进餐，让幼儿了解食堂的设施，尊重炊事员阿姨、叔叔的劳动。	将幼儿园各类设施用录像的形式放给幼儿看，让他们进一步了解幼儿园。	请家长接送幼儿时，带领幼儿参观幼儿园的环境、设施。	利用散步时间，带领幼儿进一步参观，了解自己的幼儿园。
	专注地倾听别人讲话，并按正确的指令去做。	儿歌《轻轻》明版 P54 《谈话活动》自编 行为指导：静寂练习（如唇语点名）。	《拍拍手》明版 P16。	组织幼儿多听故事。	丰富“娃娃家”材料，激发幼儿表演的兴趣。	日常生活中，提醒幼儿不要随便打断别人的讲话。	教师的语言要简单、明了、准确、规范。 日常生活中提醒幼儿学会倾听。

《幼儿良好生活习惯的养成研究》小班下学期活动安排表（四月）

习惯类型	目标	组织形式及内容					
		教学活动	游戏活动	生活活动	环境创设	家长工作	教师工作要求
照顾自己	1. 学习正确的洗手方法。 2. 初步形成饭前便后洗手、随脏随洗的意识。	《洗手》养成方案 P350。	自编	洗手时提醒幼儿正确的洗手方法。	提供正确洗手方法的图片投放区角。	在家坚持提醒幼儿正确的洗手方法。	随机教育。
	1. 培养幼儿按时、主动饮水、如厕的习惯。 2. 睡眠时主动起床排便，便后会使用手纸，及时洗手。	《上厕所》科教指导 P127 或自编。行为指导：盥洗室的使用方法。	自编	培养幼儿按时、主动饮水，养成及时排便的习惯。	提供足量温开水，在厕所固定的地方放手纸。	在家配合教育。	培养幼儿按时、主动饮水，养成及时排便的习惯。
	1. 初步了解鼻子的结构、用途，以及保护鼻子的方法。 2. 初步形成器官保护的意识。	《翘翘的鼻子》科教指导 P45 行为指导：擤鼻涕。	贴鼻子	随机教育	提供鼻子的结构图投放区角。	在家对幼儿进行相关保护鼻子的教育。	及时纠正幼儿抠鼻孔等不正确的动作。
	了解信号灯的意义，帮助幼儿理解和遵守交通规则。	《交警叔叔你真棒》明版 P64。	儿歌《过马路》《大马路》《交通规则要记牢》明版 P77、P79	组织幼儿观看交警指挥交通、安全常识录像。	创设活动区"岗亭"。	随机教育交通规则常识。	提醒家长随机教育。
关心环境	在成人的引导下，熟悉家庭、社区环境，并能简单描述主要特征。	《理发我不哭》科教指导 P49； 《家用电器真方便》明版 P10。	自编	随机教育	1. 为幼儿创设自由交流的机会。 2. 布置墙面"快乐一家人"便于幼儿交流。	多带幼儿参加社区组织的活动。	为幼儿创设自由、集体交流、交谈的机会。

（续表）

习惯类型	目标	组织形式及内容					
		教学活动	游戏活动	生活活动	环境创设	家长工作	教师工作要求
关心环境	1. 能用普通话与人交流。 2. 培养幼儿在集体面前大声讲话的习惯。	生成：我当小记者。行为指导：自我介绍的方法。	游戏《拔萝卜》明版P72。	为幼儿创设自由交谈的机会，交流同家人一起外出的趣事、见闻。	在活动区投放更多的图片，鼓励幼儿对图片内容进行交流。	家中来客人或去朋友家做客时，鼓励孩子大胆与人交流。	鼓励幼儿在众人面前大胆地表现自己。
	教育幼儿注意安全，遵守交通规则。	儿歌《过马路》方案P352。	自编	散步活动引导幼儿遵守交通规则，保护自身安全。	张贴交通标志图。	收集有关交通图片；过马路要遵守交通规则。	随时强化幼儿的规则意识。
	1. 引导幼儿了解日常生活中的公共秩序。 2. 培养幼儿遵守公共秩序的意识。	儿歌《滑滑梯》养成方案P354。行为指导：如何轮流使用户外活动器械。	体育游戏《火车钻山洞》明版P202；智力游戏《排队》明版P149。	随时提醒幼儿遵守秩序，如玩滑梯要排队等。	创设“大马路”游戏区，供幼儿游戏。	带孩子外出时，引导孩子遵守公共秩序。	给幼儿提供遵守秩序的机会。

《幼儿良好生活习惯的养成研究》小班下学期活动安排表（五月）

习惯类型	目标	组织形式及内容					
		教学活动	游戏活动	生活活动	环境创设	家长工作	教师工作要求
照顾自己	1. 初步学习自己有序地穿衣服。 2. 能说出服装的名称及服装各部分的名称。	《我会穿衣服》科教指导P51。 行为指导：如何穿上衣。	儿歌《学穿衣》养成方案P350。	幼儿起床时，教育幼儿自己穿衣服。	把幼儿正确穿衣服的图片展示在活动室内。	在家锻炼幼儿独立穿脱衣服。	指导幼儿正确穿、脱、叠衣服。
	1. 初步了解眼睛的结构、功能、用眼卫生常识。 2. 初步形成保护器官的意识。	《小眼睛真有用》科教指导P42。 行为指导：看电视、看书的正确方法。	儿歌《小眼睛溜溜转》科教指导P42。	看电视、看书时随机教育幼儿用眼卫生。	张贴保护眼睛的挂图。	在家随机教育幼儿用眼卫生，提醒幼儿保护眼睛。	及时纠正幼儿不正确的方法和动作。
	1. 引导幼儿用不同的方式装饰被面。 2. 初步形成起床后叠被子的习惯。	《花被子》明版P135。 行为指导：叠被子。	自　编	向幼儿讲解睡眠对身体成长的重要性；午睡起床时提醒幼儿整理被子。	在休息室张贴幼儿安静睡眠的图片。	对幼儿进行睡眠要求的教育。	注意观察个别幼儿不良的睡眠习惯，及时纠正。
	1. 了解牙刷的用途，学习使用牙刷的正确方法。 2. 形成保护牙齿的意识。	《我离不开的朋友——小牙刷》科教指导44。 行为指导：刷牙。	《刷牙歌》人教参《健康》P47。	引导幼儿餐后漱口，少吃甜食。	展示保护牙齿的图片、照片。	提醒幼儿每天早晚用正确的方法刷牙。	督促家长提醒幼儿正确的刷牙方法。
关心环境	1. 引导幼儿了解医院的基本设施、功能。 2. 简单了解医务人员的职业（如医生、护士、药剂师等）。	《医生阿姨本领大》科教指导P48。	“小医院”角色区游戏。	组织幼儿参观医院，了解医院的基本设施及功能。	在活动区准备医院用的丰富材料，供幼儿游戏。	家长带孩子去医院时，进一步认识医院。	利用各种形式引导幼儿了解医院的主要设施及功能。

（续表）

习惯类型	目标	组织形式及内容					
		教学活动	游戏活动	生活活动	环境创设	家长工作	教师工作要求
关心环境	1. 乐意与同伴交往，关心同伴。 2. 会使用简单的礼貌用语。	《树婆婆与鸟娃娃》明版P104。生成：我们都是好朋友。 行为指导： （1）感谢和道歉； （2）如何观看别人活动。	游戏《大家一起玩》明版P17。	日常生活中提醒幼儿使用礼貌用语，激发幼儿关心别人的意识。	张贴使用礼貌用语的挂图。	家长有意识地鼓励幼儿与邻居家小伙伴交往，教育他们友好相处。	教师参与到幼儿的群体中，鼓励、引导幼儿正确与同伴交往。
	初步培养幼儿爱护公物的意识，珍惜班级物品。	《关好水龙头》明版P188。 儿歌《爱惜玩具》养成方案P352。 行为指导：玩具的整理。	角色游戏，明版P71。	日常生活中，要求幼儿要轻搬轻放椅子等。	创设“玩具店”“娃娃家”，供幼儿游戏，并提醒幼儿爱惜各类操作材料。	在家教育幼儿爱惜所使用的物品。	随时随地提醒幼儿爱护公物。

《幼儿良好生活习惯的养成研究》小班下学期活动安排表（六月）

习惯类型	目标	组织形式及内容					
		教学活动	游戏活动	生活活动	环境创设	家长工作	教师工作要求
照顾自己	1. 学习正确的洗脸方法。 2. 养成良好的清洁习惯。	自编 行为指导：洗脸。	自编	引导幼儿脸蛋随脏随洗。	提供护肤霜、镜子，张贴正确洗脸方法的图片。	提醒幼儿用正确的方法洗脸。	为家长提供正确的洗脸方法，以便家长及时指导。
	1. 激发幼儿对自然现象的兴趣。 2. 培养幼儿初步了解躲避雷雨的方法，增强自我保护意识。	《夏天的大雷雨》明版P217。	音乐游戏《夏天的雷雨》。	雷雨天时及时随机教育。	组织幼儿观看打雷、下雨的录像或听录音。	生活中随机教育躲避雷雨的正确方法。	随机教育
	1. 培养幼儿初步形成家用电器使用方面的安全意识。 2. 初步了解常用的家用电器。	《家用电器真方便》明版P10。 行为指导：电视遥控器的使用	自编；如我是小小录音机等。	引导幼儿认识室内常用电器。	提供各种家用电器的模型，创建活动区。	引导幼儿认识家中常用电器。	随时纠正不正确的行为。
	1. 通过制作冷饮，引导幼儿初步体验合作、分享的喜悦。 2. 教育幼儿少吃冷饮，形成初步自我保护意识。	《各种各样的冷饮》明版P224。 行为指导：榨果汁。	儿歌《大雪糕》明版P225。	提醒幼儿不喝生水和不清洁的水。	创设“冷饮加工厂”活动区。	控制幼儿在家吃冷饮的次数和量。	随时提供温开水。
关心环境	知道父母的工作单位、电话、家庭电话。	诗歌《爱妈妈》明版P31； 谈话：我的爸爸、妈妈。	《角色游戏》明版P79。	随机教育	让幼儿将自己父母的照片带来，放入活动区。	家长应告诉幼儿自己的电话和单位，并用各种方法让幼儿记住。	建立详细的家园联系册：包括幼儿家庭地址、家长工作单位、联系电话等。

（续表）

习惯类型	目标	组织形式及内容					
		教学活动	游戏活动	生活活动	环境创设	家长工作	教师工作要求
关心环境	1. 能使用简单的礼貌用语与成人、同伴打招呼。 2. 主动与同伴分享物品，体验分享快乐。	《和爸爸妈妈过节日》明版 P168；故事《轮流玩》。	游戏《玩具店》明版 P49	利用游戏或集体活动，引导幼儿与人交往的技能。	装饰活动室，营造“六一”的节日气氛。	帮助幼儿准备节目，并为幼儿准备好物品带到幼儿园与同伴分享。	为幼儿提供表现自己、与同伴交往的机会。
	教育幼儿要爱护公共设施，不攀折花木，不践踏草坪。	《马路两边都有啥》明版 P68；《爱护小树苗》科教指导 P99。行为指导：给花浇水、清洗花叶。	自编	带幼儿外出散步，教育他们不摘花、不踩草。	布置绘画区角主题《美丽的植物园》，制作保护花草树木的图片。	生活中以身作则，并随时提醒幼儿爱护公物和花草树木。	随机教育幼儿爱护花草树木和公物。

（三）创设环境，教幼儿学会正确的方法

为幼儿创造良好的生活与卫生环境和条件是养成良好卫生习惯、预防疾病和保证健康的基础。如，幼儿园及家庭环境要整洁，备有常用的清洁与消毒用品、纸巾、垃圾桶等，幼儿园要根据卫生保健标准的要求进行消毒、通风，家中也要定期消毒。通风时，为幼儿准备儿童口罩以及专用的小毛巾、水杯、碗筷勺等。

幼儿洗手、打喷嚏、刷牙等也需要正确的方法。家长和教师可以从相关的书籍、科普读物中获得保健知识，也可利用图画书、故事、儿歌、游戏等，让幼儿明白为什么要讲卫生，知道怎样做才是正确的，使幼儿逐渐理解其中

简单的道理，激发对自身健康的关注和关心。例如，我们幼儿园活动室的洗手池旁张贴有正确洗手的步骤图，明确且直观，可以起到较好的提醒和示范作用。另外，有一些朗朗上口的小儿歌也会对幼儿起到提醒、提示与适时帮助，多给予练习和实践，也是帮助幼儿形成良好行为习惯的重要方法。

在养成良好的卫生习惯的过程中，家长良好的榜样和示范作用非常重要。家长的观念、意识和行为会潜移默化地影响幼儿，家长在生活中能做到勤洗手，咳嗽或打喷嚏时使用正确的方法，早晚刷牙等卫生行为，幼儿就会无意中模仿学习。家长要以身作则，无论是在家庭当中还是在公共场所都要时刻规范自己的行为举止，为幼儿做好榜样示范，潜移默化地塑造幼儿的良好卫生习惯。对于有不良卫生习惯表现的幼儿，成人不能采用粗暴的教育手段，可以借助游戏、绘本故事、身边事例等让幼儿树立正确的卫生观念，循循善诱、一对一耐心指导与帮助、及时地鼓励，逐步引导他们自觉去做。这对幼儿养成良好的卫生习惯会产生推动作用。

（四）多措并举，助力幼儿在园的卫生习惯培养

《幼儿园保育教育质量评估指南》在“保育与安全”维度的关键指标包括“帮助幼儿建立合理的生活常规，引导幼儿根据需要自主饮水、盥洗、如厕、增减衣物等，养成良好的生活卫生习惯”。教师可以结合班级幼儿的身心发展规律和学习特点，在班级中制定条理清晰、容易接受的规范，利用儿歌、故事、诗歌等形式培养幼儿的卫生习惯。如，利用幼儿喜欢听故事的特点，教师可以把一些不良的生活习惯编成有趣的故事，让幼儿从故事中了解到不良习惯对自己的危害，然后加以引导——我们该怎么做？同时利用行为指导课教给幼儿正确的方法，从而促使幼儿逐渐地养成良好的卫生习惯。宋老师

编的《小白兔拔牙》的故事，孩子们听后，懂得了饭后要漱口，早晚要刷牙。

针对孩子的个性差异，我们也注重因材施教，为幼儿建立个案，实行案例追踪法。选取实验中比较典型的事例跟踪研究，找出问题的最佳解决方案。如，我班有个叫小宇（化名）的小朋友，是中班上学期从其他村里转过来的，平时卫生习惯比较差，还经常攻击别人。其他小朋友有垃圾都知道扔进垃圾桶，只有他随地乱扔，弄得周围脏兮兮的。有时还故意扔在别的小朋友身边，而他们也不敢跟老师说，因为谁告诉老师，小宇就会打谁。在老师看来，这也着实令人头疼。说服教育对他来说基本上是对牛弹琴，他根本不听。抓闪光点吧，也只有两分钟的热度，一会儿又该干吗干吗了。怎么办呢？通过家访我们了解到孩子的家庭非常特殊：孩子的爸爸入狱，妈妈常年打工在外，由年迈的爷爷照顾着孩子的生活，后来爷爷生病，孩子才转到他姑姑家。姑姑家的表哥看不起他，经常欺负他。原来，幼小的他内心深处承受着原本不该承受的东西，而这滋生了他对周围人的厌恶。总结起来，我们发现孩子缺少爱。“从爱入手”，我们不约而同地想到了这一点。在小宇生日的时候，我们买了一个大蛋糕，让全班的小朋友为他庆祝生日，有的小朋友还把自己制作的小玩具送给了他。孩子流着眼泪吹灭了蜡烛，他说：“谢谢老师和小朋友！”冬天，我们为他织了暖和的围脖。现在，小宇看人的目光柔和了，和小朋友一起游戏，很少去打人，也变得讲卫生了，还当上了我们的小小卫生监督员。

另外，教师在一日生活中更应重视言传身教，要时刻注意自己的言行举止，成为幼儿模仿的良好榜样。利用幼儿爱模仿的特点，正向引导他们养成良好的卫生习惯，并帮助幼儿纠正自身存在的不良卫生习惯。积极鼓励和表扬幼儿的进步，激发幼儿对卫生习惯养成的自信心。

（五）发挥社区作用，三位一体培养幼儿良好的卫生习惯

社区作为幼儿生活的重要环境，对幼儿的健康成长有着不可推卸的责任。社区应在条件允许的情况下协调社区卫生室等机构为幼儿提供专业健全的社区保障，特别是在幼儿卫生习惯的培养方面要加强对社区居民的引导，培养社区居民的卫生习惯。同时，倡导社区居民自觉规范自己的言行举止，避免将不文明、不卫生的行为传播给儿童。在社区中还要加强对幼儿卫生习惯的教育，引导幼儿养成良好的卫生习惯，如勤洗手、定期洗澡等。

幼儿良好卫生习惯的养成是一个长期的过程，家长和教师要在幼儿的日常生活中积极地加以引导、帮助和鼓励，逐步帮助幼儿获得相关的能力，养成良好的习惯。这既是一种生活教育，也是一种公民素质的教育，这对幼儿的生长发育、健康成长乃至全社会的健康都具有重要而深远的意义。

第四节　培养幼儿健康饮食习惯的实施策略

幼儿阶段是一个人身体发育最为迅速的阶段，饮食健康是保障幼儿身体健康的物质基础，均衡膳食营养对其以后一生的健康发展都有着基础性作用。良好的饮食习惯且营养均衡能使幼儿的认知能力明显高于营养不良且存在饮食行为问题的幼儿。由此可见，在幼儿阶段给幼儿开展饮食健康教育是非常重要的。

陈鹤琴首次提出“健康教育”的理念，他的“五指活动”中第一个方面

即为“儿童健康”。其中包括幼儿的饮食、睡眠、户外、散步等方面。《幼儿园教育指导纲要（试行）》中提到：“幼儿园要依据幼儿所具有的特殊身心发展特点，来指导幼儿了解身体健康知识，要积极引导幼儿建立健康的情感态度，要鼓励幼儿形成健康的行为，要强化促进以幼儿健康为主要目标的、系统化的教育活动。”幼儿期是习惯养成的关键期，健康饮食习惯的养成不但能够促进均衡营养吸收，而且可以增强体质，促进身心健康发展，良好习惯的养成还将影响幼儿今后一生的发展。

一、幼儿不良饮食习惯的原因分析

幼儿不良饮食习惯是指对幼儿身心健康有不良影响的饮食习惯。随着物质生活的日益丰富，幼儿的饮食趋于多元，各种零食替代了主食，导致幼儿出现挑食、偏食、只喝饮料不喝白开水、爱吃膨化食品等不良的饮食习惯，出现了很多“小胖墩”“小豆芽”，给幼儿的健康带来严重影响。

首先，多数孩子都有挑食、偏食等现象，有些幼儿爱吃肉，特别是红烧肉、鸡腿、鸡翅等，不吃青菜；而有的孩子恰恰相反，只吃少量蔬菜，不吃肉；还有的孩子喜欢吃油炸食品，不吃菜。幼儿偏食、挑食情况若比较严重，极易造成营养不均衡，直接影响幼儿的健康成长。孩子的挑食大多受外在因素的影响，比如家庭进餐环境、进餐食物选择、进餐包办等，如家庭购买食物过于单一或只买自己或孩子喜欢吃的菜；或常常问孩子“你今天想吃什么啊”妈妈买给你吃，长期下去会给孩子挑食或偏食创造有利条件。也有很多孩子不喜欢吃蔬菜、水果，这样则会导致身体内缺乏矿物质、维生素、纤维素等；还有的孩子不爱吃肉、鸡蛋、蘑菇、海带、香菇、木耳等，长期下去则会导致体内营养素失去均衡，出现了消瘦或者肥胖。

其次，幼儿就餐时注意力不集中。有些家庭对孩子太过溺爱，因担心孩子撒饭粒或者吃饭慢，不让孩子自己动手进餐，养成了追着喂饭的习惯，剥夺了孩子的自我成长和锻炼的机会。有的孩子需要边看动画片边吃饭，将饭含在嘴里长时间咀嚼不吞咽或不咀嚼，或不喂不吃，被动吃饭，对大人的依赖性较强，忽视了主动进食的必要性。

再次，形形色色的零食不具有营养，却成为孩子们的最爱，导致孩子在正常进餐时不愿意进餐或者吃不下，等到餐后饿了又拿零食充饥，这样下去形成恶性循环，失去了进餐中均衡营养的吸收机会，导致一些营养性生长迟缓或者消瘦等症状的出现，影响了孩子的身体素质健康发展，给健康饮食习惯的养成产生了阻碍。

二、幼儿健康饮食习惯的实施策略

（一）家长要以身作则，树立榜样

因为只有当父母自己吃得健康的时候，孩子才会健康。所以，家长要保证给孩子提供的食物都很健康，把食物看作是“快乐和营养的来源”。改变教育方式，不采取强硬措施，而是有耐心地适时诱导，改善他们的身材和对食物的认识；家长还要妥善安排饮食，规律配餐，规律进餐。

（二）幼儿园多措并举，培养幼儿良好的饮食习惯

(1）花样餐点吸引幼儿乐于进餐

幼儿园除了在膳食营养方面均衡设定以外，针对幼儿的年龄特点，以及饮食习惯存在的问题，积极改善烹饪技巧，在色香味形方面加大了力度。味

主要以清淡为主，采用蒸、煮、炖等烹饪方式，又以多种食物做成包子或者饺子，如，将蔬菜切碎，荤菜剁碎做馅料；针对不吃绿色蔬菜的幼儿，我们将各种绿叶蔬菜通过不同的烹饪方法，变换烹饪口味、变换外形增进幼儿进餐欲望。例如，将菠菜、南瓜、胡萝卜榨汁放在面粉里面变成五彩的饺子、五彩的面条、五彩的包子、五彩的煎饼、五彩蒸蛋等；将米饭与海苔、胡萝卜等混合做成可爱的动物米团；将胡萝卜沫与面团做成可爱的小猪蹄、小兔头、小金鱼面点；将鸡蛋做成蛋白糕、蛋黄糕，与木耳一起炒至出色泽鲜亮的美食；将水果切丁做成美味的水果蛋挞；将梨子切半蒸出美味的水果汤羹。诸如此类的花样餐点得到了孩子们喜爱，每一次进餐都吃得不亦乐乎。

（2）榜样示范促进幼儿乐于进餐

在班级进餐前老师通过餐前教育“某某小朋友以前不吃蔬菜，昨天开始吃蔬菜了，看看今天谁会是不挑食的好孩子”。进餐前鼓励进餐慢和有挑食现象的幼儿与饮食习惯好的幼儿坐在一起，起到带动的作用；同时，结合勤俭节约的教育活动，鼓励幼儿进餐中的光盘行动，培养幼儿积极乐观的健康饮食习惯。

（3）循循善诱激发幼儿进餐欲望

在幼儿园的进餐环节中，教师根据《新版儿童膳食指南规定》，通过餐前教育以及进餐过程中的有效引导，激发幼儿的进餐欲望。同时，创设安静温馨的进餐环境，播放一些进餐轻音乐，让幼儿在愉悦的情绪中快乐地进餐；另外，每次开餐前，小小饮食播报员会把今天进餐的食物做一个详细的介绍，并且和孩子们一起讨论一下今天进餐的食物都有哪些营养？这些食物又有哪些本领呢？在进餐中，鼓励和指导有挑食习惯的幼儿乐于进餐。

对于个别吃饭比较困难的幼儿，教师要进行正面引导。教师通过与家长沟通后了解到，幼儿在家里进餐都是等着家长来喂他，从来不会自己动手吃饭，所以形成了不良的进餐习惯。对于这样的幼儿我们采取先有保育老师喂，再逐步换成保育老师喂与幼儿自己吃轮流进行，从先吃一小口，再到吃一半，直到全部吃完，直至后期可以独立、愉快地进餐了。

（4）开展丰富多彩的进餐教育活动

我们根据幼儿年龄特点，结合科学保教，开展了形式多样、丰富多彩的健康教育活动。例如：根据小班幼儿年龄特点，开展《水果探秘》这种形象又与幼儿生活密切相关的教育活动。在活动中引导幼儿利用感官认识各种水果并尝一尝水果酸酸甜甜的味道，知道吃水果对身体的重要性，培养幼儿喜欢吃各种水果的健康饮食习惯；通过给《小动物喂食》的游戏活动，让幼儿了解不同动物吃的食物名称不一样，营养也不一样。《蔬菜宝宝大变身》的教育活动，让中班幼儿了解到各种蔬菜的营养价值，引导幼儿认识各种蔬菜宝宝及蔬菜宝宝的新制品，如菠菜蛋卷、青菜蛋羹、胡萝卜猪脚包等，并知道蔬菜的营养价值以及对身体健康的益处。针对大班幼儿，在日常的游戏中设置丰富多彩的实操活动，让幼儿通过制作各种美食，如煎鸡蛋，做桃酥、蛋糕、煎饼、水果沙拉等，让幼儿通过亲身操作，感知到食物的诱惑；在区角游戏中设置“早点店”，幼儿通过游戏角色的体验，认识各种早餐品种，了解各种餐点的营养价值，并且通过介绍每一种食物的营养价值，了解食物的营养成分，产生对食物的欲望；还通过丰富多彩的自助餐活动，烹制出各种花样餐点及色香味形俱全的美食，让孩子们在享受美食带来的快乐的同时爱上美食，同时养成良好的饮食习惯和进餐礼仪，从而形成爱吃乐吃的健康饮食习惯。

总之，健康饮食习惯的形成不是一朝一夕的事情，播种一种行动，收获一种习惯。对幼儿来说保障生长发育的基本物质是通过吃食物来获得，食物的质量也直接影响幼儿的生长发育。培养幼儿健康科学的饮食习惯，是幼儿园和家长共同的目标，只有培养孩子的健康饮食习惯，才能使他们拥有健康的身体，从而健康快乐地成长。

第五节　家园共育促进中班幼儿良好倾听习惯的培养

良好的倾听习惯是倾听能力的基础，是获取知识、经验的基本保障，幼儿良好的倾听习惯对其以后的发展起着至关重要的作用。学会倾听是幼儿学习与他人交谈中必不可少的行为能力，它是幼儿学会有效谈话的第一步。《3—6 岁儿童学习与发展指南》中明确指出，“注意倾听对方讲话，能理解日常用语”“具有文明的语言习惯”。因此，我们应该重视幼儿倾听习惯的培养。

我们通过问卷调查、访谈、案例等研究方法针对“临沂市河东区第二实验幼儿园”4 个中班幼儿在倾听习惯方面进行情况分析，梳理倾听能力以及习惯培养中存在的实际问题，探索出了提高中班幼儿倾听习惯养成的有效途径。

根据家长和教师问卷调查统计结果得知，家长对培养幼儿倾听习惯的意识比较薄弱，导致幼儿经常会出现插嘴、缺乏耐心倾听他人讲述、语言的理解能力相对欠缺等不良习惯。在教学活动和班级管理工作中，我深刻体会到幼儿不良的倾听习惯，不仅影响了各类活动的有序开展和任务的达成，更是影响了幼儿积极参与活动的意识。基于对“家园合作培养幼儿倾听习惯的重要性”的认识，力图在实践中通过家园合作探究提高幼儿的倾听习惯、发展幼儿语言能力的多种途径，促进幼儿主动有效地学习、语言能力的提高，为幼儿综合能力的发展奠定良好的基础。

一、了解中班幼儿倾听习惯的现状及产生原因

（一）了解中班幼儿倾听习惯的现状

针对本园中班 178 名幼儿的家长和教师进行了倾听习惯的前期问卷调查，数据汇总如下。

中班幼儿倾听习惯调查评价统计表（家长问卷）(1)（单位:%）

项目评价	好	一般	需加油
您的孩子在活动中是否能专注地倾听老师说话?	23%	36%	41%
您的孩子在活动中是否能专注地倾听同伴说话?	14%	36%	50%
您的孩子在活动中是否能积极举手发言?	36%	24%	40%
您的孩子注意力集中时间。	25%	46%	29%
您的孩子在集体学习活动中插嘴或打断老师和同伴讲述的次数。	22%	40%	38%

中班幼儿倾听习惯调查评价统计表（教师问卷）（2）（单位:%）

项目评价	好	一般	需加油
幼儿在活动中是否能专注地倾听老师说话?	16%	42%	42%
幼儿在活动中是否能专注地倾听同伴说话?	13%	40%	47%
幼儿在活动中是否能积极举手发言?	29%	28%	43%
幼儿能理解多重指令吗?	14%	46%	40%
幼儿能听清楚并理解老师的重点提问吗?	21%	35%	44%

通过幼儿倾听习惯调查统计表（1）和（2），明显可以看出无论从家长的角度还是老师的角度来看，幼儿的倾听习惯和倾听能力普遍较弱，反映出幼儿尚未养成良好的倾听习惯。

（二）幼儿倾听习惯较弱的表现

幼儿倾听习惯较弱的表现主要有以下几方面：（1）当老师或同伴还没有表达完自己的意思，就有幼儿急不可待地想要发表自己的意见；（2）多数幼儿会倾听，但自控能力较弱，规则意识较弱，容易受他人影响；（3）幼儿不愿倾听，不知道怎么专心倾听；（4）幼儿不理解老师的重点提问。

无论是家长还是老师仍然很在意孩子的学习品质和倾听习惯，只是很多时候不知道培养孩子的倾听习惯方法，对于认真倾听的表现的判定存在偏差。

（三）了解中班幼儿倾听习惯较弱产生的原因

1. 幼儿年龄本身具备的特点。中班幼儿的年龄特点是注意力集中时间比较短，幼儿的自制力较弱，在倾听别人说话时缺乏耐心等。还表现在幼儿常以自我为中心，只顾表达自己的想法而又不愿意听别人讲话。

2. 幼儿家庭教育观念。对中班倾听能力较弱的部分家长进行了一些简短的访谈：请问您认为影响幼儿倾听能力发展的因素有哪些?

A 家长：我觉得和我们家庭隔代教育有关，因为我们平时都比较忙，孩子几乎是奶奶在帮忙照顾。

B 家长：我认为和我们的教育方式有关，因为平时我们只是在意孩子说的能力，忽视了注意倾听的习惯。

C 家长：和幼儿的兴趣有关，孩子感兴趣的内容孩子的倾听就好，如果孩子不感兴趣倾听自然也不好。

D 家长：和家长陪伴孩子有关，有时候我们比较忙，孩子就自己玩 Ipad 或者看动画片。

E 家长：和孩子的生活环境有关，我们家是开饭店的，孩子从幼儿园接回来之后，都是在饭馆里玩，而这样的环境是比较嘈杂的。

通过调查和访谈，我们发现 178 名幼儿中隔代抚养的幼儿占了 60%，家长缺乏培养幼儿倾听习惯的意识，以及不了解科学培养幼儿倾听习惯的方式方法，导致幼儿的倾听习惯较弱，同时家长更注重幼儿学习成效而忽略幼儿在学习过程中学习品质的培养，造成幼儿盲目追求片面的“成功”。

3. 教师教育观念

针对不同集体教学活动中不同教师组织的活动，对幼儿的倾听情况做了如下记录。

教学活动观察幼儿倾听情况（1）

时间	2023 年 11 月	地点	中一班
活动名称	和甘伯伯去兜风（语言活动）		
活动情况	中一班的孩子思维比较活跃，当教师出示绘本第一张图片，甘伯伯开红色跑车去兜风，这时老师提问："小朋友们，你们知道什么叫兜风吗?"孩子们纷纷坐在椅子上争先恐后地直接回答教师的问题，而当教师听到想要的答案时，连忙请这个孩子起来回答，而这时其他的孩子仍然自顾自地表达自己的意见，也没有听老师提出的要求。		

教学活动观察幼儿倾听情况（2）

时间	2023 年 11 月	地点	中二班
活动名称	暖洋洋商店（科学活动）		
活动情况	相对于其他类型的活动，科学活动要求教师有清晰的逻辑思维，并为幼儿厘清思路，在活动过程中，教师采用动态 PPT 吸引了孩子的注意力，并且在活动过程中会邀请部分幼儿进行个别操作，大大地激发了幼儿的活动兴趣，整节课孩子在倾听方面也相对较好。		

教学活动观察幼儿倾听情况（3）

时间	2023 年 11 月	地点	中三班
活动名称	母鸡孵蛋（音乐活动）		
活动情况	中三班的孩子平时属于比较活泼型，常规比较好的班级。孩子们沉浸在音乐活动唱唱跳跳的乐趣中，并能够在活动中，根据老师的要求来做出相应的动作。在活动的第二环节，能够分声部进行合唱。整个音乐活动中，孩子们在倾听方面相对比较好。		

教学活动观察幼儿倾听情况（4）

时间	2023 年 11 月	地点	中四班
活动名称	香喷喷的菜（美术活动）		
活动情况	中四班的孩子很活泼，平时也容易兴奋，在美术活动中，老师提问："听听这是什么声音?"小朋友一起回答是炒菜，老师继续追问："你怎么知道是炒菜?"孩子兴趣度很高，他们也争先恐后地回答，接下来，老师说请举手的朋友来回答，孩子们一边举手一边说出他们要表达的想法。		

在一节25分钟左右的集体教学活动中，我们发现孩子们对于一些发散性的问题很感兴趣，因为发散性提问打开了孩子们的思路，看到孩子们七嘴八舌地说出自己的想法很是欣慰，但这种行为，给了孩子们一个可以“随意插嘴”的暗示，当老师邀请一名孩子回答时，可能会有其他孩子着急着表达自己的看法。所以，当提问一些简单问题时，教师可以引导孩子集体回答，但提问发散性问题时，教师需要选择个别幼儿进行回答。同时，相对于比较有趣的探索活动、音乐活动、美术等活动，孩子的兴趣会比较高，而遇到语言活动、认知活动等，孩子的兴趣相对低，倾听方面做得相对不够好，这就要求我们活动设计时对活动的动静交替需要很好地把握，对活动过程的设计增加趣味性。

二、探索家园合作促进幼儿良好倾听习惯养成的策略

（一）创设良好的倾听环境

1. 创设良好的倾听环境，结合不同的主题，提供幼儿需要的材料，引发幼儿参与的兴趣，鼓励幼儿进行有目的的倾听活动。如，在语言区创设的倾听角——“你说我猜”“你说我画”，提供相应的支架引导幼儿自由结伴，自主选择，感受听说、听写的乐趣。家庭可玩一些亲子游戏，如“传声筒”，验证孩子传话的正确率，引导孩子在游戏中感受到注意倾听的快乐。

2. 提高教师及家长关于倾听的指导能力。教师和家长根据幼儿倾听的情况，有目的、有意识地创设一些游戏情境，陪伴幼儿参与其中，对幼儿的表现及时地给予肯定、鼓励或指导，激发孩子倾听的意愿。同时，教师或家长要注重与幼儿情感上的交流，真诚接纳每一个幼儿，在这种积极的情感氛围

中，教师会更加真诚、耐心地倾听幼儿的话语，幼儿会主动亲近教师，说出自己的心里话，从而帮助幼儿养成良好的倾听习惯。当幼儿出现不同意见的时候，教师可以引导、鼓励幼儿倾听他人的想法，尊重每个孩子的想法是让孩子获取正确经验的前提。

3. 选取符合幼儿兴趣点的倾听主题。中班幼儿智力发展趋于多样化，以具体形象思维为主，教师应该多捕捉幼儿谈话热点，让幼儿通过视觉、听觉、触觉等多感官参与幼儿日常的生活与教育教学中。

（二）“兴趣”是培养幼儿主动性倾听习惯的关键

倾听融于游戏，倾听融于教育。幼儿以游戏为基本活动，我们可以将倾听习惯渗透到游戏中，充分利用游戏培养幼儿的倾听习惯。比如，有目的地开展“正话反说”“传话游戏”等，可以根据幼儿语言发展水平确定游戏难易程度，要求幼儿能够集中注意倾听对方说话并准确无误地发出信息，以“玩”促“听”，使幼儿在游戏中能够主动倾听与游戏相关的内容，从而形成稳定的自觉性行为，逐步提高倾听水平。

倾听融于生活，生活融于课程。一日活动皆课程，将幼儿良好倾听习惯的培养渗透到各种教育活动和日常活动中，通过一日活动中的常规手指游戏、谈话、游戏评价的教育形式培养幼儿良好的倾听习惯。

倾听融于观察，观察融于评价。只要幼儿有良好的倾听表现均给予及时、恰当、肯定的评价，以强化幼儿良好的倾听行为，养成良好的倾听习惯。幼儿往往会因为老师的一个眼神、一个微笑就调动起主动学习的积极性。如“他说的跟别的小朋友说的不一样，说明认真听取小伙伴的发言了，我们应该向他学习”“小明有不同意见时会举手发言，从来不插嘴，我们也应该和他一样”等这些鼓励的话不但能鼓励孩子更加认真地倾听，而且能在同伴中树立良好的倾听榜样。

倾听融于辨析，辨析融于表达。通过故事表演、点评等形式，提高幼儿语言表达与倾听兴趣。一般幼儿对于童话故事有着明显的喜好，当教师为幼儿投放合适的材料时，孩子们能够在表演中学做文明小观众，学会倾听和观察，采用轮流讲述的方式发展幼儿语言能力和自信心，并且由于多了点评环节，可以引导幼儿去更仔细地观察和倾听。

（三）家园合作是培养幼儿养成倾听习惯的保障

幼儿园对家长开展了一次“幼儿倾听能力培养”的讲座，引导家长在了解自己孩子真实情况的基础上，科学地配合教师优化幼儿的倾听习惯，培养幼儿良好的习惯。我园通过开展半日活动，利用家长座谈会，共同探讨培养幼儿认真倾听习惯的方式方法，把教师培养幼儿倾听习惯的游戏或方法教给家长，让家长和幼儿共同训练。同时，要求家长提高自己的文明语言修养，树立自己良好的倾听形象，对待孩子的问题，认真倾听、耐心解答。并鼓励幼儿将幼儿园中有趣的事说给家长听，家长也将身边发生的趣事说给孩子听，从而促进互相倾听习惯的养成。

三、研究成效

在研究过程中，我们根据中班幼儿倾听能力目标来作为幼儿倾听情况数据分析的评价依据。我们在 2023 年的 11 月进行了前期调查，为检验实施的准确性，在 2024 年 3 月又进行了后期调查（表 3、表 4），在常态的集体活动和游戏中，教师通过观察幼儿的倾听表现进行评价，为研究的实效分析提供了依据。

中班幼儿倾听习惯调查评价统计表（家长问卷）（3）（单位:%）

评价项目	好	一般	需加油
您的孩子在活动中是否能专注地倾听老师说话?	31%	39%	30%
您的孩子在活动中是否能专注地倾听同伴说话?	38%	30%	32%
您的孩子在活动中是否能积极举手发言?	55%	32%	13%
您孩子注意力集中时间。	32%	40%	28%
您的孩子在集体学习活动中，插嘴或打断老师和同伴讲述的次数。	29%	35%	36%

中班幼儿倾听习惯调查评价统计表（教师问卷）（4）（单位:%）

评价项目	好	一般	需加油
幼儿在活动中是否能专注地倾听老师说话?	31%	42%	27%
幼儿在活动中是否能专注地倾听同伴说话?	22%	40%	38%
幼儿在活动中是否能积极举手发言?	73%	22%	5%
幼儿能理解多重指令吗?	40%	49%	11%
幼儿能听清楚并理解老师的重点提问吗?	45%	32%	23%

从上述表格数据可以看出，中班四个班的幼儿在研究前后阶段，幼儿倾听能力的变化是很明显的。如，在研究前，幼儿能理解多重指令为14%，而在后期测评时，幼儿理解多重指令变为40%；幼儿能听清楚并理解老师的重点提问由初期的21%变为45%，从数据可以看出，幼儿倾听习惯有明显的提升。

教师在教学和观察评价中发现：其实孩子倾听能力的培养首先要引起家长和教师的重视，同时需要坚持不懈地引导直至倾听良好习惯的养成。通过研究，孩子们能渐渐学会倾听同伴和老师说话，而且，幼儿想表达时会积极举手，插话的人逐渐减少，幼儿逐渐学会控制自己，知道插嘴是不文明的行为。同时，幼儿学会养成举手发言的好习惯，形成了良性的语言交流环境。

幼儿倾听能力和习惯有效性明显提高，这是家园共育的结果，也正是我们所预期的结果。表明在本研究条件下，我们采取的一系列教育对策、措施对培养幼儿良好倾听习惯确实是有效的。

四、研究反思

家园合作对幼儿倾听能力的培养，不仅激起了幼儿听的兴趣，还使幼儿养成了良好的倾听习惯，对幼儿语言的发展起到了一定的促进作用。作为教师，还要加大向家长宣传的力度，提高家长的家教水平。我们要持之以恒，循序渐进地运用多种方法并渗透于日常生活中，帮助幼儿认真倾听，提升幼儿倾听能力。

第六节　小班幼儿文明礼仪行为习惯的培养

中国是有着5000多年文明史的“礼仪之邦”，讲文明、用礼仪，是弘扬民族文化、展示民族精神的重要途径。古人云，“不学礼，无以立”“人无礼而不生，事无礼而不浅，国无礼则不宁”。文明礼貌行为是社会发展和精神文明体现的重要标志，也是幼儿教育需要长期关注并努力实践形成的行为习惯。3—6岁是孩子养成良好习惯的关键期，因此，从幼儿园阶段就要培养孩子的文明礼仪成了必然的要求。在2007年的全国两会上，全国政协委员、沈阳市政协主席赵金城向大会提交了“关于在幼儿园、中小学开设礼仪课程”的提案。他强烈呼吁：鉴于人的行为具有承续性，礼仪教育必须从小抓起。《幼儿园教育指导纲要（试行）》指出要“加强师生之间、同伴之间的交往，培养幼儿对人亲近、友爱的态度，教给必要的交往技能，学会和睦相处”，这些都证明了文明礼仪的重要。

一、营造文明礼仪的环境

生活中处处都存在教育，校园内的每一个角落、每一处墙壁都是育儿的阵地。利用幼儿园走廊、宣传栏等，宣传展示文明用语，鼓励幼儿使用文明用语，提高行为的文明程度，从而产生潜移默化的影响。在培养小班幼儿文明礼仪习惯的方面，老师为幼儿创造一个文明礼仪的和谐环境，在讲文明懂礼仪的大环境中，幼儿会自然而然被感染，对培养幼儿良好的行为习惯有巨大的积极作用。比如，在早上入园时，值班教师站在幼儿园门口亲切地与每个幼儿及家长问好，家长和幼儿也会自然地回应“老师，早上好”。下午离园时，引导幼儿见到来接园的家人，先主动问“爸爸（妈妈）下午好”，离开时和老师说“再见”。从点滴处引导幼儿讲文明懂礼仪。教师在幼儿园一日活动中，要规范自己的言行举止，注意自己带给孩子的榜样示范作用。因为孩子的模仿能力非常强，我们的一举一动，一言一行，都会成为孩子学习的对象。我们经常在游戏中看到孩子模仿教师的样子，举手投足、一颦一笑，甚至是说话的语气、语调都会模仿得淋漓尽致。

幼儿讲文明、懂礼貌的好习惯养成，同样需要依托家庭教育的良好环境，家长引导幼儿进行文明礼貌行为习惯的养成势在必行。日常生活中父母要注意文明礼貌用语，包括主动与人打招呼；接人待客也要热情，有礼貌；在别人讲话时不插话；注意饭桌上的文明礼仪；平时尊老爱幼的礼貌习惯等。父母的言谈举止和行为习惯在一定程度上影响幼儿的生活行为，这就需要父母努力创造和谐文明的家庭教育环境。

二、在教育教学活动中渗透文明礼仪教育

在教育教学活动中，老师也要有意识地开展文明礼仪教育，倡导幼儿使用“谢谢”“对不起”等文明用语。孩子们是最爱听故事的，在听故事的同时也会习得一些好的经验。教师可以有针对性地选取一些习惯养成方面的小故事，用故事中的人物来做榜样，激发幼儿的兴趣，调动幼儿的主动性和积极性，变“要我做”为“我要做”。例如，《孔融让梨》等中华传统美德方面的故事，教师绘声绘色地讲给幼儿听，让幼儿明白要学会谦让、学会分享的道理，还通过日常生活中幼儿之间的一些事例，让幼儿切身感受到谦让文明的好处。通过讲绘本故事《和甘伯伯去游河》，幼儿在听、看、说、演的过程中，经历身心成长的过程，以榜样示范的力量引导幼儿，久而久之幼儿的良好行为习惯就逐渐形成了。

三、在游戏中融入文明礼仪教育

游戏是幼儿园孩子们的主要活动，也是幼儿学习最好的方式。在游戏中也可以培养幼儿良好的文明礼仪行为习惯，例如，幼儿取玩具材料的时候，懂得谦让排队；当别人来借材料的时候，懂得分享；当受到其他小朋友帮助的时候，懂得感恩，要说“谢谢”等。还有一些传统的规则游戏，如“老鹰捉小鸡”，小班教师就可以用它来培养孩子们面对强敌勇敢机智、保护弱小的品质；然后再运用到日常生活中，引导幼儿之间相互帮助，团结友爱。“娃娃

家”可以用来培养幼儿的责任感，在幼儿分角色扮演的时候，他们会模仿大人照顾孩子的方式进行游戏，慢慢地形成自身责任感的意识。在其他的角色游戏中，引导幼儿知道去别人家时要先敲门、看到别人要打招呼、别人东西不能随便拿、接受别人东西要道谢等。在开展建构游戏时，幼儿经常会出现抢积木的行为，这时老师会将该行为拍摄下来，与幼儿一起观看，并请小朋友说一说，抢积木对不对？应该怎样避免争抢积木的行为？孩子们知道如果自己的积木不够用了，可以问问其他小朋友，对方允许了才能使用，并要对这个小朋友说“谢谢”，引导幼儿认识到文明礼仪的重要性，在欢乐的游戏氛围中逐渐培养幼儿文明礼仪的习惯。

四、园家社协同培养幼儿文明礼仪行为习惯

文明，是一座城市的内在气质，赋予城市发展生生不息的力量。近几年，全国文明城市的创建，让我们感受到了城市生活的美好。整洁的环境，便捷的服务，良好的生态，有序的法治，向善的风尚，人文的关怀，温情的治理……这些方面直观体现了社会文明的进步，增强了百姓的获得感、幸福感、安全感。文明行为习惯是精神文明的一个重要内容，是一个人道德品质的外在表现，也是衡量一个人文明程度的标尺。政府重视从社会层面积极推进文明礼仪教育，营造良好的礼仪文化学习氛围，引导公民重视文明礼仪习惯的养成，也让孩子们在这种社会大环境的熏陶下，潜移默化地提升文明礼仪行为。幼儿在掌握社会行为规范的过程中，有助于发展幼儿的道德认知、自我意识、性别角色和人格。

家庭教育和幼儿教育是幼儿文明礼仪行为习惯养成的重要因素，二者相

互补充，相互配合，才能够促进幼儿良好行为习惯的养成。教师和父母除了要为孩子树立良好的榜样力量外，更重要的是要为幼儿的文明礼貌行为提供锻炼机会，使之养成持之以恒的行为习惯，在具体的实际行动中，提高幼儿的思想认知。例如家长可以利用各种机会、各种场合让孩子得到练习和锻炼，可以主动请小伙伴来家里玩，引导孩子们在交往中习得文明礼貌行为。在家庭或朋友聚餐时，适时地引导幼儿学习餐桌上的文明礼仪。如在吃饭时，幼儿要等长者坐定后方可入座。入座后不能急于动筷子，更不能在餐桌上打闹游戏或把自己喜欢吃的菜端到自己跟前，这都是幼儿需要了解并掌握的文明礼貌行为表现。在培养幼儿文明礼仪行为习惯的时候，教师和家长要用欣赏的眼光、包容的态度对待幼儿，多鼓励和表扬幼儿在自我完善过程中所做出的努力，肯定幼儿行为上好的转变。

培养幼儿良好的习惯，需要耐心，需要原则，更需要持之以恒。时松时紧的迁就结果只能是推波助澜，对孩子好习惯的养成百害而无一利。家长和教师要从小抓起，从身边的点滴抓起，在幼儿园和家庭日常的行为习惯教育中齐心协力，共同促进幼儿文明礼仪行为习惯的养成。

第七节　园家社协同促进幼儿良好行为习惯的养成策略

古语有云："少成若天性，习惯成自然。"良好的习惯对于幼儿身心的健康、知识的获得、能力的培养、品德的陶冶、个性的形成都是至关重要的。

它对幼儿的影响是根深蒂固的，将伴随幼儿的一生，使幼儿终身受益。坏习惯一旦形成，我们要花掉十倍、百倍的努力改正，会使幼儿终身受其害。我国著名教育家陈鹤琴说过：“人类的动作十有八九都是习惯，而这种习惯大部分是在幼年养成的。”所以，在幼儿时期应当特别注重良好习惯的养成。

幼儿良好行为习惯的内容是非常广泛的，包括品德习惯、生活习惯、卫生习惯和学习习惯。幼儿阶段是孩子养成良好行为习惯的重要时期，家长、教师要明确习惯养成的内容，再进一步明确各自的责任，帮助孩子养成良好的习惯。

一、园家社协同培养幼儿良好习惯方面存在的问题

（一）家庭教育与幼儿园教育的不一致性

家庭和幼儿园在教育理念、方法和目标上可能存在差异，导致孩子在不同环境中接收到的信息和行为规范不一致，可能会对孩子的行为习惯养成产生负面影响。在多元文化的社会中，不同的家庭有不同的文化背景和价值观，这些差异可能影响家园共育的实施。教师与家长之间缺乏有效沟通，可能导致双方对幼儿的教育和行为习惯养成有不同理解，影响教育的连贯性和一致性。

（二）缺乏系统性的家园共育计划

有些幼儿园可能没有明确的家园共育计划或者计划执行不到位，导致家园共育的目标不明确，实施效果不佳。一些家庭和幼儿园可能缺乏必要的资源和支持，如教育材料、培训机会等，这可能限制了家园共育的实施效果。

（三）家园双方在习惯教育上角色失衡

大部分教育者认为自己是专业的行为习惯培养者，跟家长相比在幼儿

的教育方面具有较大优势，行为习惯的教育应当按照自己的想法进行，没有留给家长充足的教育空间，同时也把家长作为幼儿教育的对象。有些幼儿园可能过度依赖家长的参与，而忽视了自身在幼儿教育中的主导作用；相反，有些家长可能过分依赖幼儿园，忽视了自己在孩子教育中的责任。有很多幼儿园需要家长配合在家养成的习惯，一些家长可能因为工作繁忙、缺乏教育知识或其他原因，不能有效地参与到孩子的教育中，导致家园共育的效果不佳。

（四）社会不良风气对幼儿的影响

当今社会环境中依然存在欺凌、暴力等不良行为，会扭曲幼儿的价值观念，幼儿可能会模仿这些行为，导致他们难以区分对错；还有一些社会不良行为习惯可能会对幼儿的情绪和心理健康产生负面影响，使他们感到不安全、焦虑或恐惧，影响他们的自信心和社交能力，导致幼儿出现攻击性、反叛性或其他行为问题，从而养成不良的行为习惯。

二、园家社协同培养幼儿良好习惯的策略

培养幼儿良好行为习惯是通过对幼儿实施养成教育，全面贯彻新《纲要》《指南》，从幼儿外部行为习惯的养成上促进幼儿内部素质的发展，以保证幼儿的身心健康成长，促进每个幼儿全面而富有个性地发展。园家社协同培养幼儿良好行为习惯是一个多方共同努力的过程，以下是一些具体的策略。

首先，家庭和幼儿园之间的合作是关键。家庭应该成为幼儿良好行为习惯培养的重要阵地。家长应为孩子设立明确的规则和标准，并通过自己的良好行为为孩子树立榜样。同时，家长应提供一个和谐、温馨、稳定的家庭环

境，让孩子在爱与尊重中健康成长。幼儿园方面，可以通过定期举办家长会、亲子活动等形式，加强与家长的沟通和合作。此外，幼儿园可以开展相关的教育活动和课程，帮助幼儿理解和践行良好的行为习惯。同时，多创造亲子活动的机会，让家长在多样的亲子活动中看到孩子的能力。幼儿园通过微信公众号、家长宣传栏等方式向家长定期介绍良好行为习惯养成的一些好的做法，给家长支招，帮助家长积累经验。幼儿园的家长学校定期开展家长课堂、家长共读、家长育儿经验沙龙等活动，及时更新教育理念，了解幼儿行为背后的原因，给出针对性的策略和引导方式，达到教育的一致性和连贯性。

其次，社区作为幼儿成长的重要环境，也应积极参与幼儿良好行为习惯的培养。社区可以组织各种形式的公益活动，如环保活动、志愿服务、节日庆祝活动等，让幼儿在实践中学习和体验良好的行为习惯。同时，社区还可以提供相关的教育资源，如图书、讲座等，帮助家长和幼儿园更好地开展行为习惯培养工作。

再次，园家社三方应共同制订幼儿良好行为习惯的培养目标和计划，确保各方在培养过程中保持一致性和连贯性。同时，建立有效的评价和反馈机制，定期对幼儿的行为习惯进行评估，并根据评估结果调整培养策略，确保培养工作的针对性和有效性。

最后，园家社协同培养幼儿良好行为习惯需要长期的坚持和努力。各方应充分认识到行为习惯培养的重要性，并付诸实践。通过不断的探索和创新，形成具有地方特色的园家社协同育人模式，为幼儿的健康成长和全面发展提供有力保障。

总之，园家社协同培养幼儿良好行为习惯是一个系统工程，需要家庭、幼儿园和社区三方共同努力、密切配合。通过制订明确的目标和计划、开展丰富多彩的教育活动、加强沟通和合作以及建立有效的评价和反馈机制等措施，可以有效地促进幼儿良好行为习惯的养成。

第十一章

园家社协同共育下幼儿创造力的培养

儿童创造力是指儿童在思维、想象和表达方面展现出的独特能力。它体现了儿童独立思考、提出新观点和寻找创新解决方案的能力。儿童创造力的特征包括独创性、多样性和灵活性。它不仅是个体发展中的关键组成部分，也是社会进步和创新的重要动力。儿童创造力的表现方式包括在艺术创作、问题解决、角色扮演和想象力等方面的展示。心理学家马斯洛坚信“创造力是每个人生而有之的潜质”。创造力是21世纪儿童必备的核心素养之一，不仅是解决问题和创新的关键能力，还能培养儿童的自信心、独立思考能力和适应变化的能力。儿童创造力的培养和发展对他们的全面成长和未来成功具有重要意义。21世纪是创新的世纪，对创新型人才的需求成为趋势。所以，培养幼儿的创造力势在必行。

第一节　在科学探究中培养幼儿的创造力

《幼儿园指导纲要（试行）》中明确规定：“幼儿的科学教育是科学启蒙教育，重在激发幼儿的认识兴趣和探究欲望；要尽量创造条件让幼儿实际参加探究活动，使他们感受科学探究的过程和方法，体验发现的乐趣。”这就明确了科学教育是以探究为核心的。《3—6岁儿童学习与发展指南》中科学领域部分的阐述，使我们更加清楚了科学教育的价值，即激发幼儿的好奇心和探究兴趣，使幼儿具有初步的科学精神和态度；获得解决问题的方法；获取有关周围事物及其关系的经验。皮亚杰认知发展理论告诉我们：只有主动地与材料互动，才能调动幼儿的积极性，从中体验发现的乐趣，激发探究的欲望。幼儿对自然界的好奇心，或者说他们与生俱来的求知欲是其工作和游戏的重要动力。当幼儿感到好奇，想了解世界时，他们会提出问题、探究事物并会更仔细地观察周围的世界，发展创造力。而当今社会，幼儿探究科学的经历和机会常常受到限制，他们被极大地限制在从电视或电脑游戏中获得的被动的“二手”经验上。幼儿园对科学探究活动的实践与研究也是比较薄弱的，主要表现在幼儿园的科学探究活动重视科学集体活动，忽视幼儿与材料互动过程中的探索与发现；科学活动的内容没有序列；幼儿教师自身科学素养不高，在科学探究方面的经验比较欠缺等。为培养幼儿的科学探究能力，我们基于幼儿的兴趣和年龄特点，不断实践、探索，总结出在幼儿科学探究中培养幼儿创造力的三位一体培养策略。

一、创设科学教育环境，激发幼儿的探究、创造兴趣

环境对幼儿来说具有潜移默化和润物无声的作用，给幼儿创设适宜的科学活动环境，以引发幼儿对科学探究、创新创造的兴趣。

（一）自然的户外科学活动环境

生活在钢筋混凝土筑成的城市里的孩子，对外界自然环境有着强烈的好奇心。我们结合幼儿园实际，规划了绿草地、山坡、种植园、沙水区、饲养区等户外活动区，为幼儿提供了自然、适宜的户外科学活动环境。春天，孩子们趴在草地上看刚刚钻出土的嫩芽，寻找绽放的各色小花，观察排着队运送食物的小蚂蚁；饲养区的兔妈妈生宝宝了，面对红红的肉乎乎的兔宝宝，

孩子们在探寻自己刚生下来的样子，生命教育由此产生；毛茸茸的小鸡宝宝喜欢吃什么？公鸡和母鸡有什么不一样？孩子们在交流和观察中获得直接的认知。种植园里，老师和孩子们共同种植了应季的粮食、蔬菜，让孩子观察、了解它们的生长过程；墙边种植的各种各样的果树，让幼儿近距离地观察到了果实从开花到成熟的过程，在采摘和品尝中，还体验了劳动和分享的快乐。鱼池里可爱的小金鱼、小蝌蚪、小乌龟，让孩子真实地观察到蝌蚪是怎样变成小青蛙的；冬天小乌龟不见了，它们去哪了？还有偶遇的小蜗牛、七星瓢虫、小蚯蚓都成了孩子们探究的对象。沙水区中，幼儿充分感受沙子在指间流动，用小脚感受沙子的细腻柔软，这种直接的体验和感知是非常可贵的。当沙子遇上水，幼儿的游戏又有了N种创新玩法：挖沙开渠、遇水架桥、筑造沙堡、过家家……幼儿在游戏中，以及与同伴的互动中获得了丰富的感性经验。自然环境让孩子的身心与环境相融后，产生了强烈的学习欲望，为幼儿开展科学探究活动提供了有利条件。

（二）专业的科学探究功能室

1. 科学发现室的配备给孩子提供了一个更加丰富多彩的探究环境，丰富的科学探究材料，内容涵盖幼儿科学四大领域，满足了开展“声、光、电、磁、力、水”等主题的探索。通过分组式教学、情景式教学，让幼儿通过自身的感知和操作，探索周围世界的奥秘，发展幼儿的好奇心，激发幼儿对科学探究和创造的兴趣。

2. 乐高“做中学”活动室的创建，让幼儿通过操作乐高玩具，置身于充满趣味性、游戏性的活动中，主动去探究、创造出各种新奇的作品。幼儿在做中学，在玩中学会创造，初步尝试排序、判断、推理，逐步发展逻辑思维能力、创新创造能力，为其他领域的深入学习奠定基础。

3. 楼顶的十个小城堡中投放了丰富的探究材料，形成了“空气、磁力、光影、机械、身体”等十个专题科技探究馆，每一个探究馆都给幼儿提供了专题探究的条件，有利于幼儿对某一主题的深度探究，获得更多探究体验。

（三） 多元的科学墙面环境

在教学楼大厅两侧分别创设了乐高墙和百变插孔洞洞墙，各种管道、钉扣、螺丝，让幼儿在开放的环境中动手动脑，发展了幼儿的手眼协调能力、沟通协作能力、思维创造能力等。走廊墙壁上镶嵌了30多块科学探究墙面操作玩具，涵盖了生命科学、声光电、镜子、人体系统、日月星辰等多个方面的内容，让幼儿经过走廊时随时探索，构建基础性的科学知识，也让家长们参与到科学探究活动中。

（四） 丰富的班级科学活动区域

各班级根据幼儿的兴趣、认知水平和思维特征设置科学活动区域，结合探究主题和内容需求添置丰富的可操作材料，如生命科学类，根据季节变化，春天我们投放了小蝌蚪卵、一龄蚕宝宝等，让幼儿通过每天的观察、喂养，记录和发现青蛙、蚕的生长过程；秋天种小麦，冬天种大蒜、菠菜等，了解土培、水培的不同，见证植物的生长。运动科学类中各种各样的磁铁、物体的沉浮、斜坡等材料的投放让幼儿在操作尝试中发现不同材质的表面上，物体的运动会有所不同，通过实验、记录等，发现影响物体运动的多种因素。还有沙、石、水、土、树叶、石头等自然科学类材料，让幼儿在观察、摆弄、比较的过程中，发现自然物的千变万化，感受自然物的多彩与神奇。不同班级、不同层次的材料投放，融合主题教学、生活活动内容，给幼儿提供了无限的探究空间。

二、建构园本科学课程，鼓励幼儿自主探究

（一）梳理探究活动内容，形成游戏化课程体系

在《指南》精神的引领下，充分利用幼儿园的科学资源，把科学探究融入幼儿的一日生活，融入幼儿园的课程体系，引导幼儿在探究的过程中，学会发现问题、分析问题、解决问题，培养幼儿的创新思维。结合幼儿身心发展规律、季节特点，初步形成了每月一个探究主题的课程架构。上学期为“我们的身体”“空气的秘密”“探秘光影”“神奇的电”，下学期为“走近动植物”“有趣的磁铁”“奇妙的声音”“好玩的水”共八个大主题，每个大主题又分为集体活动、区域活动、户外活动、家园活动四个部分，根据幼儿年龄特点确定探究的具体内容，设计开展活动。比如“有趣的磁铁”主题，小班为《磁铁找朋友》，开展磁铁钓鱼、摘果子等游戏，让幼儿对磁铁感兴趣，初步了解磁铁吸铁的性质。中班为《魔法磁铁》，开展有趣的磁力玩具、会跳舞的小人等游戏，让幼儿在了解磁铁性质的基础上，知道磁铁在生活中的运用。大班为《探秘磁悬浮》，在中小班了解了磁铁的性质和应用之后，开展怎样让磁铁悬浮在空中、磁铁发明大比拼等活动，让幼儿了解磁铁在高科技中的运用，培养幼儿的创新意识。家园活动中，引导家长通过实验、网上搜索、查阅资料等方式去解决幼儿关于磁铁方面的问题，拓展幼儿对磁铁的认识。

每个主题在开展之前，教师和幼儿都会一起梳理：关于这个主题内容，你知道什么？还想知道什么？教师根据幼儿需求进行教研，投放适宜的材料，做好相关准备，鼓励幼儿参与探究。比如“走近动植物”主题，从幼儿生活中常见的动植物入手，根据各年龄段幼儿不同的认知和需求，结合幼儿的兴

趣和季节特征，确定探究的内容：小班小朋友种植碗莲，每天进行换水、观察，和好朋友说一说并记录下碗莲的变化等；中班小朋友开展了孵蛋行动、蝌蚪宝宝和我一起成长、种大蒜等主题活动；大班幼儿开展了养蚕、水培植物有哪些等活动。在探究过程中，小朋友们亲身参与了动植物的成长，在照顾动植物的过程中，激发了幼儿对生命的尊重和珍惜。

（二）提供操作材料，鼓励自主探究

材料是幼儿探索和学习的中介、桥梁，幼儿就是在与材料的相互作用中探究世界的。幼儿园要为幼儿提供丰富的可操作的科学探究材料，保证每个幼儿都能运用多种感官、多种方式进行探究。在观察幼儿科学探究活动中，教师对于材料的提供也会进行教研，以便更有利于科学探究的深入开展。对比户外自主游戏和室内区域的活动材料，教师发现越是低结构的材料，越能激发幼儿持续的探究欲望。同时教师也去征集幼儿的意见，在反思交流环节，启发幼儿思考：投入哪些材料能让探究更有趣？孩子们将自己需要的材料画下来，教师帮助进行汇总。同时，教师鼓励幼儿把其他区角想用的材料共同使用。幼儿在自主探究过程中，能够自主地将这些低结构材料和高结构材料有效结合，玩法越来越丰富，持续探究的时间越来越长，也有了不一样的发现。

每一个活动教师都会设置情境，形成鼓励孩子探究的氛围，鼓励孩子们大胆地猜想和假设，并进行记录。最重要的是鼓励孩子操作验证，尝试动手解决问题。给孩子足够的时间，让孩子带着疑问，按自己的想法去选择材料做实验，验证自己的想法和假设是否正确，放手让孩子大胆地动手做。尽可能地为孩子间的交流创造条件，让每个孩子都能在集体面前汇报自己的实验

过程，鼓励有不同看法的孩子大胆提出质疑，把自己的观点提出来与大家一起分享讨论，我们教师再结合孩子的观点，把一些孩子能够理解和接受的科学概念进行简单的概括和小结，并将孩子提出的疑问和问题记录下来，作为下一次实验要探究的问题，提高幼儿敢于质疑、合作、讨论、记录等能力，同时也让幼儿体验到主动学习，获得成功的快乐。在贴近幼儿生活的系列科学活动中，贯穿了“孩子在前、教师在后”的理念，孩子们在动手操作、亲身体验中感知大自然的无穷奥妙，进一步引发了孩子的好奇心和探究欲，真正实现了变“要我学”为“我要学”。

三、提升教师科学素养，促进幼儿全面发展

幼儿教师的科学素养，直接影响到幼儿科学启蒙教育的质量。因此，提升教师的科学素养，是保障幼儿科学启蒙教育质量的必然要求。幼儿教师不仅要有正确的科学价值观，还应具备一定范围的科学知识以及对常见事物、现象的深层次的认识。在实践中，我们主要从教师培训、专家引领、自主学习、园本教研等渠道有效地促进幼儿教师科学素养的提升。

（一）加强教师培训

根据个人兴趣和承担的研究任务组建科学小组，进行不同领域的科学主题教学研究，编写教育活动案例，形成科学的课程架构，并对全体教师进行有针对性的科学主题教学培训活动。同时，组织教师开展科学主题教学活动展示、科学探究活动案例研讨等，切实提高教师的科学教育理论，并将理论运用于活动实践的能力；开展科学探究活动的专题研讨教研活动，分析教学方法，加强教师对科学探究核心概念的理解和运用；鼓励教师发现幼儿探究

的兴趣点，并追随幼儿的兴趣点，积极引导幼儿开展科学探究活动；定期组织教师开展科技小制作培训活动，在作品交流活动中深化教师对科学现象的认识。通过以上形式多样的培训活动，让教师在自我反思和学习交流中提高科学认识和实践能力。

（二） 邀请专家引领

与相关高校形成科学教研共同体，邀请科学教育领域的专家及研究员走进幼儿园，为教师和家长进行科学专题报告、科学制作培训、科学教学观摩和案例研讨等，对幼儿教师从活动设计到活动开展进行多层次、全方位的培训、分析与指导，在实践中帮助教师解决教育困惑，提高科学活动设计与科学主题探究活动的组织技巧，帮助教师树立全新的科学教育理念。

（三） 注重自主学习

针对幼儿教师科学知识不均衡、科学教育能力欠缺等问题，我们鼓励教师有计划地进行自主科学阅读，借助科普读物、科学故事、科学文章、科学绘本、科学童话等，围绕自然科学、生态环境、科学技术、人体科学等方面进行有针对性的广泛阅读，了解幼儿学习所涉及的科学知识的广度和深度，帮助教师积累丰富的科学知识，为实施幼儿科学教育奠定基础。同时，引导教师运用现代媒体，提高有效利用和整合各类信息素材，并运用于幼儿科学教育活动中的能力。

（四） 夯实园本教研

通过园本教研活动，组织教师定期开展“做中学”科学教育探讨会、业务练兵等活动，通过活动前钻研、活动中探究、活动后总结的方法促进教师的专业能力提升。针对观察幼儿在探究过程中遇到的困惑，鼓励教师开展科学教育的行动研究，如，幼儿对探究材料不感兴趣怎么办？如何才能让幼儿的探究更深入？幼儿如何记录他的探究过程？通过一系列问题式教研，教师各抒己见，总结提升，获得第一手材料。通过撰写幼儿科学探究学习故事，让教师在教学实践中发现问题、分析问题和解决问题，提高教师的观察能力、分析识别能力以及理论运用于实践的能力。

总之，在科学技术高速发展的今天，幼儿科学探究能力、创造能力的培养更显重要。探究是幼儿学习科学知识的必要途径，教师要创设宽松的探索环境，支持和鼓励幼儿的探索兴趣，全面调动幼儿参与科学探究的积极性，促使幼儿在多元化的探究活动中培养创新思维，强化情感体验，形成受益终身的学习态度和能力。

第二节　在自主游戏中注重培养幼儿的创造力

3—6 岁是幼儿想象力、创造力发展的黄金期。创造力不仅关系到幼儿个体的创新能力和问题解决能力，还影响着其终身学习的能力。自主游戏作为幼儿园教育中的一种重要活动形式，其与幼儿创造力发展的关系受到了教育工作者和研究者的广泛关注。作为教师，要正确把握自主游戏与幼儿创造力的本质，才能在自主游戏中更好地培养幼儿的创造力。

一、自主游戏的概念及特征

（一）自主游戏的含义

游戏是幼儿生活的一部分，贯穿着幼儿的整个童年。幼儿在游戏中乐此不疲地探索着大人的世界，在游戏中学习和发展，在一定意义上形成了属于自己的“社会”。自主游戏作为幼儿教育中一种独特的活动形式，是指幼儿在一定的游戏环境中，在没有成人指导的情况下，根据自己的兴趣和需要，以快乐和满足为目的，自由选择玩伴、玩具以及游戏的进程、制定游戏规则，根据自己的兴趣去探索和尝试新事物的活动过程。自主游戏更加强调游戏环境中幼儿的自主性，将游戏的主动权交给幼儿，体现幼儿的意愿，满足其内心需求。

（二）自主游戏的特征

1. 计划的生成性。在自主游戏中，幼儿依据自己的兴趣需要自由地选择和开展游戏。自主游戏的开展是建立在幼儿游戏中产生的需要和出现的问题上，经过反思、整合，从而及时生成下一次游戏的计划，不是教师个人独立设计的。生成性的游戏计划不仅能够充分满足幼儿的需求，而且可以指导教师更加科学地介入，也能避免游戏开展的随意性。

2. 环境的多样性。游戏是幼儿的天性，而幼儿之间具有个体差异性，不同的幼儿有不同的游戏需求。幼儿有权利选择想玩的游戏类型，有权利选择自己的玩伴、材料和玩法等。同时幼儿在自主游戏中进行的游戏，往往会经过一个从简单到复杂的过程，需要丰富多样的游戏环境进行支持。所以，自主游戏的环境应充分考虑幼儿的个体差异，创建多样化的游戏环境。

3. 过程的低控性。自主游戏的意义就在于幼儿的自主性。教师应做到管住手、管住嘴、睁大眼、竖起耳，真正做到“放手”，将主动权交给幼儿。但这并不意味着撒手不管，教师合适的参与、介入是必要的，有利于激发幼儿思考，培养幼儿的自主性、创造力。

4. 内容的自主性。自主游戏是基于幼儿的兴趣和需要展开的，可以自由地选择、开展和交流，幼儿可以随意支配游戏。成人除了为幼儿准备必要的条件、以幼儿认可的角色参与游戏外，其他任何不考虑幼儿游戏的控制都只能破坏幼儿游戏。

二、自主游戏与幼儿创造力的关系

（一）自主游戏是幼儿创造力发展的有效平台

幼儿的创造力是不自觉的，是在生活中自然而然产生的一种能力。比如，幼儿常常产生很多问题：我从哪里来？小狗为什么叫小狗？人为什么会老？诸如此类很多稀奇古怪又值得深思的问题。这是因为幼儿在接触到的环境中所获得的经验是一个复杂的结构：一种是稳定的心理结构，另一种是发展的心理结构，两者相互作用，导致幼儿产生大量的问题。而自主游戏是以“自由”为前提的活动过程，为幼儿提供了充足的自由空间，将看到、听到的事物投影到抽象的游戏中，在游戏中表达自己的想法，充分满足内心的需求，为幼儿创造力的展现提供很好的平台。

（二）幼儿创造力水平与自主游戏的水平成正比

在自主游戏中，幼儿的自主性、创造力、想象力、语言、动手能力等各方面都能得到发展，所以，幼儿的游戏水平会得到提高，为了满足游戏的体验，游戏环境也会变复杂。例如，中班幼儿在沙池游戏中，起初幼儿会用提供的模型材料做房子、池塘、大桥等。但经过一段时间教师会发现，幼儿的作品越来越复杂，需要的材料越来越丰富。房子变成了带花园的城堡，大桥由地面变成架空的，还会结合娃娃家玩角色游戏。这一过程不断地展现了幼儿的创造力，在已有的经验上，渴望获得更多的游戏体验。幼儿通过探索、同伴合作交流、游戏资源共享，游戏的复杂性不断提高，所以幼儿创造力越高，自主游戏的水平也相应提高。

三、在自主游戏中培养幼儿创造力的策略

（一）树立正确的观念

教师要树立正确的教育观、儿童观，相信幼儿是有能力、有自信的学习者。自主游戏本身就是幼儿依据自己的意愿自由支配和选择的游戏。但这并不意味着不用教师的参与，而是幼儿相对自由，教师既是环境的支持者，又是过程的引导者，要找准在游戏中的定位，协调好教师与幼儿的关系。教师应学会“放手”，幼儿才是游戏的主体，让幼儿自己探索和创造，不能将自己的主观情感强加给幼儿，教师应该保持一颗童心，学会用欣赏的眼光看待幼儿的想法。教师应充分尊重幼儿的意愿，做懂幼儿的教师，创建一个自由平等开放的游戏环境。比如，游戏过程中幼儿遇到问题时，教师不能直接上前帮助和盲目地介入，而是需要细心地观察幼儿是否有能力独立解决，是否需要帮助。

（二）合理地组织、观察和介入

首先，自主游戏能积极有序地开展离不开教师的有效组织和指导。自主游戏是一个快乐、放松的活动过程，教师在制定游戏时应尊重幼儿的意愿，让幼儿参与到游戏的制定中，成为游戏规则的制定者，而不仅仅是游戏的享受者。教师应积极调动幼儿参与的兴趣，尊重幼儿的主动权；在时间和空间安排上，应该根据本班情况合理组织和调整，教师与教师之间也应积极交流

研讨。幼儿园的户外活动面积是有限的，科学规划本园各班户外自主游戏的时间与空间，避免因空间布局限制幼儿的游戏活动。自主游戏的时间不能过短，但也不能过长，应该根据本班幼儿游戏进展的状态决定。时间过短便不能满足幼儿对游戏的需求，游戏刚进入状态就结束了，最短也不应低于 30 分钟。时间过长则会导致幼儿的注意力分散，出现秩序混乱。在实践中我们总结出，如果没有特殊情况，幼儿每天自主游戏的时间为 1 小时，并且要保证幼儿在一个游戏区内活动一个月的时间。

其次，深入观察与适时介入有利于提高幼儿游戏水平。观察与介入是协调统一的。自主游戏时怎么观察，观察什么才能培养本班幼儿创造力的发展，教师要做到“心中有数”，要“眼观六路，耳听八方”，既要看到幼儿游戏的状态，又要细心倾听幼儿之间的对话；在介入游戏时，教师要注重语言的艺术，要多用启发式的语言或发散式的提问。比如，几个幼儿在娃娃家中一直在重复烧饭的游戏，这时教师可以适当提问：“宝宝怎么哭了?”这时幼儿可能会回答“宝宝饿了”“宝宝要睡觉了”等，这样的提问没有固定的答案，但可以适当地推进游戏进程，发散幼儿的思维。同时也能让教师更全面地观察、了解幼儿，从而进一步给予更深层次的引导，在不干涉幼儿想法的同时，培养幼儿的创造力。

（三）及时提供操作自主性高的游戏材料

游戏材料是游戏开展的物质基础。当观察到幼儿需要某种材料时，教师应及时投放，要尽可能丰富材料的多样性，通过多样的材料刺激幼儿各方面的发展；还要多投放半成品的材料，少用成品类的材料。幼儿只能从成品材料中简单地模仿，不能从中受到启发，难以在已有的材料上玩出新花样。教师应该投放自主性高的材料，真正地做到让幼儿自己动手制作，体验不一样的快乐。

（四）通过游戏评价培养幼儿的创造力

游戏结束时，对游戏过程的评价是值得重视的。教师与幼儿一同讨论交流，帮助幼儿主动回忆游戏的场景，将观察到的问题抛给幼儿，积极调动全班的智慧，有利于幼儿经验的积累，调动幼儿思考问题的积极性。教师应调动幼儿自己对游戏的评价，促使幼儿之间思想的交流和经验的分享，有助于发散幼儿的思维，培养幼儿的创造力。教师在评价中应以鼓励为主，多关注幼儿自主游戏中创造性的表现，多鼓励游戏中性格内向的幼儿，性格内向的幼儿不善于表达，但他们的内心世界和想象力往往非常丰富。教师应关注细节，因材施教。

总之，幼儿的创造力是需要保护的，自主游戏为幼儿提供了施展创造力的空间。作为幼儿教师，更应该着眼于细节，尊重幼儿的想法，学会用幼儿的眼光欣赏幼儿，做懂幼儿的教师，让创造力成为幼儿生活的一部分。

四、游戏案例：房子搭建遇上“碍”

（一）活动背景

我们户外自主游戏活动区域来到积木建构区，通过第一天户外活动的自主探究，我发现我们班的好多孩子到建构区最喜欢搭的就是房子。通过观察、沟通和倾听，我发现他们建的都是各种各样不同的房子。看到小朋友对房子搭建的这种热衷和热情劲儿，基于孩子们的兴趣点和需求点，我们开展了房子的搭建故事。

（二）活动过程

第一阶段：建什么样的房子？怎样建房子？

游戏之前，每个孩子都有自己的想法，大家七嘴八舌地说着自己心目中的房子，于是孩子们开始设计自己心目中房子的图纸，该怎么搭建，和谁一起，用什么材料，用什么方法搭建等，孩子们把自己的想法画了出来，很快图纸便设计好了。

高沐沐：我要搭建一座城堡，上面带尖尖的那种，很漂亮。

马语晨：我要搭建一个我自己的家，我家住在小区里。

巩雨桐：我也要搭高高的房子，小朋友们可以一起来玩。

分析与支持：

孩子们根据自己的想法，对心中的房子进行了设计，从孩子们的设计图中可以看出它们对房子的外形、性能有了更多的想象与创造，让我们直观地看到了生活经验和知识积累的结果，而且对于自己设计的房子，孩子们会兴趣更为浓厚地主动与他人分享。

第二阶段：初次搭建

户外活动开始了，孩子们迫不及待地来到搭建区。

高沐沐：“巩雨桐，我们一起来搭建一个漂亮的城堡吧！”

巩雨桐：“好呀，我们要拿什么样的积木?”

高沐沐：“就那样粗粗的就行，走，你跟我来。”

她俩从积木柜里拿来了圆柱，开始搭建城堡的地基。

我当时就在想她这是要搭什么?不是说搭城堡吗?怎么没有留门呢?我带着疑惑继续观察，很好奇她们的城堡会搭成什么样。

随着搭建的继续，季海晨也参与了进来，巩雨桐拿来了好多材料，帮着高沐沐一起搭，突然巩雨桐看看里面，又看看下面，好像说了一句：“这太高了，怎么进去?”这时候高沐沐才发现城堡没有门。发现没有门之后，她就跑到我面前说：“老师，这样行吧，可不可以你把我抱进里面玩?”我说可以。她们就开开心心地继续搭建了。

但是最后，她并没有请我来把她抱进去玩，而是搭到一定高度，发现他们改变了策略，竟然又在边上搭建了一个滑梯，下面还给堵上，防止滑下来的物体跑得太远，这块长木板是季海晨搭上去的，在此过程中他们并没怎么商量，就随着自己的意愿和想法搭建。

一开始季海晨放上长木板之后，就拿一个小圆积木让它滚下来，发现跑得很远，他就开始去拿积木块堵在后面。高沐沐也跟着拿来小圆积木让它在上面滚下来，因为积木会往两边跑，她还在两边也加上了围栏。

最后分享的时候，她也把城堡抛之脑后了，说是楼上高高的滑梯。

分析与支持：

在刚刚的搭建过程中，高沐沐搭建的相对较多，后来季海晨也参与了进来，但是高沐沐觉得别人那样搭容易倒，而且基于她之前有过搭高的经验，大概知道中间需要留缝隙来节省材料和搭建的时间，三个人配合得非常默契。巩雨桐小朋友善于发现问题，发现了他们搭建的城堡没有门，没有办法进去，高沐沐这才意识到搭建的城堡没有门，但是她并没有表现出失落或者沮丧，而是很迅速地想到了请求老师的帮助，具有独立思考的品质，这点是有些孩子需要学习的地方。包括到最后，搭建出来的并不是一开始他们计划中的城堡，而是另外一个作品，但是他们也是心满意足的，感受到了游戏过程带给他们的想象和喜悦之情。

我的思考：

引导幼儿多观察日常生活中各种各样房子的外形特点、基本结构，增加他们的生活经验。对于作为旁观者的幼儿，观察他们的情绪，如果他们乐在其中，我们只需静观其变即可。

第三阶段：第二次搭建

在第一次搭建回来分享的时候，高沐沐并没有提到自己搭的是城堡，她说是个游乐场的大滑梯，小朋友看到后也非常喜欢，因为这是第一次在搭建过程中出现圆形的高高的东西，之前有过高的是方形的房子。然后老师引导她说出了自己搭建的

技巧，以及如何才能搭出高高的东西。在第二次搭建的时候，她又想要去搭城堡。

来到积木区，她就跟巩雨桐一起去取来了积木，因为上次出现的问题，这一次她早早地就把门预留出来了，但是这次她们搭建的城堡并没有第一次那么高，也许是因为想要快速建成城堡，他们早早地就把门给做好了，后面也给加了装饰，没有再继续搭高，就进行了角色扮演的游戏，来来回回地从门口要么蹲着要么爬着进去玩。

分析与支持：

虽然这次搭建的高度不如第一次那样高，但是他们有了经验的提升，出现了房子的基本结构。虽然搭建的城堡空间也不大，只能容下一个人，进去城堡都要小心翼翼地蹲着或者爬着才能进去，但是这丝毫不影响他们享受游戏的快乐，因为这次他们搭建成功了，这种成功给孩子们带来了满满的成就感，他们沉浸在自己的成果中，享受着游戏的乐趣。

我的思考：

对于出现的问题，比如进出不方便、空间不够大等，引导幼儿分享共同讨论，找到解决办法。在搭建过程中，哪怕教师发现了还有改进的地方，只要孩子享受于过程而且游戏还在愉快地持续进行，教师就不要打断，可以先记下来，分享时可引导幼儿共同观察，提出问题，共同讨论，同时对孩子喜欢的游戏给予支持和鼓励。关注孩子的游戏，而不是教师想要的游戏。

第四阶段：第三次搭建

有了前两次的游戏经验和分享，这次他们的搭建显得更得心应手。

在游戏前问到小朋友的计划时，巩雨桐提到还想要搭建上次她们的小城堡，徐语泽、李彤鑫和杨翊萌也说想要搭建，她们就一起参与了进来。

地基是巩雨桐和徐语泽两个人完成的，一开始徐语泽不知道怎么摆，她看着巩雨桐怎么摆，她就顺着摆，后来，徐语泽就拿来了木板，巩雨桐拿来了木块。

徐语泽说："这个木板好放，用这个。"说着徐语泽就把木板放了上去，边修整着下面的支撑木块，保证木板能放上去，巩雨桐也没有说话，就看着徐语泽在那里搭建。后来马语晨也加入了进来，搭着搭着，她们想要的木块和圆柱这些材料都没有了，徐语泽就去拿来薄一点的木块来代替继续搭建，最后巩雨桐根据上次的经验装上了门，还在门上面做了造型。这时候马雨晨和徐语泽在下面给城堡装饰院子，其实原来地上的那条木板线是为了阻止小班的幼儿骑车进去积木区做的分界线，现在被她们改造成了城堡的院子。

分析与支持：

这次搭建，幼儿在材料的组合上比上一次更简洁，把木块换成了长块木板，不仅省去了来回拿材料的时间，提高了搭建效率，还增加了房子的内部空间，由原来只能进去一个人，到现在可以进去两三个人了，而且搭建得更高了，原来都要蹲着或者爬着才能进去，现在弯弯腰就可以轻松地进去了。

从这次的观察中，我发现每位小朋友的搭建经验是不一样的，多种经验组合在一起可能就会出现更好的搭建方法，比如这次的长木板就是徐语泽的搭建经验，而巩雨桐小朋友也表现出了她较强的幼儿交往能力，在徐语泽提出用长木板的时候，巩雨桐并没有反对，反而愿意接受新的尝试。后来在分享环节，我问到徐语泽为什么要用长木板，不用木块，她说因为那太多了，长木板一下就能盖住很多。而且她们能够随地取材，融合到自己的搭建场景之中。

我的反思：

从幼儿一次次的搭建中，我明显地看出了小朋友游戏水平的进步，不仅仅是这几位小朋友，在分享的时候，通过后期的图片对比，我发现班级里其他孩子的游戏水平也有了进一步的提升，通过高水平游戏的幼儿无形中带动低水平幼儿游戏水平的提高。我认为最重要的就是他们的兴趣所在，他们愿意搭建，愿意遇到问题去想办法，愿意听取同伴的建议，从每一次的分享中获得经验，同时他们也会在实际的搭建过程中找出新的经验来，所以作为老师我们在不该介入的时候不能随意介入，要保护好孩子对游戏的兴趣、游戏的好奇心以及游戏的遐想性，充分地尊重幼儿、相信幼儿，用发展的眼光观察幼儿。这样孩子们才能真正在游戏的过程中收获实际经验，享受游戏带来的乐趣，不知不觉中提高了自身的游戏水平。

在这个建构游戏中，幼儿的创造力、想象力、合作交往能力以及发现问题后与同伴共同商量策略解决问题的能力都得到了很大提高。

第三节　创意美术活动中培养幼儿创造力的策略

幼儿创造力的培养在幼儿园创意美术活动中具有十分重要的意义，如何引导幼儿以独特的方式创造性地表达他们眼中的世界、运用有效的方法鼓励幼儿大胆想象、提升幼儿的创造能力是当前幼儿美术教育的核心问题。

一、创意美术的特点

幼儿园的创意美术按照幼儿自己的想象力尽情发挥，通过多种形式无限延展创造思维，在画、贴、折纸等相结合的创意过程中培养幼儿的发散思维、想象力和创造力。创意美术更强调美术形式和绘画的象征意义，提倡幼儿任意发挥，可以激发他们的绘画潜能，启迪幼儿的美术思维，是一种积极有效的教学方式。

二、幼儿园创意美术活动中培养幼儿创造力的具体做法

幼儿园的孩子正处于创造力萌芽和发展的时期，身为幼教工作者，我们应

该为幼儿打开创造的大门，培养他们探索发现的积极性，挖掘他们的创造潜能，让他们在广阔自由的天地里进行创造，使他们的创造力从无到有，从而愉快地在创作中体验创造的乐趣。因此，我在日常教学中，一直注重发挥创意美术教学的作用，以此培养幼儿的创造力，采取的具体做法包括以下几点。

（一）给予幼儿一定的线索启迪

线索启迪是开展创意美术活动的重要手段之一。人的创造活动是从观察开始的，观察是创造活动的源泉，认真仔细地观察，可以帮助幼儿获得大量丰富的感性材料。幼儿园的孩子以具体形象思维为主，同时也有着一定的探索欲望，教师可以在创意美术活动中给予幼儿一定的线索，鼓励他们多听、多看、多接触、多尝试，启发幼儿，促使他们展开想象的翅膀，主动投入创意美术创作中。比如在引导幼儿参加泥工活动《动物联欢会》时，为了激发他们的活动兴趣，我在活动中为他们展示了动物的不同形态，并启发他们进行思考：你们看看这个动物的整体形态是怎样的？身体像什么？腿是粗的还是细的？耳朵是圆形的，扇形的还是三角形的？同时，在与幼儿分析形象的过程中，我还会利用儿歌或者谜语让幼儿进一步把握它们的形象特征。如，在分析小兔的形象时可以念儿歌“小白兔，白又白，红红的眼睛长耳朵”，幼儿根据儿歌内容，比较容易掌握小兔的特征，制作时就会将彩泥搓成长条压扁当作耳朵，眼睛会选用红色的彩泥……

另外，创造力的培养离不开手脑并用，当孩子们产生了创作欲望之后，就会迫不及待地去尝试。幼儿园美术活动中，在幼儿亲自动手操作前，教师要交代清楚操作的要求，帮助幼儿明白先要构思创作的主题，还要帮助幼儿了解操作工具材料的使用方法，必要时提供示范引导。如在折纸活动《蜗牛的一家》中，我是这样引导幼儿构思的："你的蜗牛是怎么折的?""在折大蜗牛和小蜗牛时它们有什么不一样?"……再如，在粘贴活动中，幼儿对工具和材料的运用不是很熟悉，我会提醒幼儿："桌上有胶水和抹布，想一想抹布有什么作用?"以此帮助幼儿进一步熟悉工具和材料的使用方法和注意事项。在具体教学情境中，我们教师如果能给幼儿提供合适的线索启迪，会大大调动幼儿的活动兴趣。

（二）创设有趣的游戏情境

幼儿的年龄特点决定了他们在认识和表达事物时会受到情绪情感的影响。而且，他们注意的稳定性比较差，所以，他们更喜欢动手操作类的活动。我们教师应该巧妙地引入具有可操作性的游戏，渗透美术知识与技能，使幼儿在愉悦的氛围中投入美术活动中，这样才能促使他们把自己的想象和创造表现结合起来，逐渐形成美术核心素养。比如，在美术活动《美丽的泡泡》时，我先带幼儿到户外操场上一起吹泡泡，并引导幼儿观察泡泡的颜色、大小和形状。当幼儿对泡泡有了一定的认知，并产生了浓厚的兴趣时，回到活动室，他们便兴致勃勃地在纸上画出了各种各样、大大小小、高高低低、色彩斑斓的泡泡，并唱起了有关泡泡的儿歌。

现代教学媒体的引进，又为我们的教学注入了活力，在组织美术活动时，我常会采用多媒体教学。如在美术活动《雨中的森林》里，我让孩子们闭上眼睛聆听雨滴的声音，然后通过语言引导幼儿想象雨中森林的景象，最后播放小动物们在雨中躲雨和玩水的视频，将幼儿引入一定的情境中去，孩子们一下子沸腾了，你一言、我一语，随后的创作，孩子们天马行空、尽情发挥，创作热情空前高涨，教学效果非常明显。

（三）提高投放材料的有效性

创意美术活动的类型是丰富多彩的，教师要善于针对不同的活动类型投放合适的材料，提升材料投放的有效性，比如在开展纸工活动（主要包括撕纸、团纸、粘贴等）时，教师可以为幼儿提供较易操作的废报纸、皱纹纸、蜡光纸、挂历纸等，也可以提供各种豆类、蛋壳、果壳、毛线等材料，以及固体胶、胶水、糨糊等用于粘贴。开展立体塑造活动时，教师可以提供牙膏盒、纸杯、各种瓶子、固体胶、透明胶、双面胶、乳胶等材料，让幼儿利用它们制作立体的造型，如瓶子娃娃、小汽车、楼房、菊花灯等。我在日常教学过程中，经常有意识地为幼儿投放各种各样的创意美术材料，鉴于当前的绿色环保意识已经深入人心，所以，我经常为幼儿投放一些日常生活中的废旧材料，鼓励幼儿运用这些废旧材料进行一些美术活动，比如蛋壳、毛线、旧裤子等。记得有一次，我在美术区为幼儿投放了一些毛线和皱纸、饮料瓶盖等，鼓励幼儿运用这些材料做一幅关于妈妈的画像。孩子们开动脑筋，展开了丰富的想象力，有的孩子用这些毛线做成了妈妈的头发，将皱纹纸揉成一团做妈妈的鼻子，然后他们拿出水彩笔勾勒出妈妈的脸庞，每个孩子都开动脑筋进行创作，他们不亦乐乎地发挥自己的想象力，最后做出的作品非常有灵气，我都给予了积极肯定。

求异、好奇是幼儿的一个重要特点，一成不变的绘画材料很容易使幼儿感到枯燥乏味，从而失去探究兴趣，因此，我在创意美术活动中还会根据季节不同投放合适的材料，比如，10 月份，我们大班开展了《叶子一家人》的创意美术活动。教师和幼儿一起搜集了大量的秋天的落叶，有像小扇子形状的银杏叶，有红红的枫叶，有细细的柳树叶，有大大的法桐叶，还有紫叶李、冬青、小黄杨的叶子。教师和幼儿一起观察叶子的纹理和形状，比较叶子的大小、颜色，对树叶有了丰富的感知经验。教师又带幼儿一起用报纸和书籍将自己喜欢的树叶压平，并为幼儿提供了纸张、剪刀和各色水分颜料，幼儿通过拓印、绘画等方式表现树叶一家人。在这个过程中认识三原色并运用三原色调出了自己想要的颜色。

总之，幼儿正处于创造力萌发和发展的初期，需要幼教工作者帮助他们打开创造的大门，幼儿园创意美术对于培养幼儿的想象力、创造力是大有裨益的，我们要给幼儿创造自由发挥的空间，并辅之以适当的指导，使幼儿学会表达自己，感受色彩世界的美妙，并为日后发展奠基。希望我们每一个幼教工作者都能用心去捕捉生活中的美，从幼儿发展的角度去看问题，用智慧把普通的东西变成美的艺术品，这样才可以让幼儿在属于自己的空间里自由地去想象、大胆地去创造。

第四节　在表演游戏中培养幼儿的创新能力

表演游戏是通过表演来创造性地再现文学作品，所以也是一种创造性游戏。表演游戏的童话或故事等文学作品对幼儿具有很大的吸引力，当他们听过童话或故事后，不管是性格活跃还是性格文静的幼儿，都愿意扮演故事中的各种角色进行游戏活动，通过积极、欢快、富有创造性的表演游戏，再现文学作品，表达自己对童话或故事的情感和感受。表演游戏对培养幼儿欣赏美、表现美和创造美的能力是十分有益的。

一、表演游戏对幼儿创新能力的影响

（一）表演游戏能促进幼儿语言的发展

表演游戏对幼儿的语言发展有重要的作用。文艺作品中生动、优美的语言，特别能吸引幼儿，幼儿在表演过程中，熟记作品中的语言，掌握正确的语音，富有创造性地表现符合角色性格特征的语调和表情等都有利于提高幼儿的语言表达能力。作品生动优美的语言，特别能吸引幼儿模仿，幼儿要参加表演游戏，在记住作品中语言的同时，还在与同伴的模仿、运用、交流的过程中不断提高口语表达能力。故事表演中生动的多样化情境为幼儿积累丰富的语言运用经验提供了可能。由于扮演角色的需要，幼儿必须自觉地、积极地、有目的地去追忆事件的情节，这就发展了幼儿的有意记忆。

（二）表演游戏能促进幼儿想象力和创造性思维的发展

幼儿表演游戏是一种创造性活动，在表演过程中幼儿会充分发挥他们的想象。想象发挥得越充分、丰富，表演就越逼真、生动，幼儿的思维越发散越灵活。在游戏中，幼儿还凭着自己对作品的理解，在表演中对作品的一些内容、情节和对话进行修改，创造性地刻画出角色的性格，这一切能充分发挥幼儿的想象力和创造力。另外，在乐曲中也能开发幼儿的想象力和创造力。随着乐曲的播放，幼儿接收到信号，在可表演、可舞蹈的同时，幼儿形态动作按音乐有规律地流动，随情感特征而变化，情节发展加以开展。

二、在表演游戏中培养幼儿的创新能力

（一）抓住契机，启发幼儿创新意识

心理学家认为：3—6 岁的幼儿面对五彩缤纷的世界，觉得一切都是那么

的新奇与神秘。这个时期孩子的好奇心开始萌发，想弄懂一切问题，无数的“为什么”就挂在了他的嘴边。正是这种好奇心唤起了孩子的创新意识，抓住表演游戏中孩子的好奇心和问题，这就是一个培养孩子创新意识的好契机。如在表演故事《萝卜回来了》的时候，小朋友 A 突然大声问道：“老师，小猴的好朋友不一定是小兔吧，它肯定还有其他好朋友，它也有可能把萝卜送给其他好朋友了。”这个问题一提，教室里就像炸开了锅，每个幼儿都有自己的想法了。爱因斯坦曾说：“想象力比知识更重要。”于是，我抓住这个契机，让孩子们一个一个起来发表自己的意见。有的说：“小猴肯定会把萝卜送给小兔，因为是小兔找到的。”小朋友 B 马上反驳说：“小猴根本不知道是小兔找到的嘛!”大多数幼儿非常支持小朋友 A 的话，赞成小猴肯定有其他的好朋友。于是我马上让他们讨论下一个问题：“那小猴会去送给谁呢？……”那次的活动基本上是花在了讨论上，不过收获却很大，讨论过后整个故事变成了属于我们小朋友自己的。表演中增添了小松鼠、小狗两个角色，而孩子们表演起来比以往更投入，最重要的是孩子们通过这次小朋友 A 的提问，启发了他们的创新意识。

（二）多种引导，激活幼儿创新思维

在学习语言故事的时候，幼儿最喜欢的就是故事表演环节。在表演过程中幼儿以声音、面部表情和身体动作来创造性地再现文学作品中的人物形象。同时教师应鼓励幼儿对故事进行改编，可以让他们想象不同的情节发展、角色对话和故事结局。这不仅能培养他们的创造性，还能提升他们的语言表达能力和逻辑思维能力。提供多样化的表演材料，如服装、道具、布景等，让幼儿在准备和表演过程中能够自由发挥，创造出独特的表演效果。在故事表

演过程中，教师应尽量避免过多地干预和限制，允许幼儿根据自己的理解和想象进行表演。同时，教师也要及时给予肯定和鼓励，激发幼儿的创造热情。

1. 融歌曲于表演中，激活幼儿的创新思维。我们班的孩子在小班的时候最爱表演的就是《拔萝卜》了，原因就是结合了歌曲的元素，上了中班以后印象依旧很深刻。在一次表演《小羊和狼》时，我发现由于这个故事的角色较多，台词也很长，因此孩子们的兴趣不是很高。我想能不能利用歌曲提起他们对这个故事的兴趣呢？于是我就和孩子们商量了起来，用什么歌曲来唱，唱故事中的哪一句。我这么一引导，立刻调动了他们的积极性，有的幼儿甚至想把以前学过的故事里都加上歌曲进行表演。

2. 融舞蹈于表演中，激活幼儿的创新思维。在故事《三只蝴蝶》的表演中，孩子们每次表演到在花园里玩耍的时候，总是乱飞一通。于是我提问说："蝴蝶们在花园里会干什么？请你用一些动作来告诉我。"这个引导马上有了效果，果然每只蝴蝶都有事情做了，不再"乱飞"了。接着我又开始放了有关《三只蝴蝶》的音乐，几乎所有的蝴蝶都开始跳起了舞，舞姿千姿百态。最后这个故事表演就变成了一出结合了舞蹈的音乐剧，孩子们还建议要把台词唱出来。

（三）积极参与，获取成功的体验

教师应努力营造一个轻松愉快的氛围，鼓励幼儿积极参与，自信、大胆地进行表演。同时，鼓励幼儿在表演的过程中及时发现问题，组织幼儿进行分享和交流，让他们讲述自己在表演中的想法和感受。看到那些在表演游戏中发现问题、提出问题的孩子，你就能感受到他们那份从心底散发出来的喜悦和成功感。他们更积极地投入表演中，他们还指导其他幼儿的表演，他们不断地提出新的想法……这有助于培养幼儿的语言表达能力和思维能力，同时也能从其他幼儿的表演中汲取灵感，进一步激发创造性。

（四）开拓视野，捕捉创新火花

经验是一切创造性表演的基础，没有经验，创新也就无从谈起。教师根据孩子的年龄特点和生活环境，经常利用餐前、睡前、散步的时候给幼儿播放各种故事、童话、寓言等，拓展儿童对故事了解的广度。孩子们听得多了，获得的经验就越丰富，想象的基础就越宽广，就越有可能触发新的灵感，产生新的想法。区域游戏的时候，积极鼓励幼儿在表演区进行表演，教师也可以做幼儿的“大朋友”，参与到幼儿的表演活动中。以游戏者的身份参与其中，更能捕捉创新的点，并及时给予支持，点燃幼儿创新的火花。

在开发幼儿表演游戏的创新潜能过程中，我们尊重幼儿的个性发展和创新精神，对他们的创新成果，哪怕是点点滴滴，哪怕是还很幼稚，也一定要给予充分的肯定。表演游戏是创新教育的一个媒介，但通过这个媒介，幼儿能够掌握创新的契机、激活创新的思维、捕捉创新的火花，更重要的是体验创新后的成功感。

第五节　在编织活动中培养幼儿的创造力

编织活动作为中国传统民俗美术的一种表现形式，是手、眼、脑并用，教、练、作一体的教育实践活动过程，可以提高孩子的眼手细胞的开发，可以提高孩子的耐性、细心、专注力、创新性，对孩子而言有着相当的挑战性。

通过欣赏、表现、创作来锻炼幼儿的动手能力，培养幼儿的创造力。

一、在欣赏活动中培养幼儿的创造力

编织活动是一种民俗艺术形式，它有着独特的艺术趣味与内涵，能够全面展示地方特色。

（一）收集感受——练就捕捉美的能力

开展活动前期，我们通过收集手工编织制作视频、编织图纸、编织花纹，更是处处留意收集各类编织生活用品，同时动员家长、幼儿共同搜集有关的图片、物品、照片等，并设置了适当的活动区域，让幼儿进行更广泛的交流，让幼儿对充满创造性的编织艺术产生好奇，感受到中国民间艺术富有审美和实用性等双重能力的特点，从而提高了他们对美的敏感的捕捉能力。

（二）创设环境——提升感受美的能力

幼儿园的绘画区角是幼儿园最小的绘画场地，但对于幼儿和教师而言，它更简单、更真实，幼儿绘画角的内容是幼儿自行决定的内容，这对幼儿绘画水平和人格的成长具有不容忽视的意义。将教师自己编织的作品装饰在活动室里或美工区，给幼儿制造出浓厚的美术气氛，提高幼儿美的视觉体验，增强幼儿对美的世界的敏感度，激发幼儿对美的追求，让幼儿在轻松愉快的氛围中认识编织、欣赏编织。

（三）集体活动——锻炼发现美的能力

在集体活动中，我们应注意指导幼儿通过参与体验，去发现编织作品中的立体感与序列感。如，在欣赏儿童编织《漂亮的毛衣》的活动中，活动前我搜集了不同的毛衣样式，并提供毛衣实物给小朋友们观看，指导幼儿积极地探究毛衣的不同特点，在色彩、花样、材质上加以比较，并采用触摸、观察、掐捏等多种感官去对比，从中体会到编织不同的表现形式，并了解花边的镂空、图形的对称。另外，我还提问：毛衣的纹理有什么不同？让幼儿通过观察分析，体会各种编织形式所表现的各种花纹，以便提升其审美活动的品质。最后，我还请幼儿大胆表述自己的真实体验，说出自己喜爱哪款毛衣，引导幼儿提出不同的看法，培养幼儿的价值评估水平与审美能力。

二、在表现活动中培养幼儿的创造力

（一）利用教玩具激发幼儿的创造力

《幼儿园教育指导纲要》中提到："在扶持、引导儿童主动参与美术教学活动并勇于表达的时候，有助于他们进一步提高表达的技巧和水平。"在美术教学活动中，我们一般认为只靠幼儿观察、指导自己进行编织活动还远远不足，一些基本的必要的编织知识更是十分必要的。在制定编织方案过程中，教师要根据幼儿的年龄特点考虑，由浅入深，从易到难，有目的、有系统、循序渐进地不断提升对编织方法的练习。

为了让幼儿通过趣味性的编织操作完成作品，体验成就感，解决幼儿在编织中材料单一、编织手法不易操作等实际问题，让幼儿在直接感知、实际操作和亲身体验中，选择合适的材料进行编织创造活动，我们自制编织教玩具——"编玩编乐"，通过将烦琐、抽象的编织手法转换为适合幼儿的童趣语言，用卡通形象的故事串编编织过程，投放编织过程图以方便幼儿记忆，且简单易懂，每个编织操作模具可以自由选择编织材料，根据幼儿能力水平选择编织图案。在提供的材料方面，有麻绳、牛仔布条、彩线、毛线、纸张、麦秆、稻草、树枝等，结合各种不同的材料、编织手法，延展方向，都会塑造不同的作品，幼儿在操作过程中，能够充分发挥创造力，提高审美能力。在编织技巧上，鼓励幼儿尝试不同的编织形式。不同的编织方式表达了不同种类的设计规律，如圆形、方形的经纬线交错与融合创造了不同的作品。鼓励幼儿将平面的编织做成立体的，鼓励幼儿利用长棒拼搭不同的形状造型，充分发挥幼儿的想象力，培养幼儿的空间感知能力。幼儿能够完成作品后，可将编织作品运用于生活中，作为手链、杯垫、毯子、容器、挂饰等，真正服务于生活，能更好地激发幼儿的创造欲望。

（二）在区域活动中延续幼儿的创造力

我们针对各个阶段孩子们的需要，创建专门的编织活动区，供应原材料、半成品，包括各种瓶盖、彩纸、毛线、树枝、纸壳等低结构物品，小朋友们可以在游戏区内自由自主使用。同时，我们结合幼儿编织能力发展，及时更新区域材料，使得幼儿在编织活动中不断地去创造不同的编法。如编花篮活动，将彩色线的一头固定在花篮模型的竖条上，然后按一个方向一前一后绕线，将模型绕满彩线。玩编花篮材料时，幼儿常遇到线头松开的问题，开始绕线时只将线头放进竖线里面，轻轻一拉就会松动，这样会导致花篮作品上有很多松开的小口，编花篮的进程比较慢，作品完成需要比较长的时间。针对这一情况，我们将编花篮的模型换成大小不一的，幼儿可根据自己的能力选择大小，这样就加快了作品完成的速度，幼儿容易获得成功感。针对编花篮时线头线尾的固定方法，教师进行了操作示范，引导幼儿在开始和结尾时用在竖线上绕一圈的方法固定线。对于部分能力强的幼儿，已经能够掌握以一固定物为基准上下前后绕线的方法，反复操作稍显单调，我们对这类幼儿提供更有难度的编织材料，让幼儿的编织能力得以提升，因此新增加了织毛线的新材料，让每位幼儿都能在编织活动中发展创造力与动手能力。

三、在创作编织活动中培养幼儿的创造力

幼儿的创作来自生活实践和意象的积淀，所以我们选取日常生活中幼儿熟悉的东西，进行创意编织，如装饰玻璃瓶。平时幼儿就已认识了不同颜色的玻璃瓶，并具备一定的感性知识，然后由教师准备一个白色的透明玻璃瓶，让幼儿使用各种颜色不同的丝、绳子、布条等进行编织，接着每个幼儿都自己动手，使用缠、绕、卷等方法编织成各种形状、图案，如有规则的和不规则的，如横条的、竖条的、打结的等，并教他们进行大胆设计。这样的方式还可以用于编织钥匙扣、项圈、窗帘、头绳等，这种方式让幼儿的创造热情得以很好地激发，是他们在生活中最有趣的事情。为使幼儿产生更多的创造热情，我们也定期引导幼儿去自然界中体验更美的东西。在春天，我们发动父母引导幼儿去自然界中找到可以编织的物品，去亲自感知与感受春天的美好，并进行“寻找春姑娘”的活动，同时利用诗歌、神话故事、传说等调动幼儿的兴趣，引导和帮助幼儿将之创造的想法得以更充分的实践，把所找到的编织物品经过缠绕、编织成花圈、手环、背包等，就更能够锻炼幼儿的创新能力。在实践中，我们发现教师对幼儿进行正确的启迪与引导，可以培养幼儿的编织兴趣，开启思维。例如在一次编织课前，我就向幼儿讲述了一个《捕梦网》的童话故事，在讲到捕梦网是独一无二的，可以帮助别人捕捉住美好的梦境时，我让幼儿想：如果你有一个捕梦网，你希望它是什么样子的呢?这样的导入既调动了幼儿的创造激情，也不会束缚幼儿的思想，幼儿能够自

由自在地织出自己的捕梦网。有一个作品是这样的：捕梦网中间编织得很密，上面还贴满了小星星，下面还有一些羽毛。幼儿说："上面的星星可以帮助人们把美好的梦境留下，不好的梦就随着羽毛飘走了。"由此可见，幼儿们自在随心地以编代笔，编玩编乐，创造出了不少值得称道的优秀作品，不但发展了幼儿动手操作能力，更推动了幼儿创造力的发展。

在编织活动，教师并不过多地限制幼儿而是让幼儿通过对自己现有的认识，经过一次次的实际运用，利用幼儿本身的审美观来编织，从而进一步提高了幼儿的审美能力，发展了幼儿的创新能力，培育了幼儿的合作精神。幼儿的自主创新能力培养绝非一蹴而就，是一项长期、复杂性的学习过程，必须从各种活动中有目的、有意识地训练，更需要教师持续地激励、指导和逐步深入研究。

第十二章

开发和利用游戏培养幼儿规则意识的探索

通过探讨幼儿园游戏如何作用于儿童并使得其形成规则意识这一问题，在此前提下分析当前幼儿园游戏开展过程中存在的问题，并提出相应的改进建议，旨在推动幼儿游戏水平的提升，引起幼儿园对通过游戏来培养幼儿规则意识的重视，为幼儿的长远发展以及我国社会的长远发展奠定良好的基础。

第一节　幼儿园游戏对儿童规则意识形成的作用分析

一、无规矩不成方圆——让孩子形成规则认知

无规矩不成方圆，其强调的正是制定规则、明确规则的重要性。在幼儿园游戏的过程中，规则无处不在，这不仅是幼儿园日常管理的需要，也是幼儿园开展游戏的前提，更是儿童身心健康发展、生活自理能力和实践能力不断提高的基础。让儿童形成规则认知，就是让儿童明确环境中规则存在的必要性、规则的具体内容、规则有哪些作用以及应该怎样执行和落实规则等，在认知规则的基础上逐渐形成遵守规则的愿望和习惯。比如在幼儿园游戏活动之前，老师和孩子们一起制定相关游戏规则，幼儿参与制定的规则，他们更容易理解和遵守。

二、参与即遵循规则——让孩子初步养成规则意识

在形成一定的规则认知后，如果幼儿开始参与到游戏过程当中，那么，我们就会默认其已经掌握了游戏的基本规则，而且明确破坏游戏规则可能遭遇的后果。在这种心理预设背景下，幼儿们便可以正式展开游戏活动。在游戏活动的过程中，按照之前的老师和儿童约定的规则，参与的儿童都严格按照游戏规则来进行游戏，这就使得儿童初步形成了一种规则意识，即制定规则——参与游戏——遵守规则的思维模式。

三、违反规则遭淘汰——进一步强化孩子规则意识

在成人的世界中，一旦违反规则，往往会付出一定的代价，比如闯红灯会被扣分、罚款，严重时可能导致车祸等。在儿童游戏中，虽然违反规则不至于付出如此大的代价，但是通过游戏前申明规则以及制定违反规则的相关处理办法，对于强化儿童的规则意识的作用却是十分巨大的。儿童游戏之前，一旦约定游戏规则并参与了游戏，那么就意味着他愿意接受规则的约束，愿意以自己的实际行为来维护规则，并愿意为违反规则的行为而付出相应的代价。因此，在规则之下，幼儿不能像在家里那样无所顾忌、随心所欲地玩耍，而是逐渐学会在集体生活中如何自处。同时，一旦幼儿出现违反或者破坏规则的行为，往往必须付出相应的代价，比如淘汰出局或其他措施，让幼儿明确破坏规则便会付出代价。这种惩罚会在幼儿头脑中形成一种直观的条件反射，即遵守规则——玩游戏，破坏规则——淘汰出局，让幼儿的规则意识进一步强化。

第二节　幼儿园游戏中儿童规则意识培养方面存在的问题及改进策略

幼儿园游戏的种类是多种多样的，依据儿童认知特点来划分的话，大致可以分为四类，即感觉机能性游戏、象征性游戏、结构性游戏和规则性游戏。所谓规则性游戏，是由两人以上参加的、按照一定的规则进行的游戏。规则性游戏的规则多为成人事先制定，也有按照游戏情节的需求或者儿童按照假设的情节自行制定的。规则性游戏对于儿童明确规则内容、树立规则意识、养成规则习惯等具有十分重要的作用。从当前幼儿园游戏的效果来说，其对儿童规则意识的形成起到了较好的促进作用，尤其是在一些幼儿园中，老师能够充分认识到游戏与儿童规则意识之间的紧密联系，能够有意识地在现实中对儿童加以培养，并且能够将游戏与现实社会积极对接，这就促使儿童的规则意识有了明显的提高。

一、幼儿园游戏中培养儿童规则意识方面也存在一些问题

（一）规则设置不到位

当前很多幼儿园在开展儿童游戏的过程中，有意无意地忽略了规则的制定，尤其是在一些较为常见的活动中，比如老鹰捉小鸡游戏中，老师只是安排儿童来实施游戏，但是在游戏之前，并不会申明相关的规则。由于规则未能提前申明，因此在游戏过程中，常常会出现儿童违反“规则”的问题，而老师不得不暂时中断，临时宣布一些规则来应对。

（二）幼儿缺乏话语权

幼儿园游戏规则的制定，应该由老师和幼儿共同参与制定，而且老师应该有意识地保障幼儿的话语权，让其在游戏规则的制定过程中发挥主导性和主动性的作用。对于幼儿而言，很多游戏规则都是成人世界的产物，因此他们在游戏中只能担当或者模仿成人世界的角色，这造成的直接后果就是幼儿在游戏过程中的主动性、积极性和参与性较差。只有摆脱这种成人世界的束缚和影响，幼儿才能欣然地进入游戏，真正作为游戏的主人来制定规则和维护规则。但在现实中，很多教师过低地估计了幼儿自发约定和新规则的能力，于是包揽一切，在游戏中为幼儿制定了方方面面的规则，完全取代了幼儿在游戏规则生成中的主体地位，导致幼儿在游戏规则制定方面的话语权丧失，进而影响到幼儿园游戏在儿童规则意识形成的作用发挥。

（三）规则执行力较差

规则执行力较差，是目前幼儿园游戏开展过程中较为普遍的一种现象，这与幼儿本身的身心特点以及认知发展阶段是密切相关的。一方面，幼儿正处于接触规则、了解规则，并逐步形成规则意识的阶段，中间出现一些幼儿无法遵守规则的行为，是一种必然现象；另一方面，幼儿的认识能力和执行能力往往有限，他们不具备完全的社会意义上的独立行事能力，因此也往往会无视成人视角下制定的各种规则，因而就会产生执行不到位的问题。

幼儿园游戏中规则执行力较差主要表现在游戏过程中，幼儿的规则意识不足，时常出现破坏规则、随意变更规则的现象。尽管有时候，幼儿破坏规则往往是无意识的，他们并不觉得自己的行为是在破坏规则，但是由此带来的规则执行不到位、难以落实等问题，却在一定程度上影响到了当前幼儿园游戏开展的规则水平，也影响到了幼儿规则意识的形成。

（四）无法与现实有效对接

一些幼儿园在开展游戏的过程中，往往仅仅只是将游戏作为幼儿园内的一项活动，而没有认识到幼儿园游戏对于儿童社会规则意识的形成所具有的重要作用。正是因为思想层面的认识不到位，一些幼儿园在开展游戏的过程中，往往无法将游戏中的规则与现实中的规则有效对接，从而造成了游戏规则和现实规则分离的问题，进而导致游戏在儿童社会规则意识形成的效果下降。

二、规则意识视角下幼儿园游戏开展的改进建议

（一）重视游戏规则的设置

规则意识视角下幼儿园开展游戏活动，首先必须重视游戏规则的设置，让幼儿在玩游戏之前，不仅充分了解和掌握规则、理解规则的作用原理，还要明确违反规则的后果。具体而言，可以从以下两个方面来进行。

一是游戏开始之前，由教师或者幼儿自己来制定和形成游戏规则，一旦规则成熟，请幼儿熟悉游戏规则，提高幼儿的规则认知；二是如果在游戏之前没有形成明确的规则，教师可以让幼儿在玩游戏的过程中，逐步总结和完善规则，一旦具备了基本的规则雏形，则可以将这种规则进一步细化和具体化，作为幼儿游戏过程中的参考。

需要注意的是，游戏规则的设置，应该按照分层原则来进行。因为对于幼儿而言，其个性发展差异很大，其对于规则本身的理解和掌握也必然存在不同的情况，教师对幼儿的要求也就不可能完全相同。因此，教师在设置规

则或者让幼儿自行总结规则的过程中，必须充分考虑幼儿的实际情况，确保幼儿能够准确理解并且掌握规则。一般来说，规则的制定应该坚持简洁、量少、实用的基本原则。

（二）让幼儿有充分的话语权

首先，自我表现是能力也是一种勇气，懂得在游戏过程中让幼儿自我表现，充分保障幼儿的话语权，是作为幼儿教师的一项基本职责。只有这样，才能充分调动幼儿的积极性，让他们按照自己的规则来更加自由地进行游戏，从而获得快乐体验，增强规则意识。保障幼儿在游戏规则制定方面的话语权，首先就必须让幼儿参与规则制定。对于一些过于复杂的游戏，教师可以事先明确游戏规则或者一些大的原则，而对于细节规则的确定，则应该交给幼儿自行实践和总结，充分发挥幼儿在游戏规则形成过程中的自主性。很多时候，幼儿并不像想象中的那般不成熟，他们在游戏规则的形成过程中，往往是自然而然，有着高度的统一性和默契。比如很多时候，幼儿在玩游戏的过程中，可能是先参与而并没有言明规则，但是在玩游戏的过程中，逐步一条一条开始确定规则，并最终形成了能够保证游戏顺利玩下去的全套规则，这个过程其实不仅是幼儿总结和制定规则的过程，更是在潜移默化中强化幼儿规则意识、促使其执行并维护规则的过程。

其次，要保障幼儿更改不合理的规则甚至推倒规则重建的权利。幼儿游戏过程中既有规则的制定，往往都带有明显的成人世界的色彩，这不仅无法唤起幼儿的积极性，而且还很可能引发幼儿的逆反心理，使得他们在游戏过程中出现故意破坏规则的行为。因此，在幼儿游戏的过程中，必须保障幼儿更改规则尤其是在他们看来不合理的规则的权利，提升他们的主人翁意识，让他们可以根据自己的理解和游戏体验更改规则，并形成全新的规则。这样，幼儿成为活动中规则的制定者，这种强烈的参与感会让他们尽可能地维护自己制定的规则，从而形成强烈的规则意识。

（三）强化规则执行中的奖惩制度

幼儿规则意识的形成，在充分强调规则重要性和执行规则必要性的基础上，还必须将其与奖惩制度相互结合，以矫正部分幼儿无视规则的行为，从而更好地培养幼儿的规则意识。

首先，对幼儿无视规则和破坏规则的行为给予适度的“惩罚”。对于幼儿规则意识，虽然很多时候人们并不认可通过强制性的手段来进行强化，但是对于身心尚且处于发育阶段的幼儿而言，适度的惩罚却是强化其规则意识的最直接和最有效的手段，比如在玩足球游戏的过程中，对于那些违反规则的幼儿，第一次和第二次均给予相应的警告，在第三次的时候，便由其他人替补上场。通过这种“惩罚”，让幼儿明确违反规则所需要付出的代价，为其在以后的游戏过程中树立规则意识和严格执行规则奠定基础。

其次，对于规则意识较强、严格执行规则的行为进行嘉奖。在游戏过程中，某些儿童具有较强的规则意识，而且对规则的执行也非常到位，老师应当及时给予肯定和表扬，让幼儿明确遵守规则的“好处”，从而促进他们更好地树立规则意识和维护规则。

（四）家园合作共同培养幼儿的规则意识

规则不仅仅体现在游戏中，更多地体现在生活中，遵守社会公共规则是每个公民的责任。因此，家长要以积极、友善、关爱、示范的态度，营造有利于培养幼儿规则意识的环境，让孩子从被动接受规则要求转为主动接受规则，如带孩子去图书馆看书的时候，要遵守图书馆的规则，不大声喧哗，不吵闹，要爱护书籍等；出门要遵守交通规则，红灯停、绿灯行、黄灯亮了等一等，行人要走斑马线等。另外，在家庭中的亲子游戏或兄弟姐妹之间的游戏、邻居同伴之间的游戏中，也要培养孩子们的规则意识。幼儿园、家庭应达成规则教育的一致性和连贯性，在规则意识的培养教育方法上是一致的、持之以恒的，逐步培养幼儿遵守规则的习惯。

在对幼儿进行规则意识的培养及执行方面，幼儿园和家庭都是重要的阵地，不管在游戏中还是生活中，教师和家长要在充分尊重幼儿、理解幼儿的基础上，设置一些必要的规则，让幼儿理解规则的意义，经历规则产生的过程，体验规则对同伴共同生活和学习的意义，更重要的是把这些规则贯穿在幼儿的游戏和日常生活中。规则意识的培养对幼儿身心健康的发展起着重要的作用，为幼儿以后的成长奠定基础。

第十三章

培养幼儿综合能力的自主游戏案例和科学活动案例

第一节　游戏案例一：轨道奇遇记

一、活动背景

积木游戏广受幼儿的喜欢，它是幼儿利用积木进行的游戏，以搭建为主要的活动方式，幼儿在自由快乐的积木游戏中可以得到各种能力的培养。幼儿用各种不同形状的积木组合成一件新的作品，这一活动不但可以使幼儿认识各种几何形状，而且还能够发展幼儿的想象力、创造力和审美感知。近几周，大一班的孩子们轮到搭建游戏区，孩子们兴奋极了，开始了各种有趣的搭建游戏……

二、活动实录

（一）片段一：平地轨道的雏形

刘依霖、杨德顺、朱锦萱和高嘉骏开始将长板搬到了平地上，开启了一场智慧与快乐迸发的“探究之旅”，刘依霖先用两块长板做轨道，周围用长板进行围合，其他孩子也陆续去拿长板来连接轨道，这时刘依霖确认好这样摆放以后又去拿了一个人的半圆拱形，放在了轨道上面，架起了一座高架桥。

游戏中遇到的问题有两个。

问题一：围合的长板总是会向外歪倒。

问题二：高架桥的拱形放上以后，轨道围合会向内歪倒。

高架桥成功地架在了轨道上方，保持了平衡，把用于围合的长板固定住，全部排列整齐。

教师的分析与支持：

1. 来到室外积木区，孩子们非常积极地参与到游戏中，充满了好奇心和探索精神。

2. 在游戏中，孩子们用长板平铺和围合，并用镂空半圆当作高架桥，轨道与护栏相互匹配，能够看到本次游戏当中不同的游戏架构及结构的对称，创造出新的玩法，孩子们获得了一种成功的体验。

3. 作为观察者的我，走近孩子，追随孩子的脚步，给他们提供足够的游戏材料的同时，给予他们足够的信任与支持。

（二）片段二：高架轨道

再次来到积木区，孩子们的游戏热情高涨，孩子们都有自己的想法，这时我听见朱锦萱说："我们搭建的轨道可以上坡下坡吗？就像托马斯的小火车一样，一下下坡，一下又上坡。"

于是，高架轨道的构想由此产生，几个小朋友也都非常感兴趣，他们都快速地投入游戏当中。

高架轨道出现，游戏升级，但并不顺利，高架轨道搭建时出现了小意外。朱锦萱说："肯定不能成功的。"她最早发现了问题。

当高架桥倒下后，朱锦萱试图在平地轨道上形成下坡，让球可以快速滚动，于是开始尝试。朱锦萱说："我们先拿个半圆形。"然后把两块半圆形放在了轨道长板下面，把轨道撑了起来，形成了一段下坡的轨道。最后小球试运行成功。全程朱锦萱担任了小小指挥官的角色。

教师的分析与支持：

1. 孩子们在搭建的过程中团结合作，在朱锦萱的指挥下，孩子们能根据实际情况来调整游戏材料。其他小朋友全程配合，他们一起为搭建目标努力。

2. 孩子们在搭建的过程中全程保持着对搭建的兴趣，在游戏中不断尝试、调整，直到搭出满意的轨道。这种专注力和探索精神也会让他们不断地进步。

（三）片段三：进阶版双层轨道

在一次一次的尝试中，孩子们又将轨道进行了升级，于是出现了双层轨道，把轨道进行了加长、封顶、调整、再实验。他们期待自己的小球能够顺利通过，于是都加快了速度。这一次，小球顺利进入球池，孩子们都兴奋极了。

孩子们的轨道游戏在不断发现问题、解决问题中走向成功，在此游戏过程中，每一个孩子都用自己独一无二的方式解决了游戏中出现的问题，搭建时没有一位幼儿因为搭建问题向我求助。可以看出，孩子们在观察、模仿、操作、思考的过程中有很强的自主性、主动性和坚持性；在互动的过程中能较好地和同伴进行合作，最后搭建好轨道，保证小球的顺利通过。

（四）片段四：轨道传送带

新一天的游戏开始啦，今天又有小伙伴加入了，孩子们迅速地投入搭建当中，这一次，几位小伙伴搭建得更平整、更快、更仔细、更稳固。几个小伙伴将高架轨道和平地双层轨道连接在了一起。轨道运用统一的圆形来进行封顶，建构第二层很快成功。于是他们相互配合，又进行了二层轨道的封顶以及球池的围合。

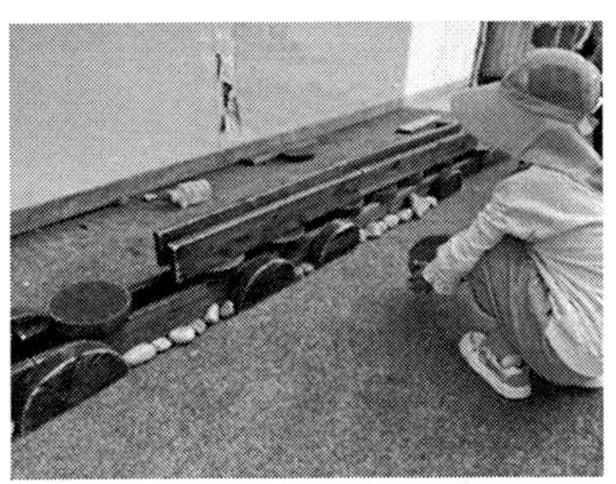

在搭建的过程中遇到问题时，朱锦萱说：“这个地方需要堵上。”于是指挥其他小朋友来操作。小朋友们在不断调整、不断修改的过程中，逻辑思维能力非常清晰。最后通过他们的努力，轨道终于最后搭建好了，于是开始实施他们的小球轨道之旅了。

从表征中聆听幼儿内心的声音，我们只需要放手与陪伴，做最忠实的倾听者和记录者。

三、分析与支持

1. 观察幼儿，观察本身就是一种支持

（1）知识技能

在搭建过程中培养了幼儿围合、架空、垒高、对称、平衡、规律排列等各种技能。

（2）社会交往

能够接受他人的意见和建议，合作与交流、合理分工，遇到问题一起解决。

（3）思维方式

能用几何形进行创意拼搭，思考轨道与滚动之间的关系。能用画、讲等多种方式进行反思，拓展幼儿解决问题的思维方式。

（4）学习品质

培养了坚持、计划、创造、主动、专注的学习品质。

（5）行为习惯

在活动中培养了幼儿收纳整理的习惯。

（6）语言表达

能够用图画记录清晰地描述游戏思路。

2. 追随幼儿

幼儿在前，我在后，支持幼儿开展游戏。把以往的担心、着急引领等行为变成“放心放手”让幼儿去体验，去尝试，我耐心等待，静待花开。轨道的顺利搭建及过程中问题的解决，也正是因为幼儿有自主尝试的空间。在搭建的过程中遇到很多的小问题，小意外，但我试着“退一步”，幼儿就会前进一大步。

3. 支持幼儿

在轨道游戏搭建的过程中，孩子们对轨道的构造有了一定的了解，体现了他们在生活中经验的迁移和深度探究，实现着方法与经验的分享，因此要给予幼儿一定的经验。后续我会继续引导他们理解轨道的作用和功能以及轨道的具体结构等，希望孩子们可以在后续的活动中更好地发展。

4. 聚焦幼儿，挖掘游戏发展价值

发现问题，寻求问题的答案。游戏中，幼儿遇到了各种问题：怎样让反弹回来的球爬得更高、怎样搭建支柱省时省料、怎么样让小球滚走、怎样让小球弹起来跳进加高的围墙等。

5. 数次尝试，体验材料的特性

游戏中幼儿根据自己的需要灵活运用材料，积累相关经验，直观体验，发现物体的各种运动变化及物理现象，通过动手操作直观体验，发现小球在不同场景下有不同的运动状态。

6. 支持幼儿，拓宽游戏探索途径

幼儿通过记录表等材料进行深入探索，游戏生活化，支持幼儿将游戏经验迁入日常生活。幼儿在游戏中获得轨道滚物的经验，支持他们将经验迁入生活，解决实际问题。一是用滑梯运送被子。我园午睡室侧边的滑梯，为幼儿提供了多一种选择。二是用斜坡助手积木。下台阶引发的思考：假设我们的积木需要下台阶再收回棚里，你会用什么方法？小朋友思考后说："可以运用斜坡滚物的经验，将长积木铺在台阶上，形成斜坡。"游戏中反复思考，对自己每一个追问进行反思、剖析。游戏行为怎么样？游戏后，他们还会继续玩吗？

第二节　游戏案例二：美好“箱”遇奇妙“梯”验

一、游戏背景

四月的天愈加炎热，孩子们的自主游戏如火如荼，在热情的四月里，中二班的孩子们赋予了安吉箱与安吉梯无尽变化的可能。安吉箱与安吉梯都属于安吉游戏材料，安吉箱的高度、孔洞形状及分布的不同，带给了孩子们无限私密空间的感觉；安吉梯则是由长短不同的木板、直梯和高矮不同的人字梯组成，孩子们可以从各种组合中延伸出多种玩法。当安吉箱遇上安吉梯，会碰撞什么精彩的游戏故事呢？让我们跟随孩子们的游戏一探究竟吧。

二、游戏过程

（一）当安吉箱遇上安吉梯——挑战无极限

来到户外，孩子们活动之后纷纷拿取自己所需要的游戏材料，安吉梯具有一定的重量，孩子们已有搬运梯子的经验，和同伴一起搬运梯子进行搭建，另一边的孩子们则在搬运垫子和安吉箱。孩子们把搬运来的三个安吉箱依次摆放在一起，星辰拿来了直梯连接在箱子中间，大檬拿来安吉板搭建在安吉箱旁边的孔洞里，耀元拿来垫子摆在安吉箱前面，孩子们开始了跳跃与攀爬，一旁的谷林泽小朋友搬着高高的安吉梯过来了。“你们等一下，”只见谷林泽把垫子拖到一旁，把梯子连接在安吉箱前面，“我们再去搬几个梯子来。”程昱、尘宇搬来了几个高矮不同的安吉梯，孩子们把安吉梯与安吉箱借助不同的材料连接在一起，开始了他们的闯关，这几个孩子的游戏吸引了更多的小朋友来排队挑战，眼看排队的小朋友越来越多了，形成了拥挤的局面，怎么办呢？孩子们原地开始了讨论：我们可以从旁边继续搭建啊。

于是孩子们又开始了新的搭建……谷林泽搬来一个直梯搭建在安吉箱的侧面，其他孩子也纷纷搬来安吉梯与安吉板继续搭建。孩子们分成了两队进行闯关，游戏在继续，孩子们的挑战也在继续……

回到教室后，孩子们分享自己的游戏过程并以表征的方式记录下来。

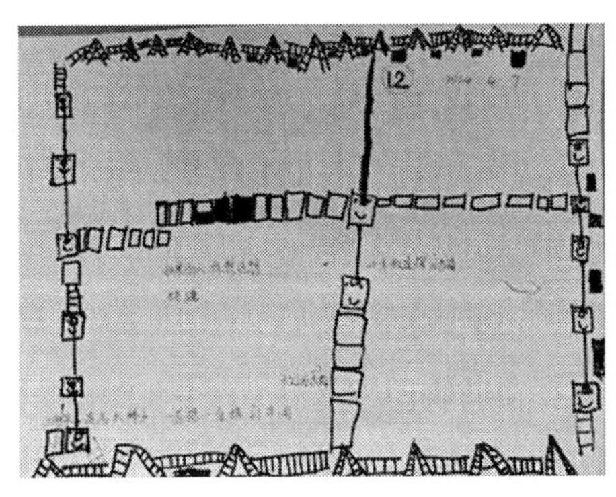

（二）当篮球遇上安吉梯——投出精彩

孩子们在搭建梯子时，放在树一旁的篮球架引起了孩子们的注意，瑞霖、昀姿和牧之几个小朋友拿起篮球开始拍打起来，德铄、宇航正在搭建好的轮胎与独木桥上行走，一个篮球滚了过来，宇航接过篮球把它投进了前面的轮胎里，“我投进去了!”孩子们一人拿起一个篮球开始了投掷。

牧之：“如果谁的篮球滚了出来，谁就淘汰了。”

林泽：“每走一步就投一次篮球，也可以把篮球投进梯子里。”

宇航：“篮球滚出来就得回去重新走。”孩子们自主讨论制定游戏规则，快乐游戏着……

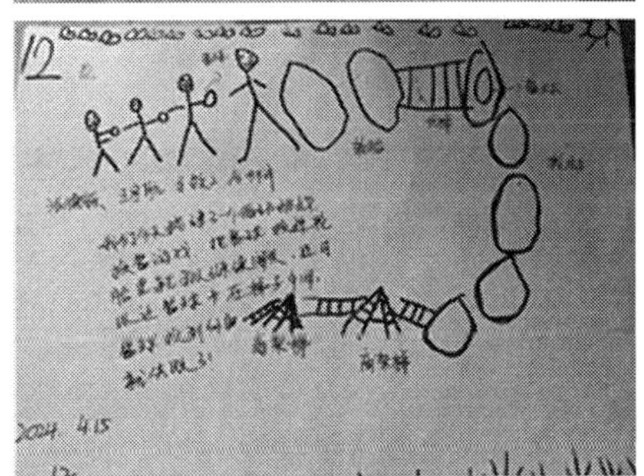

第二天，孩子们的游戏有了新的发现，瑞阳、德铄和林泽把高矮不同的安吉梯与长板连接起来，连接好之后，孩子们又去推来篮球架，开始拿着篮球攀爬，问题出现了：“我们可以把篮球投在哪里呢?”“轮胎、滚筒、从木板上滑下去。”孩子们提出各种游戏想法，瑞阳和星辰去搬来滚筒，孩子们一起把它搭建在梯子的另一边，孩子们排队拿着篮球依次攀爬，星辰坐在梯子上轻轻一投，篮球投进了滚筒里。

星辰："我要怎么拿出来呀？"后面排队的孩子们纷纷说出想法。

林泽："胡星辰，你把滚筒放平。"

瑞阳："拿一个梯子，从梯子上爬进去。"星辰搬来一个梯子，搭建在滚筒旁边。

林泽："滚筒里也需要一个梯子，不然怎么爬出来呢？"

孩子们把滚筒里也放进去一个直梯，滚筒外放置了一个安吉梯，把篮球投进去之后爬梯子进去，再把篮球拿出来。

回到教室后我把孩子们的游戏视频给孩子们观看，孩子们自主讨论着游戏中的问题。

林泽："从滚筒里拿篮球的时候，滚筒会倾斜。"

星辰："如果没有旁边的梯子支撑，滚筒就倒了。"

牧之："我们还可以用什么办法拿篮球呢？滚筒还不会倾斜呢？"

孩子们集体讨论起来："安吉箱、轮胎、两个梯子、一边一个。"讨论结束后，孩子们表征计划着下一次的游戏。

（三）帐篷里的一席阴凉

天气越来越炎热了，孩子们游戏一会儿就满头大汗。孩子们有了新想法：安吉箱、帐篷里到处都是乘凉休息的孩子们。“太热了，帐篷满员了，已经不能进来了。”大檬小朋友对帐篷外的孩子们呼喊着。瑞霖：“我们再搭建一些帐篷吧！”说着孩子们就行动起来，瑞霖、耀元、翌综小朋友把搬来的垫子折叠成一个个三角形依次摆放着，孩子们争先恐后地进入秘密的小帐篷里，翌综又去搬来安吉箱搭建在垫子一旁，孩子们快乐地在属于他们的秘密空间里游戏着。

三、教师分析与支持

安吉箱与安吉梯和其他材料的组合带给了孩子们无限变化的可能，中班幼儿已开始有挑战、冒险的需求，在游戏中孩子们巧用安吉材料进行搭建、围合、包裹、搬运等，充足的游戏场地和游戏材料，让孩子们最大限度地发挥主观能动性，成为游戏的主人，不断深入探究和创造新的游戏，总结讨论孩子们碰撞出更多的游戏创意。游戏中，孩子们借助安吉箱、安吉梯、轮胎、滚筒等多种游戏材料进行游戏搭建，在发现问题中解决问题，在游戏中进行挑战、冒险、合作，并通过游戏掌握了攀、爬、滑、抓握、悬吊、平衡等各项运动技能，大肌肉动作得到充分的锻炼。幼儿还在游戏中通过设想、实践、验证等方法不断探索、解决问题，游戏水平不断提高。作为教师更要鼓励幼儿全面思考，引导幼儿不断丰富完善游戏，在幼儿游戏结束后引导幼儿讨论交流并做出下次游戏计划，根据计划持续探究，推进下一次的游戏。

第三节　游戏案例三：综合区——我是“小炮兵”

一、游戏背景

在综合区里，我们第一个周期玩的是安吉箱游戏，但是经过三周的游戏，孩子们似乎对安吉箱不是很感兴趣了。也可能是因为天气太热了，孩子们非常喜欢钻到安吉箱里面，也有的孩子喜欢用垫子搭建一个小房子然后藏在里面。而王怀平却对搭建的大炮产生了很高的兴趣，由此“我是小炮兵”的游戏开始啦。

二、游戏过程

（一）初搭“轰炸大炮”

来仔细看藏在安吉箱里的王怀平，初始我以为他只是藏在里面玩，但是我看到，怀平把一些安吉板还有高架梯都搬到安吉箱有洞口的一端，他并不是仅仅藏在安吉箱里游戏这么简单。他先是将高架梯平放在地上，然后将安吉板插在高架梯放脚踩的横板上，这样安吉板一头就可以翘起来了。从远处看，安吉箱就好像是“大炮”的内部可以操作的工作室，然后外面的梯子就是搭建的“炮筒”，怀平就可以自己进入“大炮”的内部用手操作“大炮”了。这是怀平小朋友初次搭建的大炮，回教室我们进行游戏分享时，他还分享说是和王铎一起搭建的大炮，可是下面的小朋友在议论说：“怎么不像大炮呀?”

（二）载人式“大炮”

听到下面小朋友的议论后，怀平和王铎本来是站着讲述他们的搭建的，但是他们相互对视笑了起来，像是被小朋友的笑声和议论整得自己也不自信了，觉得自己的大炮也太不像了。等到了第二次我们继续玩安吉箱，王铎和怀平还是心心念念着大炮行动，这次他们改掉了以安吉箱为炮体的装置，直接利用大厅前面的楼梯为条件改成了室外的露天大炮。他们这次还是选用高架梯和安吉板为组建材料，这次还加入了长木板，只见

他们将高架梯平放在地上，然后在高架梯开口的一端中间插入了一块安吉板，王铎看着梯子上面似乎发现缺少点东西，又跑去拿来了最矮的竖梯，上面还放置了一个梯形是竖梯，这时，我看到王铎坐到台阶上双手正好抓住高架梯的腿，然后可以利用中间的空隙来回上下压，就好像真的在开大炮似的，怀平说："咱们的大炮从哪里发射子弹呢?"这好像是个问题，目前的大炮可以开，但是却少了炮筒，王铎又去搬来了一根长木板，他将长木板插在高架梯的中间镂空的位置，这样可以翘着伸出来一部分，就真的好像炮筒一样，刚开始王铎想把木板插进去，但是上面放了两个竖梯，不好放进去，于是，怀平和王铎两人一起，一个人抬着，一个人往里放木板，就这样木板放好了，还延伸到台阶那里，正好可当作驾驶员的座位，就这样王铎开始试驾他的大炮了，还带着怀平一起开大炮，一边开一边模拟配音。

（三）"炮弹已上膛，小炮兵已就位"

1. 升级版大炮来袭

男孩子好像生来就非常喜欢这些车、枪械之类的游戏，又到了户外游戏时间，王铎和怀平还是想搭建大炮。在前几次的经验基础上，在教师引导后，王

铎拉来了垫子，只见他先把垫子铺在台阶上，形成一个斜坡状，然后还是先去寻找搭建大炮的工具：高架梯、安吉板、木板，巧的是这次在大厅门口有几个篮球架，上面全是篮球，王铎想去拿篮球但是担心老师不让，当他用眼神看向我时，我就知道他想利用篮球去搭建他的大炮，于是我微笑点头示意他可以去拿，他便和怀平去抱了几个篮球过来。还是和之前一样，他们把高架梯平放在垫子上，这次他们把高阶梯上面的间隔全都用来放置篮球了，一个一个的篮球正好排在空隙处，真的好像已经上膛的炮弹。这时王铎霖看到后也来帮忙搭建，他在高架梯的前面放置了一个梯形的竖梯，然后在竖梯的间隔里插入了安吉板当作炮筒。王铎霖安装完后还跑到驾驶室试驾了，他一用力压，篮球就漏了下去，怀平和王铎一人一边帮忙整理篮球。浚源看到了他们的大炮，很感兴趣，于是拿着一个篮球想加入他们的游戏。他顺手放在了翘起的安吉板上，就好像马上发射的炮弹，但是王铎看到后好像不喜欢浚源的改装，然后一脚踢掉了浚源放的篮球。王铎霖还在试驾，但是王铎已经不满铎霖的行为了，他让铎霖停了下来，浚源又想用安吉板改装一下，王铎不让，浚源就走开了。王铎自己去搬来了安吉板，好像是要打算围合他的大炮，铎霖也因为王铎的制止离开了。

2. **大炮的升级版装备**

王铎就自己一个人搬运安吉板，并把安吉板放在大炮的两侧。但是由于安吉板太薄，立着摆放站不住，于是王铎跑到大四班那边借来了积木块，然后他用积木块挡着安吉板站立在那里，安装完一侧他又用同样的方法把大炮的另一侧安装上。在这中间王以沫看到了，想过来参与王铎的游戏，但是也被王铎制止住了。王铎还是自己一个人进行着大炮的改装，他在安吉板的外侧又加上了一层安吉板，还是同样的方法用积木挡住安吉板以防止它歪倒。可是王铎好像把积木只放了一侧，另一侧没放，所以一边安装好，另一边又倒了，最后王铎终于成功了。这时他拿来一个篮球放在所谓的炮筒上，然后将长木板插到前面的炮筒下面，这使得大炮看起来炮筒更长也更威武了。王铎又搬来一块安吉板，放到第一层的安吉板下面，这时的炮筒好像升级为两层的样子。王铎霖也回来了，和王铎一起搭建并修复着大炮，他们还在炮筒两边放置了很多篮球，就好像是储存炮弹的地方。

3. **新的问题出现，大炮是否能顺利开启**

只见王铎和怀平把篮球架上的篮球都拿了过来，他们本想把两侧当作存放子弹的地方，可是篮球过来就把外侧的挡板给碰倒了。王铎霖和王铎又开始紧急地拯救外侧围栏，怀平也抱来了一块安吉板，看能不能补救上。王铎霖一直在调整安吉板的位置，想重新让安吉板站立起来。外侧围栏还没解决，王铎霖拿来一个长木板，想给炮筒加高第二层。这时王铎又去和他帮忙，怀平则是在修改围栏。班里的其他小男生看到这么壮观的作品也过来伸手帮忙，但是被王铎给轰走了。王铎一直在调整，最后他把两侧的球都拿走了，这才让木板重新立住。然后他们一直在商量第二层炮筒的搭建，最终在第一层的基础上，属于二层炮筒的搭建顺利完成，他们的战车也可以启动，“我是小炮兵”计划顺利实施。

4. **小炮兵的延伸**

在综合区搭建大炮之后，我们更换了其他的游戏区域。我们来到了涂鸦区，在涂鸦区，我们投入了大自然中最自然的东西——泥土。怀平和王铎等几人用泥巴捏了一个大炮，这次的大炮看起来更加真实形象一些，怀平把捏的大炮放到窗台上进行晾晒，说等着晒干之后要涂上颜色，孩子们的小炮兵游戏还在继续，让我们期待下次的精彩。

三、教师的支持与反思

（一） 善于捕捉孩子游戏的意图

作为教师，要善于发现孩子的游戏意图与探究需求。在孩子们对大炮产生兴趣后，教师要抓住孩子的兴趣契机。伴随着游戏的不断发展和推进，孩子们从最简单的炮筒和安吉箱组合式的大炮到后来可以有围合、架空、垒高的大炮，孩子们的游戏一直是在进步与发展的，并且也在整个游戏中体验到了成功与快乐。

（二） 帮助幼儿树立游戏意图

在孩子们进行第一次搭建后，我们回到教室进行游戏分享，并且观看真实大炮的形状与结构。教师在看到其他孩子对他们的大炮产生怀疑时帮助幼儿梳理大炮搭建的构造图纸，帮助他们顺利地进行游戏。在孩子们进行第二次载人大炮的搭建中，他们根据现实生活中见到过的大炮进行了改装搭建。

（三） 用材料激发孩子， 推动游戏进一步的发展

孩子们对大炮的兴趣依旧不减，当我第三次看到他们搭建的大炮时，我选择投入新的游戏材料——篮球，当孩子们发现篮球时就会利用上篮球，并且把篮球当作炮弹放在大炮两侧的储存位置，他们的大炮的结构又变得更加精进。在幼儿游戏停滞不前的时候，教师就可以为幼儿增添新的材料，孩子们的目光锁定到新的材料，游戏的发展将会进一步推进。

（四） 延伸孩子的游戏意图

在综合区里，孩子们搭建的大炮从初始的简单炮筒到后面精良的大炮，

孩子们一直沉浸在小炮兵的游戏中，当更换游戏区域时，教师也可投入一些游戏材料让幼儿用其他的材料继续进行自己的游戏，之前的大炮也可以用泥巴来塑造，并涂上漂亮的颜色，制作成大炮模型，进而新的游戏继续发生。

从大炮的搭建到后来“小炮兵”的精良大炮，孩子们的游戏在教师的指导下，不断发展、丰富和深化，孩子们每天在计划着“大炮”并全身心地投入其中，作为教师要积极地回应幼儿的游戏，倾听幼儿游戏时的话语，帮助他们总结游戏中获得的经验，解决游戏中遇到的困难，和他们一起体验成功的快乐，一起探讨如何将游戏进一步深入，期待孩子们更多的挑战。

游戏案例四：缤纷雪花片，童梦建筑师

一、游戏背景

孩子们钟爱的雪花片区域时间到了。雪花片，这种色彩鲜艳、形状多变的玩具，总是能激发孩子们的无限创意和想象力。近期，他们要用这些雪花片搭建出一个属于自己的奇幻世界。

二、游戏过程

（一）水平一：开着“兰博基尼”去旅行，偶遇“卖汤圆”

观察时间：4 月 22 日

刘宇博和他的小伙伴张以诺、李姝锐、褚梦媛认真地搭建着貌似“车”形状的物品。

刘宇博不断地调整着，小伙伴们给他递工具。

我：“搭建的什么啊?”

刘宇博：“兰博基尼。”

我惊呆：“也太厉害了吧。”

之后他们开始向我介绍：这是“兰博基尼”的座位；这是“兰博基尼”的方向盘；这是“兰博基尼”的后备箱……

李姝锐：“给你搭建了一个司机座位，刘宇博。”

刘宇博：“这里还漏了一个洞呢，车玻璃还没安装好。”

张慧诗：“我的头伸进来了。”

刘宇博：“哈哈，你碰到车玻璃啦。快上车，我们要去旅行啦。”

我：“你们要去哪里旅行呀?”

褚梦媛：“我们要去南京。”

远处，褚梓涵和王嘉逸的叫卖声吸引了他们，一声声的“卖汤圆喽”促使他们停下了“车”来到服务区（刘宇博说高速开车只有服务区才能停车），小家伙的生活常识可真不少。

孩子们一顿忙活着。

我：“这是在干吗呀?”

褚梓涵：“我们在煮汤圆。”

刘宇博：“这些汤圆是在那个‘九州超市’买的。”（他手指了指褚梓涵和王嘉逸的“摊位”），我们一会儿还要多买点放在后备箱里，旅行累了就煮一些来吃。

感叹：好幸福的旅途。

我的思考：

小班幼儿雪花片搭建“兰博基尼”这个活动真的非常有趣。首先，从动手能力方面来看，雪花片搭建需要孩子们精细地操作每一个雪花片，将它们按照特定的方式拼接在一起。这对于小班幼儿来说是一个不小的挑战，但同时也是一个很好的锻炼机会。其次，这个活动还激发了孩子们的创造力和想象力。孩子们通过搭建“兰博基尼”这一名车模型，不仅可以了解到汽车的基本结构和特点，还可以根据自己的想象和创意进行改造和创新。再次，这个活动还促进了孩子们的社交能力和合作精神。在搭建过程中，孩子们可能需要互相交流和协作，共同解决遇到的问题。这种合作的过程不仅有助于培养孩子们的团队意识和沟通能力，还能让他们体验到成功的喜悦和成就感。

（二）水平二：航母、航舰齐上线

观察时间：4 月 25 日

又开始了新的一天雪花片搭建。刘宇博和他的小伙伴们又开始了新的搭建，一顿操作后，一个作品又出来啦，我刚要走进去问搭建的是什么，这时衡思睿走过来了。

衡思睿："刘宇博，你这是在搭建坦克。"

刘宇博："这不是坦克，这是航母。"

衡思睿："航母舰？"

刘宇博："是的，这是航舰。"（哈哈，航母变航母舰又变航舰）

这一对话，吸引了更多小朋友的帮忙，刘宇博主导着，其他伙伴们忙活着。这时刘宇博发现马乐琛进到了"航母"里。

1. 遇到问题：

搭建时有的小伙伴总是"捣乱"怎么办？

刘宇博："马乐琛，你可千万别捣乱，不然航母就做不成了。"这时刘宇博开始调整前面，最后他又改变了思路。

2. 解决办法：

先把自己的需求告诉同伴，寻求合作。制止“捣乱行为”，或者征求伙伴意见，切换搭建主题。

我：“你那个放弃了？这又是搭建的什么？”

刘宇博：“这是航舰。”

我：“航母和航舰有什么区别？”

刘宇博：“航舰是有导弹的，航母只有雷达。”

我的思考：

航母作为一种大型军事装备，对于幼儿来说具有一定的吸引力。通过搭建航母，可以激发幼儿对军事、科技等领域的兴趣。同时，搭建航母需要一定的时间和耐心，这有助于培养幼儿的专注力和耐心。这一过程还能够激发幼儿的创意思维，培养他们的想象力和创造力。同时，幼儿还可以根据自己的理解和想象，对航母进行个性化的设计和改造。

刘宇博在面对同伴捣乱时保持冷静，不被对方的行为轻易激怒。这种情绪管理能力是社交互动中非常重要的一环。

并且通过尝试解决问题，孩子们能够体验到自己的能力和价值，从而增强自信心。这种自信心不仅有助于幼儿更好地融入群体，还能够激发他们面对更大挑战的勇气。

我的支持：

和孩子们一起拓展孩子们口中“航母和航舰”的区别，掌握科学的名称。原来，航空母舰（简称“航母”）和航空舰艇（简称“航舰”）在本质上是相同的，都是指在海上活动的、以舰载机为主要作战武器的大型水面舰艇。这种称呼上的差异可能源于不同地区或不同文化背景下的习惯用语。

（三）水平三：“偶遇”大吊车

观察时间：4 月 26 日

今天户外搭建时，一辆绿色的大吊车从幼儿园门口经过，吸引了孩子们的注意。这时，张以诺提议搭建一辆大吊车。孩子们开始有模有样地搭建起来。不会搭建时就通过幼儿园大门看看外面的大吊车。不一会儿，大吊车雏形就出来了。

1. 遇到问题：大吊车的“长鼻子”没办法固定。

陈书语和刘宇博又开始观察园外的大吊车。

2. 解决办法：大吊车的“长鼻子”底部需要支撑。

他们一起合作，有扶着的，有做支撑的，有递材料的。终于，属于小一班的“大吊车”竣工了。

我的思考：

孩子们看到路过的大吊车，有了游戏主题，这充分说明了孩子们的游戏是基于生活经验的。在搭建过程中孩子们遇到问题后，同伴之间商量合作解决问题。其实在搭建过程中，幼儿可能会遇到各种问题，如雪花片数量不足、结构不稳等。解决这些问题的过程，有助于培养幼儿的问题解决能力和独立思考能力，还能够培养他们的团队合作意识和沟通能力。

（四）水平四：你没见过的“翻斗车”

观察时间：4 月 29 日

今天是周一，经过周末在家的“动画片”经验，刘宇博和他的小伙伴们搭建起了“翻斗车”。

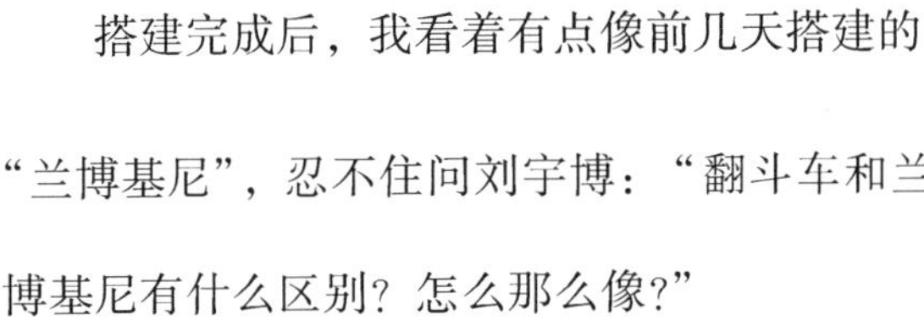

搭建完成后，我看着有点像前几天搭建的“兰博基尼”，忍不住问刘宇博：“翻斗车和兰博基尼有什么区别？怎么那么像？”

刘宇博回答我：“翻斗车有翻斗，兰博基尼可没有翻斗。”说完他指了指“翻斗车”的

中间，这就是翻斗车的“翻斗”，翻斗车通过翻斗才能翻过来。

我的思考：

在搭建翻斗车时，刘宇博和同伴需要理解各个部分之间的关系，如何使它们紧密地结合在一起，形成一个完整的翻斗车模型。这个过程需要幼儿对空间关系有清晰的认识，通过实际操作来增强他们的空间感知能力。我们要多给予肯定，让孩子们有好的情绪价值。

三、分析与支持

两周的过程，刘宇博小朋友和他的小伙伴们搭建出了兰博基尼、航母、航舰、大吊车、翻斗车，还有一个挖掘机。这些有主题的搭建充分证明了孩子们是充满想象力和创造力的。我们老师要多鼓励支持孩子们，无限地发挥他们的想象力并记录下来，和孩子们一起回顾游戏，让孩子们在游戏过程中得到各方面的发展。

幼儿搭建雪花片水平的提高是一个渐进的过程，它反映了幼儿认知能力、动手技能以及创意思维的全面发展。以下是针对我班幼儿搭建雪花片水平提高的详细分析。

1. 认知能力的提升

空间认知能力：随着幼儿对雪花片搭建活动的深入参与，他们的空间认知能力会逐步提高。他们能够更准确地理解雪花片之间的空间关系，如上下、左右、前后等，并能够在搭建过程中灵活运用这些空间概念。

2. 观察分析能力的提升

幼儿通过观察他人的搭建作品或自己的搭建过程，逐渐学会分析雪花片的形状、大小、颜色等特征，并能够在搭建时考虑如何利用这些特征。这种观察分析能力的提升有助于他们更好地理解搭建规则，提高搭建水平。

3. 动手技能的提高

精细动作能力：随着搭建雪花片活动的进行，幼儿的精细动作能力会得到锻炼和提高。他们能够更准确地控制手指的动作，将雪花片紧密地拼接在一起，形成稳定的结构。

4. 协调能力的提高

在搭建过程中，幼儿需要运用双手和眼睛的协调能力，将雪花片准确地放置在合适的位置。这种协调能力的提高有助于他们更好地完成搭建任务。

5. 创意思维的发展

雪花片搭建活动为幼儿提供了广阔的想象空间。在搭建过程中，幼儿可以根据自己的想象创造出各种形状和结构。这种想象力的锻炼有助于他们培养创意思维能力。

6. 创新能力的提高

随着搭建水平的提高，幼儿开始尝试在作品中融入新的元素和想法。他们可能会尝试使用不同的颜色、形状或结构来搭建作品，这种创新能力的提高有助于他们更好地适应未来社会的需求。

7. 其他方面的发展

耐心与毅力：雪花片搭建活动需要幼儿付出一定的时间和精力。在搭建过程中，他们需要不断尝试、调整、完善作品。这种过程有助于培养幼儿的耐心和毅力。

自信心与成就感：当幼儿成功搭建出一个作品时，他们会感到自豪和满足。这种自信心和成就感的建立有助于他们更积极地参与各种活动，提高自己的综合素质。

总之，幼儿搭建雪花片水平的提高是一个综合性的发展过程。通过参与雪花片搭建活动，幼儿的认知能力、动手技能、创意思维以及其他方面都能得到锻炼和提高。教师在组织这一活动时，应关注幼儿的发展需求，提供必要的支持和指导，以促进他们的全面发展。

第五节　科学活动案例一：小鸡孵化记

一、活动背景

在大人的眼里，“鸡蛋”似乎很简单，但是在孩子们的眼里，“鸡蛋”是一个神秘的世界。进入大班后，孩子们对万事万物都充满了好奇与疑问，特别是有关于生命的话题。借此机会，我们开展了孵化小鸡的活动，活动中，孩子们通过观察和称重，记录，变被动学习为主动学习，老师和孩子们走过了一条不同寻常的探究之路。

二、活动过程

（一）对鸡宝宝产生兴趣

经过一个周末，可乐回园后跟小朋友说起奶奶家刚买的小鸡宝宝非常可爱，他还带了两只回来。小朋友们一听都对小鸡宝宝产生了浓厚的兴趣，大家都想要养小鸡。孩子们的对话，被巡班的园长阿姨听见了：“你们想不想自己孵小鸡?”孩子们听到后可高兴了，拍手欢迎。“可是，怎么孵小鸡呢?”“奶奶家的小鸡是鸡妈妈孵的，我们又不是鸡妈妈。”如玉的一句话惹得其他小朋友哈哈大笑。孩子们你一言我一语地聊着，可是，到底怎么孵呢？孩子们让我到电脑上查一查，原来有专门的孵化器。为了给孩子们一次孵蛋体验，第三天园长阿姨就给我们带来了一个崭新孵化器。

（二）选取合适的鸡蛋

是所有的鸡蛋都能孵出小鸡吗？那就先带孩子们从认识鸡蛋开始。通过

认识鸡蛋，孩子们知道鸡蛋是圆圆的，由蛋清、蛋黄、蛋壳组成。蛋壳碰到硬东西很容易就碎了。打开鸡蛋后，就能看见蛋清和蛋黄，蛋清像水一样，那么小鸡是怎么来的呢？有的孩子说："是鸡妈妈生的蛋，打碎就出来小鸡了。"有的孩子说："是从鸡蛋黄里变出来的。""鸡蛋变得，没错，是怎么变得呢？"孩子们个个摇摇头说："不知道。"我上网查找资料，把孵化小鸡的全过程让孩子们看了看。孩子们很好奇，居然这么神奇，都迫不及待想孵化属于自己的小鸡。

那怎么孵化呢？我们认识了孵化器，还要有鸡蛋，得有合适的鸡蛋（种蛋），还要有合适的温度和湿度才行。"什么是种蛋？"孩子们好奇地问。"就是受精蛋，母鸡和公鸡在一起生活生的蛋才行。"我拿出园长给准备的种蛋给孩子们看，小朋友看了又看说："这和我们吃的鸡蛋一样呀。""那我们去厨房要几个鸡蛋试一试，看看厨房里用的普通鸡蛋能不能孵出小鸡。"当鸡蛋到位后，孩子们迫不及待地让我调试温度："王老师，你快调好温度和湿度呀！"看过说明书以后，我把温度调到 37.8 ℃，湿度控制在 40 到 60 之间。孩子们称蛋，标号、放蛋，每个人都很期待。

解读游戏：

准备过程中，幼儿认识了孵化器，知道孵化小鸡必须要有合适的种蛋才行。认识了鸡蛋的构造，丰富了孩子们的知识。孵化器要调到合适的温度和湿度。准备过程中，孩子们注意力高度集中，激发了幼儿的好奇心，并对孵化小鸡充满了期待。

（三）小意外，促成长

今天是孵化小鸡的第九天，孩子们按时入园后，都在找蛋称蛋，做记录，当然孙溪苒也在做着和伙伴们一样的事情，而且还和身边的小朋友一边说着，谈论着，自己的小鸡宝宝出生后肯定是最漂亮的，说完后把蛋宝宝放在LED灯上看。一不小心，蛋宝宝掉下去了，蛋宝宝摔裂缝了。孙溪苒立马跑到卫生间里大哭起来，有的孩子也跟着跑到卫生间来安慰她，劝她别哭了，回家再找一个蛋放进去就可以了。可是她还是哭得很伤心，说：“我们家没有那种蛋，老师说是受过精的蛋才可以。”

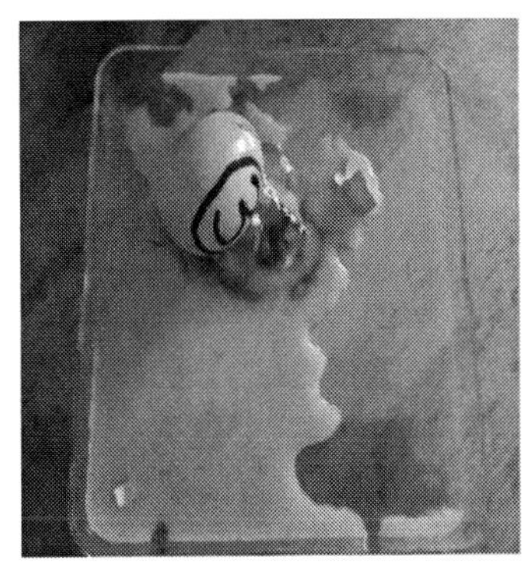

她那组的小朋友沈钊臣安慰她说：“我把我的蛋宝宝给你观察，我和公瀚德看一个。”

可是执着的孙溪苒仍然不愿意，哭着说：“我就要我以前的蛋。”于是我走上前语重心长地对她说：“溪苒呀，蛋宝宝碎了，我们谁都没有办法让它变回去，老师和小朋友们都很伤心，但是我们要接受现实。”这时，在一边的孩子大叫起来，蛋宝宝流血了，她听到后哭得越发伤心了。

好奇的张凌硕非要看看里面是什么样子的，它为什么流血？于是他顺着蛋壳裂缝的位置把蛋壳掰开了，打开后，看见有个黑黑的点点被蛋清包裹着，张凌硕说："这应该是小鸡的眼睛。"其他孩子们也都七嘴八舌地讨论着，有的说是小鸡的脚，有的说是小鸡的脑袋。

看见九天的蛋宝宝已经初具雏形，孩子们都觉得好可惜呀，为蛋宝宝觉得惋惜。那该怎么办呢？陈开润建议把蛋宝宝埋起来，沈钊臣找来铲子和庞老师一铲一铲地挖着坑，然后把破碎的蛋宝宝小心翼翼地放进土坑里，还一边说着："你睡吧，蛋宝宝，来世你会很幸运的。"周围的孩子们也都在为蛋宝宝祈祷，这时的孙溪苒哭得越发伤心了，她站得远远的，不敢靠近蛋宝宝。孩子们为蛋宝宝盖上了树叶，希望它能得到温暖。之后，我们告别了蛋宝宝回到教室里。

中午散步时，孙溪苒才过来看望自己的蛋宝宝，一边用小棍敲打着树叶，还一边默默地流眼泪。看来，她的心情平复了好多，之后的日子里，只要我们来到小树林边上，孩子们都会来看望蛋宝宝，再为它盖上几层树叶，好像在寻找心灵上的安慰。

解读游戏：

其实，我也很伤感，看到孩子小心呵护的小生命就这样毁灭了，我的内心五味杂陈。但是，这也给孩子们上了一节生动的生命教育课。当孙溪苒看到自己的蛋宝宝碎了，她很伤心，说明她和蛋宝宝有了一定的感情，她的亲社会性行为也得到了一定的提高。在伤感中，她也知道不是所有的鸡蛋都能孵化成小鸡的，得是受过精的蛋宝宝才可以，这说明，她记住了老师传授给他们的基本知识。她的记忆力很好，也是一个主动学习的孩子。

当别人都不敢看流出血的鸡蛋时，张凌硕就敢于大胆尝试。他是一个很好奇的孩子，而这种好奇心促使他去看看蛋壳里鸡蛋的变化，这种好奇心也是一种极高的学习能力。当他打开蛋壳后，发现里面已经不是蛋清和蛋黄后，而是一只初具雏形的小鸡，他更加好奇了，一直在看蛋清里面究竟是什么。在观察中，他的注意力、观察能力，以及和伙伴们交流中语言能力都得到了提高。

基于对生命的敬畏，孩子们建议把蛋宝宝埋葬起来，孩子们的世界观和安慰孙溪苒时的同理心都能体现出他们的道德情感是很高的。

孙溪苒从开始不敢接受和面对这个现实而不愿意靠近蛋宝宝，到后来慢慢地把自己的情感调整过来，去看望安葬蛋宝宝的地方，也能体会到，她也在努力调整自己，是一个勇敢理智的孩子。

（四）小鸡有变化了

第 12 天时，公瀚德在观察蛋宝宝时，发现灯光透过蛋壳，照出了细细的像线一样的东西，他好奇地指给周围的伙伴们看。小朋友们也都很好奇地问我，我告诉他们，这是小鸡的血管呢！之后很多孩子们都看到了有血管的蛋宝宝了。

刘琦说："我的蛋宝宝也有血管了，你们看，上面是黑黑的，下面是透明的，中间就有细细的血管。"

张筱雅说："我的蛋宝宝，上面有鸡屎，看不清，我想它应该也有血管了。"

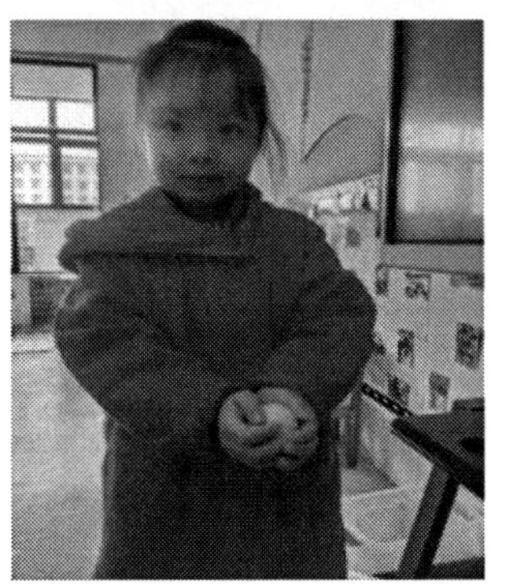

陈开润接着说："我看到了，它真有血管，它肯定是一只黄黄的，身上带有条纹的小鸡。"

王彦凇在一边看完后，悄悄地给好朋友公瀚德说："我的蛋宝宝也有血管了，它在里面睡觉呢。"说完自己和公瀚德哈哈地笑了起来。

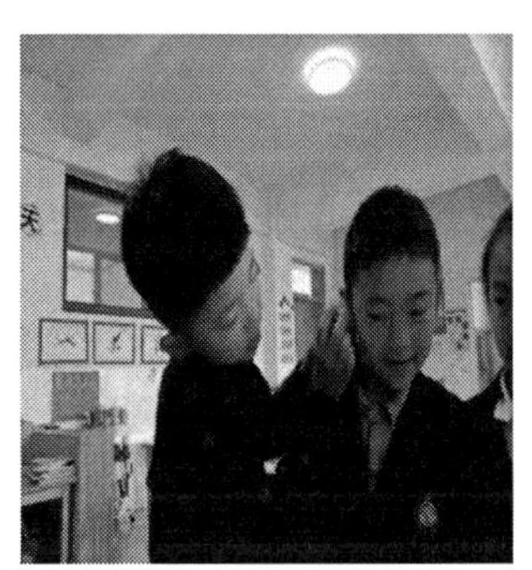

我拿出从厨房里要来的鸡蛋，让孩子们仔细观察，这时孩子们发现这几个鸡蛋是透明的没有血丝，孩子们也终于确认没有受精的鸡蛋是不能孵出小鸡的。

张骁婕好奇地问我："老师，小鸡什么时候出来?"

我说："等到第 21 天时就能出来了。"孩子们都很兴奋地盼望着，掐着手指算了算说："还有九天。"

解读游戏：

公瀚德观察事物细心，能发现很细小的变化，而且他的语言能力也很强，日常生活中语言积累得可不少。刘琦在说话中也能运用方位词，他的空间感还是挺强的。张筱雅猜想自己的蛋宝宝和别人的差不多，她的想象力还是挺丰富的。当孩子们猜测种蛋和普通鸡蛋一样的时候，老师没有否定孩子的猜测，而是找到普通鸡蛋，让孩子们亲自验证。当事实证明普通蛋是不能孵出小鸡的时候，孩子们的经验又得到了丰富。这种敢于质疑的精神也是科学家精神的一种体现，我们要鼓励幼儿敢于质疑、积极求证的精神。

（五）小鸡在动呢

第 19 天时是星期天，我帮孩子做记录称重量。在观察时，我发现蛋宝宝在动，为了记录下来，我就录了一段视频发到群里，分享给孩子看。第二天星期一，孩子们都兴奋地问我："我的蛋宝宝动了吗?"他们在称重时就越发地小心，轻手轻脚地拿和放。当王彦淞看见自己的蛋宝宝在动时，孩子们也纷纷靠前想看看究竟。

宋金旭说："这也太神奇了。"

王艺宸说："它好像在转圈圈呀。"

张骁婕说："那个有点尖的东西，应该就是它。"

邵子洳说："我快要做鸡妈妈啦，真是太棒了。"

（六）小鸡快要变成真正的小鸡了

第 21 天时，隔着孵化器就能听到有小鸡叫的声音了。张筱雅把蛋宝宝放在耳朵边全神贯注地听起来，说："有叽叽的小鸡声了，太好玩了。"

张凌硕也拿起自己的 7 号蛋听起来："没有呀，它应该在睡觉!"

亓俊杰在拿 6 号蛋时，发现它微微地动了起来，说："它可真调皮"。

苗钰函发现了自己的 21 号蛋有些裂缝了，她拿起来仔细打量着看着，又放在耳朵边听一听，说："我觉得它在里面动呢!"

王艺宸也发现了自己的19号蛋宝宝也裂缝了，隐隐约约还可看见一个小东西在动来动去，旁边的张凌硕赶忙凑过来看看究竟，自信地说："那是小鸡的嘴巴。"

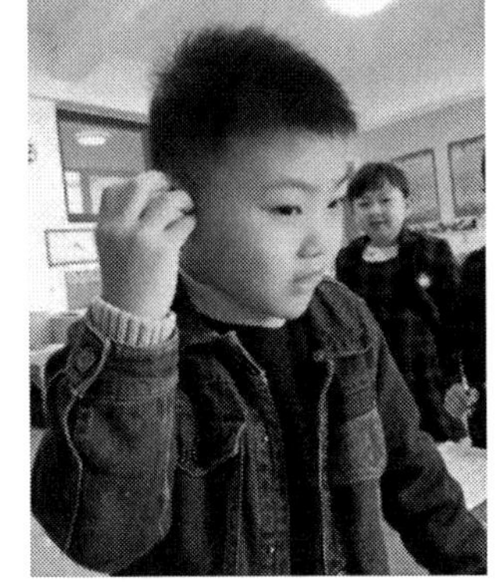

这时，这个蛋宝宝的蛋壳被小鸡的嘴巴顶开了一点，随之蛋壳也掉下来了一点。孩子们这次清楚地看见是小鸡的嘴巴了，小心地放在耳朵边听了听说："它在里面叫呀，好像在咬蛋壳，有哧哧的声音。"

"它马上就要出来了。"孩子们你一言我一语地说着，讨论着。

后来，我们看到蛋宝宝没再有什么变化，就把它放在了孵化器里。在无意间，我们掀开孵化器的盖子时，已经有两只小鸡出来了，孩子们感到兴奋极了，说是哪两个蛋宝宝变的？率先出来是20号和19号鸡宝宝，苗钰函抱着20号鸡宝宝说："太可爱了，我都给它起好名字了，叫苗钰西。"就在这时，一个蛋宝宝的蛋壳裂开好大一条缝，随之一块蛋壳也脱落下来。它就是21号蛋宝宝，我们把它放在了垫有纸的桌子上，孩子们一个个地睁大了眼睛，一点声音也没有，好像是怕吵到鸡宝宝一样。小鸡在里面挣扎着，叫着，蛋宝宝在桌子上动来动去。就在一瞬间，蛋壳裂开了，分成了两半，张凌硕说："小鸡出来了，它是用身体拱出来的。""我看见小鸡的脚了。""它全身黑黑的，羽毛还是湿的。"只见小鸡连同蛋壳在桌子上翻滚着。一会儿它就不动了，停留了几秒钟。“它累了，想休息一会儿。”“快看，它的肚子一鼓一鼓的，它在喘气呢!”孩子们说着话的时候，它纵身一跳，翻出了蛋壳，又趴在桌子上了。筱雅说：“快看，它的屁股上粘着一条细细的线。”小鸡努力地想站起来，可是怎么也站不起来，只能东倒西歪地挪动着，在它挪动的时候，那条细细的线也就挣脱下来了。看着虚弱的小鸡躺在那里，孩子们建议把它放进孵化器暖和着。孩子们看着分开两半的蛋壳说：“里面还有血呀!”“是呀，小鸡在蛋壳里面需要营养呀!”“小鸡好勇敢，好棒呀!”孩子们给小鸡鼓起响亮的掌声，都觉得这太神奇了!接着小鸡一个个都健康地出生了，看到活泼可爱，羽毛干净、漂亮的小鸡，孩子们说：“现在蛋宝宝变成真正的小鸡了。”

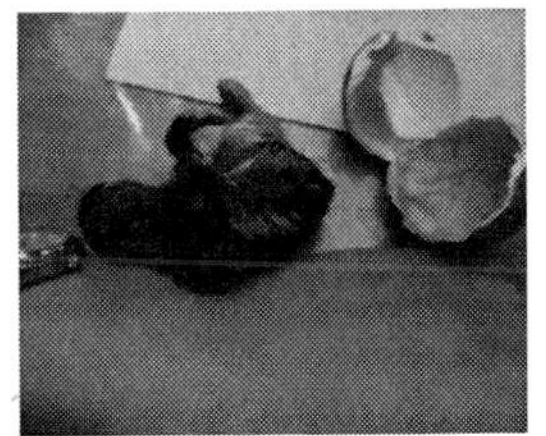

三、解读游戏与支持

孩子们观察细心，能够通过看、听等多种感官进行感知，通过感觉来想象小鸡在蛋壳中的变化。有好奇心，善于思考，思维活跃，总会有自己独特的想法。当看到鸡宝宝通过自身的努力，成功出壳时，他们为生命的伟大而感到自豪和感慨；而且还富有同情心，心疼小鸡宝宝冷，太虚弱。整个过程，孩子们通过语言进行交流，他们的语言能力、想象能力和思维能力得到了发展，同时他们的社会交往能力也得到了提高，他们的生活经验也得到了进一步的提高。

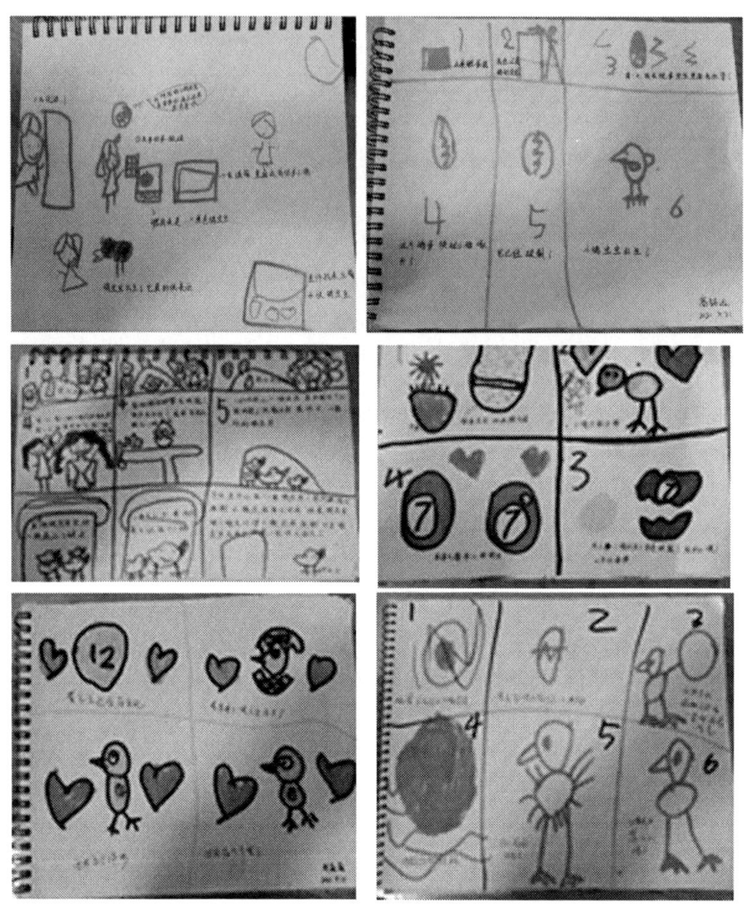

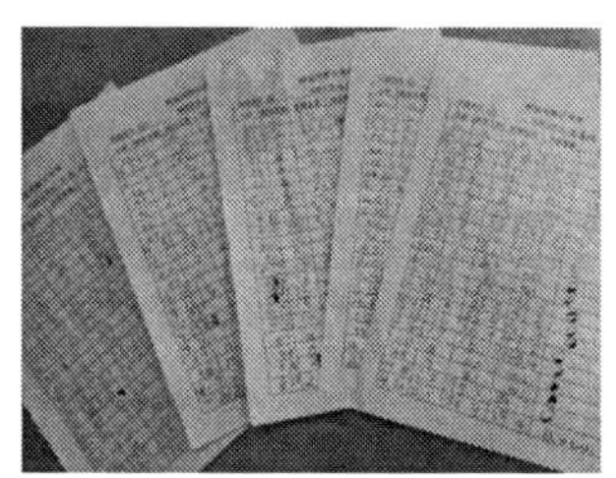

孩子们通过绘画，把孵化小鸡的全过程都记录下来了，在这21天里，我们见证了生命的奇迹，也能感受到生命的伟大。21天里，收获的是孩子，成长的是孩子。当然作为老师，我能与孩子一起见证小鸡的出生，也是我的荣幸。

小鸡出壳了，照顾小鸡成长的任务还很重呢，期待我们的故事吧。

第六节　科学活动案例二：蝌蚪宝宝成长记

一、活动背景

4 月，是春天中比较舒适的月份，万物复苏，天气也慢慢地暖和起来了，我们的养殖区也该更新了。我问孩子们想养些什么，孩子们回答说养蝌蚪吧，我问孩子们为什么想养蝌蚪，孩子们说想看它是怎么变成青蛙的。原来是因为前几天离园前我给孩子们讲了个故事《小蝌蚪找妈妈》，最后发现蝌蚪的妈妈是青蛙，让孩子们产生了浓厚的兴趣。

二、活动过程

清明假期，我去河里逮了半天也没有逮到小蝌蚪，一位在河边玩耍的老大爷告诉我蝌蚪的生长和存活受到多种环境因素的影响，如水温、水质、光照等。如果河流的环境条件不适合蝌蚪的生长，那么即使蛙类在繁殖，蝌蚪也可能无法存活或难以被观察到。为了不让孩子们失望，我网购了一些小蝌蚪。

周一一来幼儿园，孩子们就发现了养殖区的新成员。孩子们开心地眨巴着眼睛，看看这只小蝌蚪、又看看那只小蝌蚪，叽叽喳喳地和同伴交流着自己的发现。

（一）初见小蝌蚪

观察时间：4 月 8 日

褚梓涵：“哇！这是小蝌蚪。”

张俊希："我奶奶家池塘就有小蝌蚪，看，我也逮了几只。"说完，张俊希拿出了一个瓶子，把蝌蚪也放进养殖箱子里。

彭靖喆开心地说："它以后就是我们的朋友了!"

吃完饭，活动课开始了，应孩子们的要求，我把蝌蚪带到活动室里，和孩子们一起观察。

曹子沫："它的脑袋圆圆的。"

刘宇博："它嘴巴扁扁的。它好像只有头和尾巴。"

小朋友们对小蝌蚪的外形充满了好奇，说着自己的观察发现，他们也用自己的方式表达着对小蝌蚪的喜欢，并乐在其中。

我的思考：

陈鹤琴曾说过："大自然、大社会都是活教材。"小朋友们的年龄较小，对世间万物都充满浓厚的兴趣，教师要积极引导他们在大自然、社会文化生活中发现美好的事物。通过对事物的观察，发现其明显特征，提出自己的想法及问题，提升幼儿对美好事物的感悟，为幼儿全面发展奠定基础。

（二） 黑蝌蚪和灰蝌蚪的区别

孩子们继续观察着。

王昱桦："老师，这里面的蝌蚪颜色好像不一样，这几个的颜色是黑色，那些蝌蚪的颜色好像浅一些。"

张俊希："那几个黑蝌蚪是我在奶奶家捉到的。"

抓住孩子们对蝌蚪的兴趣，就蝌蚪颜色为什么不一样这个问题，我和孩

子们一起查找资料和小百科，发现青蛙的蝌蚪是黑灰色还是青灰色，答案是并不一定，因为青蛙的种类有190多种，而且多种青蛙还是全国性分布的，而不同的青蛙在外观上有一定的差异，所以它们的蝌蚪外观也不尽相同。不过，可以确定的一点是黑色的蝌蚪是蟾蜍的蝌蚪，并非青蛙的蝌蚪。

讲到这里，孩子们惊奇地问我："老师，你小时候养过蝌蚪吗？"

我回答孩子们："这一点除了科普资料上有外，我小时候也做过实验了。小时候的河流和池塘中，只要到了蛙类繁殖的季节，我们最容易捞到的就是上面这种黑色的蝌蚪，我哥曾经多次用玻璃的罐头瓶子养过，最终蜕变完成后都是蟾蜍。"

我的思考：

《指南》中指出：当幼儿遇到问题时，我们不应急于告诉他们答案，而是应该引导幼儿通过观察、比较、操作、实验等方法，学习发现问题、分析问题和解决问题。最终，他们通过一起查阅资料、调查得出答案。通过调查、实践，不仅提高了他们解决问题的能力，也让他们体会到成功的喜悦。

（三）捏一个可爱的小蝌蚪

观察时间：4月10日

区域游戏时间到了，只见孩子们自发来到美工区拿起黑色的轻黏土和白色的蛋糕盘，开始制作起来。

王誉诺："它的头要捏得圆圆的，尾巴

要捏得扁扁的。”

姜怡然：“我捏了一个大蝌蚪，这样它就能变成大青蛙了。”

孩子们捏了好多各种各样的小蝌蚪，拿到窗台边给“蝌蚪”晒太阳。

我的思考：

孩子们自发地选择用黏土捏蝌蚪，说明他们对这一活动有浓厚的兴趣，孩子们可能是在观察过蝌蚪或在故事中听过蝌蚪后，产生了用黏土捏蝌蚪的想法。这显示了他们的观察和学习能力，他们能够将所学到的知识或观察到的现象转化为自己的实践活动。他们使用黏土捏蝌蚪，不仅是对蝌蚪外形的模仿，还融入了他们的想象力和创造力。

（四）小蝌蚪吃什么

在饲养小蝌蚪一段时间后，大家发现小蝌蚪还没有长大。小朋友们也提出了自己的疑问。

李姝锐：“是不是因为小蝌蚪饿了？”

孙顺源：“我们可以给它吃什么？”

衡思睿：“它不吃肉，它吃蔬菜。”

张俊希：“它应该喜欢吃小虫子吧。”

为满足孩子们的好奇心，我们通过调查、实践等方式验证孩子们的猜想。

1. 尝试一：喂食蔬菜

观察时间：4 月 14 日

在喂食蔬菜的第二天，我们发现蔬菜没有变化，小蝌蚪没有吃蔬菜，为什么呢？

衡思睿：“可能是蔬菜太大了。”

王誉诺：“我们可以把蔬菜弄碎一点。”

王嘉逸：“它是不是不喜欢吃这个蔬菜。”

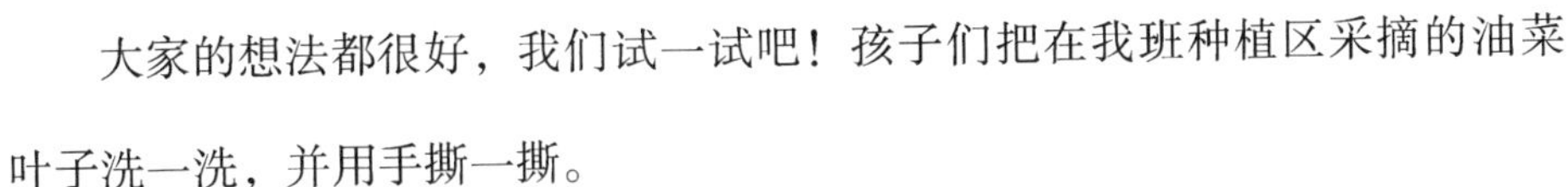

大家的想法都很好，我们试一试吧！孩子们把在我班种植区采摘的油菜叶子洗一洗，并用手撕一撕。

在小朋友们尝试喂食蔬菜后，又遇到了新的问题：怎么知道它吃没吃呢？

王嘉逸：“它长大了就表示它吃了！”

刘宇博：“我每天去看它，它一直不吃就还是原来的样子。”

在尝试喂食的过程中，大家七嘴八舌地讨论着：可以喂几片小叶子呢？最后，大家决定先放三片小叶子。

过了两天，小朋友们发现，叶子还是3片，没有什么变化。于是，我们开始了第二种尝试。

2. 尝试二：喂食“蝌蚪饲料”

观察时间：4 月 16 日

早上，张俊希小朋友兴奋地来到幼儿园交给我一包饲料，告诉我这是喂食小蝌蚪的。

张俊希：“快看，蝌蚪游过来吃了。”

衡思睿：“可是为什么它吃饲料而不吃蔬菜呢?”

我布置了一个小小的任务，回家和爸爸妈妈一起调查。

通过调查，小朋友们发现，小蝌蚪比较喜欢鱼饲料、面包屑和水草。

我的思考：

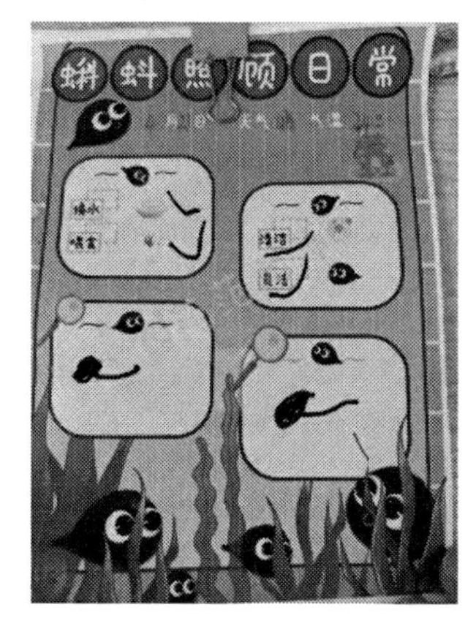

“生活即教育，行为即课程。”教育和生活是同一过程，教育蕴含于生活中，因此，结合班级喂养活动，引导幼儿感受生命、珍惜生命是本次活动的重要目标之一，只有让幼儿真切感受到自己的行为与动物之间的关系，才能让幼儿感受生命和了解生命。

（五） 换水这件事

观察时间：4 月 20 日

在小朋友们的精心喂养下，小蝌蚪越长越好。但是，小朋友们又遇上了新的问题。今天周一，孩子们一大早就开始观察起小蝌蚪。

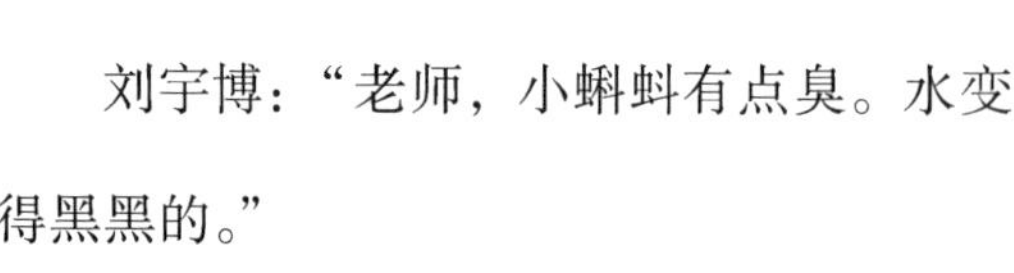

刘宇博：“老师，小蝌蚪有点臭。水变得黑黑的。”

张家旭：“水好脏呀，我们帮它们换换水吧!”

刚开始，对于换水这件事小朋友们犯了难，需要准备什么工具呢？

王誉诺："我们要准备盆子，然后用勺子装小蝌蚪。"

张以诺："可以用小网子。"

经过讨论，小朋友们开始寻找换水工具。

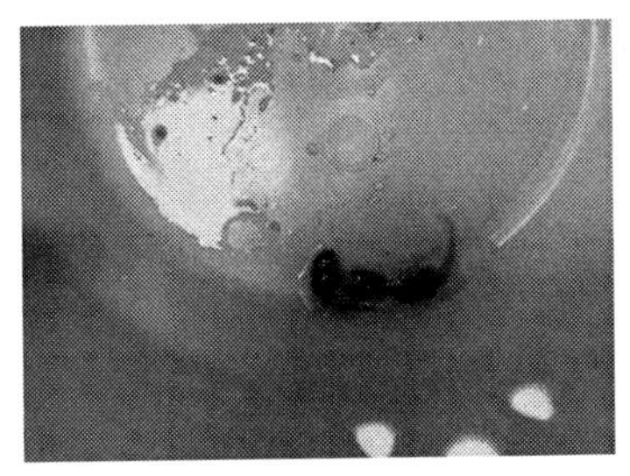

有了工具，大家开始忙活了！第一次换水时，小朋友们尝试用勺子将小蝌蚪舀出来，结果发现不行，除了用勺子还有什么方法呢？孩子们发现用渔网可以将小蝌蚪捞出，大家齐心协力用盆子将水倒掉，换了新的水，大家还将小蝌蚪的家洗得干干净净。

我的思考：

给蝌蚪换水虽然是一件小事，但对于小班的孩子来说还是会遇到各种问题，他们能够独立解决问题，同伴之间互相合作完成此次"换水"工作。

（六）蝌蚪怎么死掉了

观察时间：4月27日

很不幸的事发生了，午休散步的时候孩子们发现有的蝌蚪死了，然后开始纷纷猜测蝌蚪死亡的"真相"。

马乐琛："是不是饿死了呀？"

彭靖喆："也有可能是冷死的，水太凉了。"

我和孩子们查阅资料发现，养蝌蚪应放一些水草，放水草不单是为了好看，还因为水草能不停地从水中吸收蝌蚪呼出来的二氧化碳，放出蝌蚪所需的氧气，供给

蝌蚪呼吸用，同时植物也能成为蝌蚪的食物，为它们提供生长所需要的营养成分。

我和孩子们一起把死掉的蝌蚪送进树林中埋葬起来。

（七）期待蝌蚪的蜕变

半个多月过去了，蝌蚪依然没有变化，接下来，我和孩子们一起期待并且发现问题，解决问题。

三、分析与支持

对于小班幼儿养殖蝌蚪的活动，我们可以从多个角度进行分析，并提供相应的支持。

1. 科学探索与观察：养殖蝌蚪是一个很好的科学实践活动，它能让幼儿直观地观察到生物的生长和变化过程，增强他们的观察能力和探究精神。

2. 生命教育与关爱：通过观察蝌蚪的生长，幼儿能够感受到生命的奇妙，学会珍惜和关爱生命。

耐心与责任心的培养：养殖蝌蚪需要幼儿定时喂食、换水，这有助于培养他们的耐心和责任心。

3. 团队合作与交流：如果是小组活动，还能促进幼儿之间的团队合作和交流能力。

然而，也需要注意到小班幼儿年龄较小，可能存在的问题包括：

1. 对养殖活动的新鲜感可能持续时间不长。

2. 难以长时间维持对蝌蚪的关注和照顾。

3. 可能对养殖过程中出现的某些现象（如蝌蚪死亡）产生恐惧或不适。

支持：

选择适当的蝌蚪，确保蝌蚪来源可靠，没有疾病和寄生虫，并适合在幼儿园的环境中养殖。提供养殖环境：为蝌蚪提供一个适宜的生长环境，包括合适的容器、水质和温度等。

与幼儿们一起制订养殖计划，包括喂食、换水等日常照顾工作，并分配任务给每个幼儿，让他们都有参与感。鼓励幼儿观察蝌蚪的生长变化，并引导他们用简单的语言或图画记录下来。处理养殖过程中出现的问题：如蝌蚪死亡，要及时向幼儿解释原因，并引导他们正确面对生命的消逝，学会珍惜生命。在养殖过程中，要确保幼儿的安全，避免发生意外。例如，避免让幼儿直接接触蝌蚪，以免发生过敏或感染等情况。

第七节　科学活动案例三：探寻光之旅

一、活动背景

今天，科学探索区里我又投放了一些大小、形状不一的镜子，让孩子们继续探索光影的秘密。孩子们看到镜子就发出了“啊、啊………”的声音，期待的眼神不言而喻。一段探寻光的旅行开始了，不知镜子又会和小朋友们擦出怎样的火花呢?

二、活动过程

（一）观察过程

孩子们选择了自己喜欢的镜子，动手操作着镜子，在活动室里照来照去，凌语彤说：“快来看呀，我在屋顶照出来了一个亮亮的影子。”

我说：“还记得我们上周探索过影子，影子是什么颜色的?”

她说：“哦，是黑色的，那这不是影子，老师，镜子反射的光叫什么呀?”

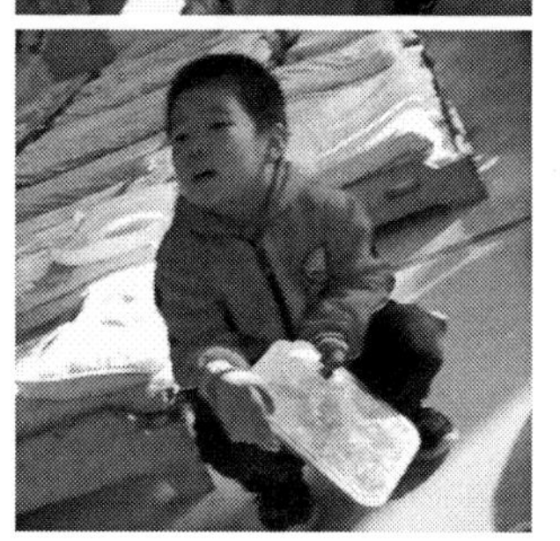

我说：“这是光斑。”她像个小复读机一样，一会跟奇奇说，一会和佳佳讲：“我用镜子照出来一个光斑。”

朱语桐听到了，说：“那是镜子反射出来的。”

凌语彤赶紧纠正：“我用镜子反射出来一个光斑，你们快来看看呀!”周湛航、董芊含等小朋友都抬头看了看，也来到她的周围，在阳光下用镜子反射。凌语彤又说：“我的光斑怎么不见了?”周湛航也说：“我的镜子怎么反射不出来光斑呀?”

凌语彤说：“呀，你挡住我的阳光啦。”周湛航往旁边挪了挪，然后她又帮助周湛航，尝试把镜子改变了角度，周湛航的镜子也反射出来一个不一样的光斑，他很开心地

跳了起来。

凌语彤对周湛航说："你的光斑与我的不一样呀，我的有点像长方形，你的有点像圆形。"周湛航看了看光斑，又观察了镜子说："因为我们的镜子形状不一样呀。"凌语彤若有所思地说："是啊，你的小一点，我的大一点。"

其他的孩子也纷纷开始找阳光用镜子进行反射，一时间，活动室、阳台、走廊，到处都是拿镜子的小小探索家。

孩子们自主探索之后，我提出了几个问题：反射光的过程中，还发现了什么？例如反射到教室的光线，它会移动吗？它是如何移动的？孩子们各抒己见，我总结："反射光的大小和形状是不同的。改变镜子的角度，光线会前后移动，其方向也会发生变化。"

接下来我又提供了一些材料：装水的盆、不锈钢盆、不锈钢勺子、不锈钢杯子、粗糙的纸、光滑的纸。让幼儿猜想哪些物品能反射光。

邵子恒说："水不能反射，纸也不能反射。"

凌语彤说："勺子和杯子不能反射。"

孩子们七嘴八舌地说着自己的想法。我引导孩子们自己操作试一试。

凌语彤第一个跑过来拿着勺子试了试，她抬头看了看屋顶，上面没有光斑："老师，这个是不能反射的。"我说："你再仔细观察看看。"她反复试了试，恍然大悟道："可以的，但是这个光斑就在这里，不在屋顶。”她指了指勺子旁边不算很明显的光斑，接着她又一一尝试操作其他材料。跟我说：“老师，这个水好像不能反射，这个纸（粗糙的）也不能反射。”

我拿着两种不同的纸，让小朋友们摸一摸，感受它们的区别，邵子恒说：“一个滑滑的，一个有点扎（粗糙）。”

关于水的反射，我提供了一些照片，让幼儿结合生活经验讨论：到底水能不能反射呢？

最后，我总结道：“能反射光的东西都是表面光亮平整的，不能反射光的东西是表面粗糙的；亮度强的物体，反射的光的亮度也强；小的东西反射出的光也小；不锈钢茶杯、脸盆反射的光是一圈一圈的；有图案或文字的镜子反射出的光也有图案或文字。”

三、分析与支持

科学探究活动的核心在于激发幼儿的探究兴趣，体验探究过程，发展初步的探究能力。活动中凌语彤小朋友能在自主探索的过程中动手动脑，主动地去寻找答案，拥有强烈的好奇心和求知欲。遇到困难能主动地提出来，通过寻求帮助，自己动手尝试等方法来解决问题，发展初步的探究能力。当小伙伴需要帮助时，她也会主动地帮助别人，能与同伴友好相处，体现良好的亲社会行为。

周湛航和凌语彤在观察光斑的形状和大小时，体现了他们良好的观察能力。凌语彤敢于尝试，善于思考，思维比较活跃，语言表达流畅。

凌语彤是个活泼开朗，独立性强，很有感染力的小朋友，活动中的情绪也是喜悦的。

孩子们有讨论，有讲述，有交谈，有合作，发展了他们的语言表达能力和同伴合作的能力。

通过幼儿的自主探索，加上教师的适时引导和启发，孩子们的科学之旅在试一试、说一说、做一做等环节中开启了，孩子们在探索中兴趣盎然，主动积极地发现问题，猜想答案，验证结论………

这种方式充分体现以幼儿为本的教育观念，以后的活动中，我们要继续把这种自主的精神渗透到各种活动中，当然也要关注到个别差异，以适当的方式给予应答，形成积极互动的教育模式。

第八节　科学活动案例四：磁铁探秘之旅

一、活动背景

幼儿时期正处于科学启蒙阶段，需要悉心呵护孩子们与生俱来的好奇心和探索欲望，培养他们对于科学的兴趣。

为了更好地引导幼儿对于磁铁的探索，我带着孩子们来到了我们三楼顶楼的科技城堡——磁力王国，开启了一段奇妙的磁力探索。一进去城堡，孩子们忍不住“哇”起来，这里材料丰富，种类齐全，孩子们对磁铁的兴趣就像一颗种子在心中开始萌芽。跟着孩子们的脚步，我们的“磁铁探秘”之旅就此开始……

二、活动过程

（一）磁铁找朋友

磁铁可以吸住哪些东西呢？孩子们开始带着磁铁开始到处寻找起来。

王楚："哇，磁铁也太神奇了！看，它吸住了这么多钉子。"

张瑞："磁铁吸住了剪刀。"

庞子玥："磁铁吸住了夹子。"

图片 1、2（磁铁找朋友）

经过探索，孩子们讨论并总结出含铁的物品能够被磁铁吸住，成为好朋友，如钉子、挂钩上的钩子、别针、钥匙环，但有的物品像毛线、纸杯、拉花、球等不含铁的物品不能被磁铁吸住。

磁铁寻找朋友的小插曲：

王楚不小心把盒子里的别针撒了一地，正当她要一个个地把别针捡起来的时候，刘可馨喊住了她："那么多别针捡起来太费事了，看我的。"说完刘可馨拿起了一个"U"型磁铁，嘴里一边念叨着："上来吧你"。不一会儿，地上的别针全部被她手里的磁铁吸上来了。

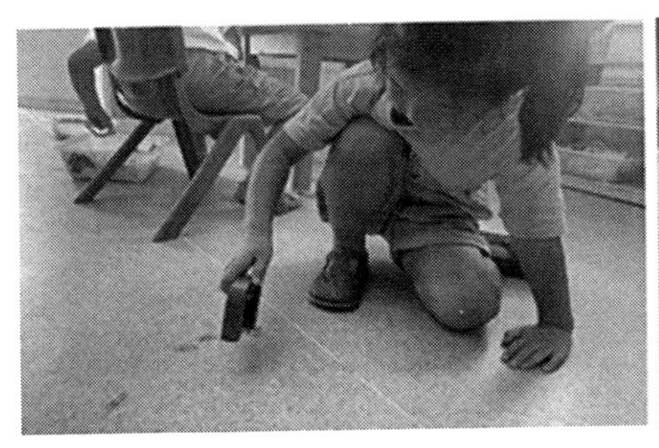
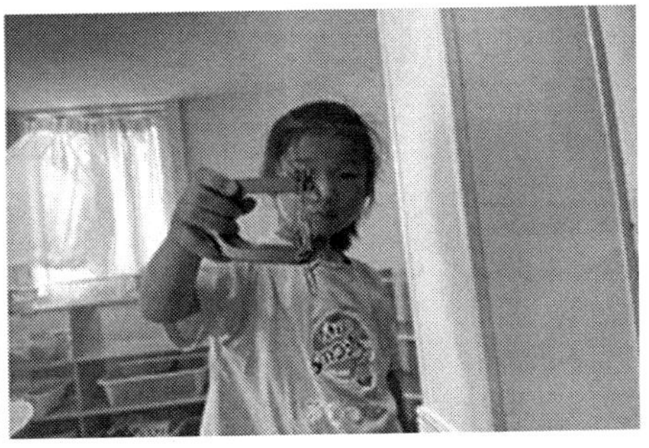

图片 3、4（磁铁吸住掉在地上的别针）

（二）有趣的两极

王楚拿着一个标有“S”和“N”的“U”型的磁铁和另一个“U”型磁铁，想让它们吸在一起，但是当同一种颜色在一起时，磁铁会“逃”，不同的颜色在一起时却可以吸住。刘可馨：“有的磁铁在一起，根本吸不起来，是没法成为好朋友的。”

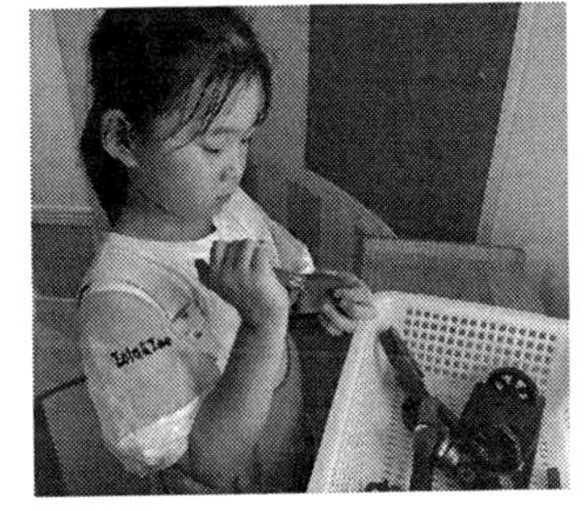

图片 5（有趣的两极）

薛丁恺：“我也发现了，磁铁好像有弹力，相同颜色的碰到一起马上弹开了。”

张子阳：“我用了很大力气，还是不能把它们合在一起。”

张瑞：“我知道，我知道，磁铁有正极和负极，只有颜色不一样的磁铁才可以吸在一起。”

由此，孩子们得出结论：磁铁有两种颜色，蓝色、红色，一个是正极、一个是负极，当两个磁铁的同一极正极和正极、负极和负极靠近时会有排斥的现象就是“同性相斥”，两个不同极靠近时会有吸力就是“异性相吸”。

图片 6（有趣的两极）

（三）磁铁的穿透性

两块磁铁很容易就能吸在一起，那如果我给它加点东西它们还能吸住吗？

刘可馨：“看，我把两块磁铁分别放在纸的上下方，刚才不能吸起来的纸也能被磁吸住呢。”庞子玥：“那你再试试用其他东西还能吸住吗？为什么我放在桌子的上下边，磁铁吸不住？”

刘可馨：“那是因为木板太厚了吧。”

庞子玥又拿起厚厚的一沓纸，但是两边的磁铁却怎么也吸不起来。

刘可馨：“你换一个大一点的磁铁试一试。”

庞子玥拿起旁边更大的磁铁，但是好像磁铁也没办法穿透厚厚的纸而吸住。

庞子玥：“看来，东西太厚了，磁铁也没法吸住。”

图片 8（磁铁的穿透性）

通过探索孩子们得出结论：磁铁的磁性具有一定的穿透性，所以不能被磁铁吸住的物品也能被吸起来。磁铁隔着一个薄的东西时可以吸起铁，但是随着厚度的增加，磁性会逐渐减弱，磁力比较大的磁铁的穿透性也比较强。

由磁铁穿透性引发的小游戏：

1. 刘可馨拿出纸笔、彩泥，她先是画了一个迷宫，然后用彩泥做了一个小熊，又用双面胶把一小块磁铁粘在了小熊的背面，然后拿起另一块磁铁放在纸的背面，这样小熊就被磁铁牢牢地吸在了纸上。

图片 9（磁铁的穿透性小游戏）

只见刘可馨嘴里一边唱着：“走走，走走走，我们小手拉小手……”她一只手拿着纸，一只手拿着背面的磁铁，小熊真的像会走一样在迷宫里来回穿梭，看起来有趣极了。

2. 庞子玥拿起装满水的矿泉水瓶，把一枚小小的别针扔在了水里，冲着刘可馨喊道："看我不用倒水也能把别针拿出来。"只见庞子玥拿起一块磁铁吸在和别针相邻的瓶身上，沿着瓶子从瓶底走到瓶口，别针被磁铁的穿透性吸着也在瓶子里沿着瓶底走到了瓶口，就这样，庞子玥轻而易举地把别针拿了出来，真是太有创意了。

图片 10（磁铁的穿透性小游戏）

（四）趣玩磁铁

磁力片有不同的颜色和形状，可以用来做出各种不同的造型，一起来看孩子们的创意作品吧！

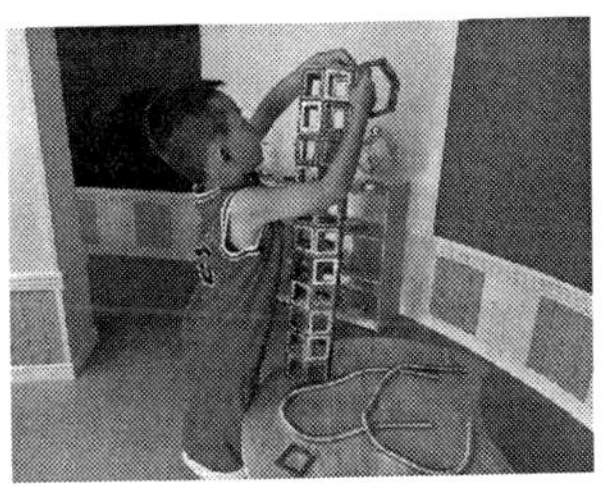

图片 11、12、13（孩子们的创意作品）

图片 14（孩子们的作品表征）

（五）磁铁在生活中的运用

在“探秘磁铁”中，孩子们发现在我们的生活中磁铁无处不在，并且小小的它们有着大大的用处。

在教室里就有很多的物品是含有磁铁的，如消毒柜的门、磁铁拼图、磁力棒等。

庞子玥：“我知道我家的冰箱门也是有磁力的。”

刘可馨：“我妈妈有个包上有一个磁的扣子，‘嗒’的一声就扣上了。”

薛丁恺：“还有我哥哥的文具盒上也有磁铁。”

张瑞：“我冬天的衣服上也有个带磁铁的扣子。”

“原来磁铁有这么多用处，真是了不起呀！”王楚感叹道。

三、分析与反思

整个活动的开展源于幼儿的兴趣，这种兴趣促使他们能在较长的一段时间里持续地思考、探索、验证他们的想法与猜测。他们每一次的活动都能基于之前开展的活动进行深入的探究，而且这些活动作为教师的我都没有直接引导和介入，都是幼儿自主完成的。

通过本次对“磁铁”的探秘，孩子们亲身体验、动手操作有趣的实验和游戏，知道了磁铁不仅好玩、有趣，而且它的很多本领还被我们运用了到生活中，这充分调动了孩子们对于科学探索的潜能。王楚是个观察能力较强的小朋友，刘可馨在一次次的探索中创造出新的磁铁“玩法”，是个很有想象力和创造力的孩子，张瑞像个小专家一样总是能对其他小朋友提出的问题及时解答，有较强的生活经验和科学常识。

而在探索中孩子们能够及时地发现问题并解决问题，他们已经具有了初步解决问题的能力、合作探究能力。在活动中他们能够自发地进行创造性的游戏，说明在探索中，他们的创造力也在不断进步，这是让我感到特别欣喜的地方，他们利用自己的生活经验不断地进行探索，进一步了解了磁铁的秘密。我也相信通过有效的体验，再加上一定兴趣的驱动和活动的支撑，孩子们一定会探索出更多的科学知识。我们要做的就是站在儿童的角度看待问题，关注他们的需要，引导幼儿在活动中体验、收获、感悟、成长。

第九节　科学活动案例五：萌娃主沉浮

一、游戏背景

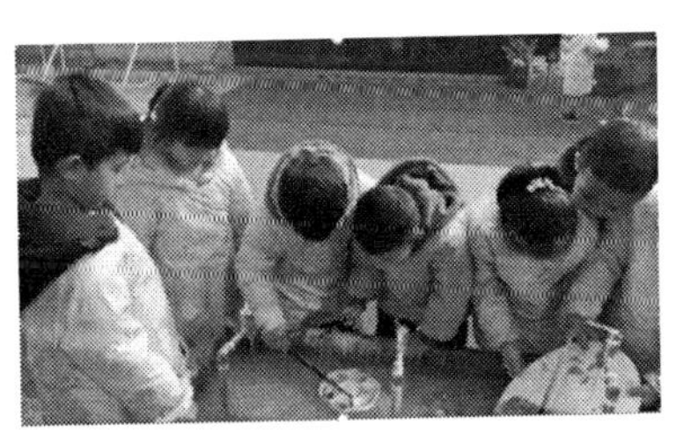

户外涂鸦区的孩子在水槽边清洗绘画用具时，彭艺博、郭俊阳、李冠霖、周彦泽4个小朋友发现原本浮在水面上的调色盘沉入了水中，这个神奇又有趣的现象一下子就让我们的水槽边热闹起来，孩子们会怎样玩沉浮游戏呢？我跟随着孩子们的脚步，一起开始我们的沉浮游戏之旅。

二、活动过程

（一）沉浮现象，引发探索

孩子们用调色盘和画笔在水池中开始了沉浮游戏。只见彭艺博用水粉笔拨动调色盘在水面浮动，周彦泽将水注入调色盘，看到调色盘在第一次注水后并没有沉下去，彭艺博再次将调色盘用笔拨动到水龙头处继续注水，调色盘再次沉入水底。这时在水池另一边的尚玉琪将手中的水粉笔投入水中，水粉笔在水中浮起来了，持续关注彭艺博组的王艺霖小朋友也将手中的大调色盘倾斜着投入了水中，大调色盘瞬间沉到水底。回到活动室后，我们进行了游戏分享。

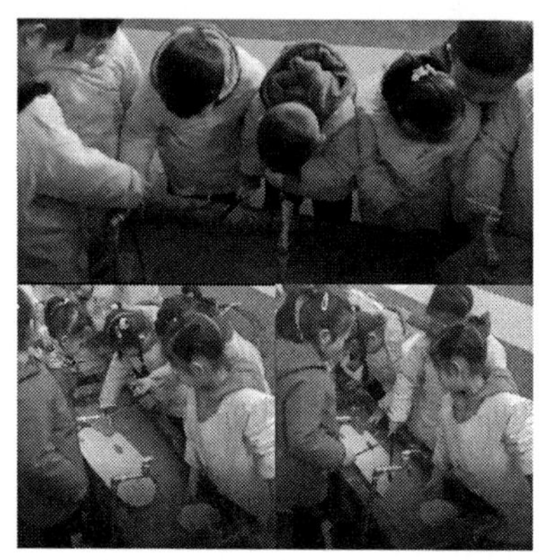

彭艺博：“这个调色盘放在水面上，放了一点水就下去了。”

尚玉琪：“我把水粉笔放在水里以后，它就漂起来了。”

王艺霖：“我看到那边的小朋友的调色盘进水后沉到了水里，我就将手里的大调色盘也放到了水里，结果沉下去了。”

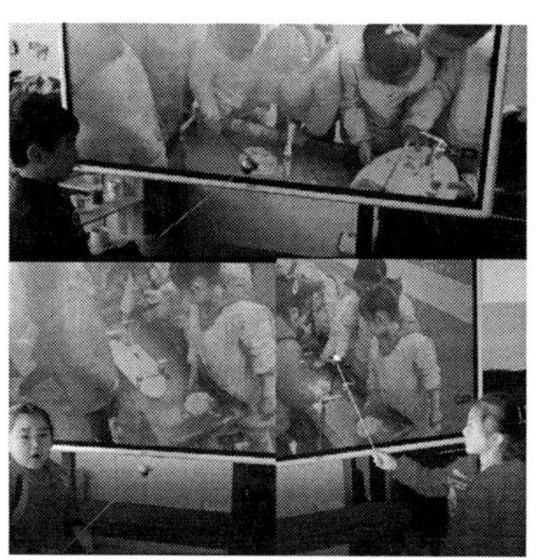

（二）大胆猜想，预测沉浮

我问：“你们觉得还有哪些东西可以浮在水面上，哪些又会沉下去呢？”

耿浩轩：“积木和小车是可以沉下去的，一片叶子可以漂浮在水面上。”

李淑涵："油画棒是可以沉下去的。"

边奕菲："太空泥是浮上来的。"

（三）动手操作，验证猜想

"你们都很有想法，区域活动的时候可以去试一试。"

区域活动时间，孩子们自由到室内各区域找材料，海绵、石头、螺丝钉、磁铁、各类积木、塑料盒、大南瓜等。来到科学区，他们一边找一边和同伴交流着"这个应该是沉在水底的""我这个大南瓜也是沉在水底的"。他们把这些物品一个一个地放入水中，仔细地观察着物品到底是浮起来的还是沉下去的。有时分不清楚时还会把手伸入水中摸一摸，当看到水中的结果和自己的猜测一致时特别有成就感，而当不一致的时候会提出更多的"为什么"，进而去继续发现。在游戏结束之后的表征阶段，孩子们记录下了他们的发现。这些记录就像沉浮游戏统计表一样展示着孩子们的发现。有的用不同的图形代表不同的探究结果，有的用两种不同颜色来记录猜想和发现的结果。在分享环节，幼儿用自己的方式介绍了他们这次区域游戏的内容和结果。

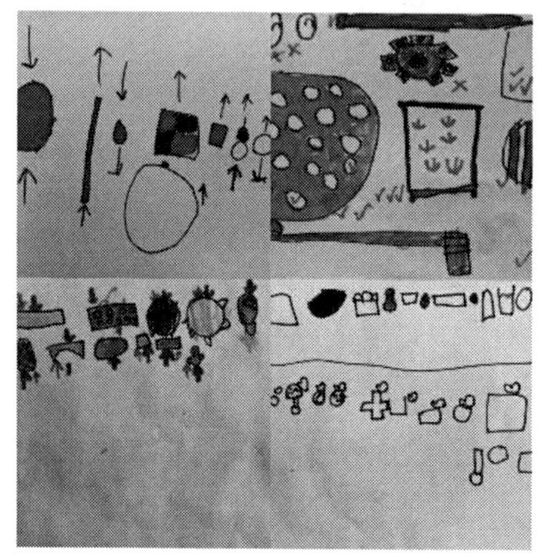

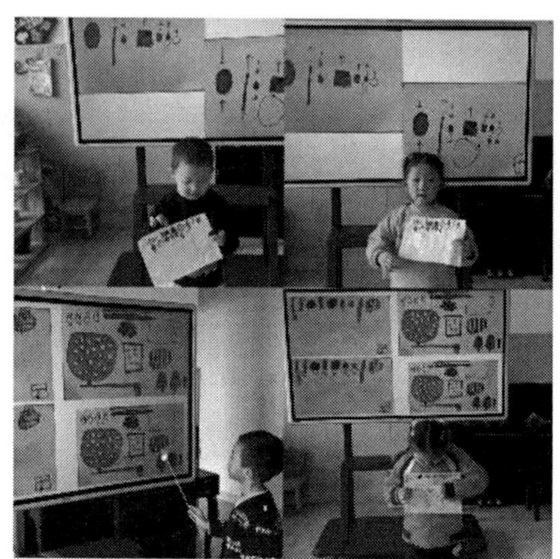

孩子们发现大的东西、重的东西会沉下去，小的东西、轻的东西、塑料制品会浮起来。但是彭彦锦小朋友却有不一样的发现。“你们信不信，这个南瓜一定会沉到水底?”他信誓旦旦说。然而，当他把南瓜放入水中的那一刻，南瓜居然浮了起来。“怎么会这样?”孩子满脸的疑惑与旁边小朋友惊讶的表情形成了鲜明的对比。再看小小的圣女果，“应该会浮在水面上。”旁边的男孩子说着把圣女果放入水中，圣女果瞬间沉入水底。

教师的思考：孩子们在沉浮游戏中得到的结果和他们原有的经验产生了冲突。孩子们知道了原来小的、轻的东西也可能是沉下去的，而大的、重的东西也可能是浮起来的。他们不再单纯地从物品的外形大小和轻重来猜测它到底是沉还是浮了。

（四）沉浮变变，放飞思维

而正是在持续进行的沉浮游戏中我发现，孩子们的兴趣不单单在于观察不同物品的沉浮了，许多的孩子在操作中开始寻找改变物体沉浮的方法。

“能不能让圣女果浮起来?”彭艺博小朋友的想法得到了同伴的支持。他们通过把圣女果分成两半、变成小块、拿起旁边的纸杯撕下一块叠成“信封”的形状，把掰开的西红柿塞进去然后放入水中，结果西红柿还是掉落在水中；然后他把西红柿放在信封里，使劲压扁，又拿来旁边大的纸片包裹起来，使劲碾压，旁边的伙伴也主动来帮忙，最后小心拿起薄薄的圣女果“片”，信心满满地放入水中，结果圣女果还是慢慢地沉入了水底。在接下来用纸做成压扁、吸干水分的方法反复尝试，但都没有成功的情况下，彭艺博小朋友借用了同伴的经验，用塑料盒成功地将圣女果片浮了起来。这时彭彦锦拿来了一整颗圣女果放在了塑料盒内，此时彭艺博现出惊喜的表情。

尚玉琪小朋友看到彭艺博让圣女果浮起来后，也激发了她的想法。“咱们试试能不能让石头也浮起来?”尚玉琪说着将一块小石头放在泡沫板中间，结

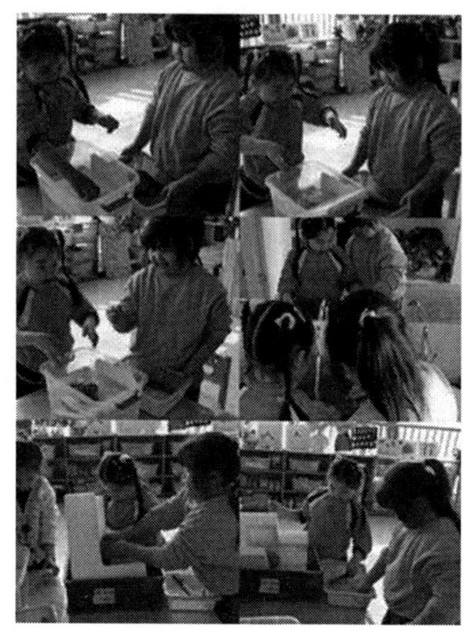

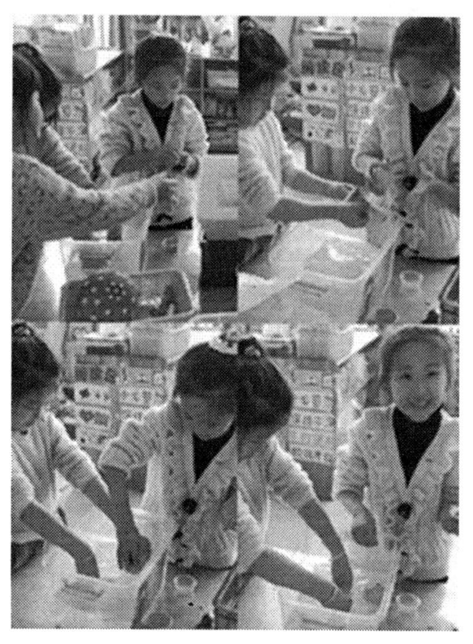

果石头浮在了水面上。看到自己成功后，她又尝试让更大更重的石头浮起来，她首先将大石头放在泡沫板上，结果大石头失去平衡很快就沉到了水底，她又将大石头放在泡沫板中间，结果大石头将泡沫板压在了水底，看到这个情况，她又找来更大的水箱和L型泡沫板，将大石头挤在泡沫板的凹槽处保持石头的稳定，这次她成功地将石头浮了起来。旁边的孙雨涵小朋友则用了另一种方法：她不断把太空泥一层层地裹到石头上，每裹一层就放入水中试一试，直到石头真的浮起来了，她脸上成功的喜悦溢于言表。

教师的思考：他们迁移了“大部分塑料的东西、太空泥材料会浮起来的”的经验，成功探索出了利用塑料物品、泡沫板、太空泥作为辅助材料让原本沉下去的物品浮起来。

游戏还在继续，孩子们的兴趣不止于此，精彩轮番上演。王净恩小朋友通过自制水气球，让原本漂浮的气球沉入了水底。“盘子会不会沉下去呢?”老师问。耿浩轩和王净恩找到了螺丝钉，他们逐个将螺丝钉放入盘子里，仔细地观察着："还得再放、再放。"不断地添加螺丝，盘子终于沉下去了。

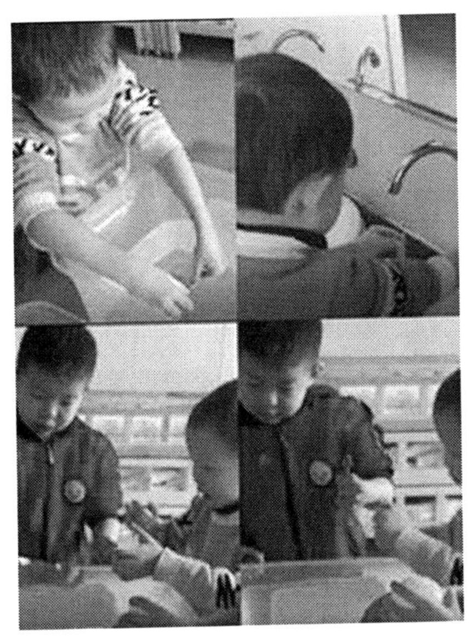

王俊泽小朋友根据自己的前期生活经验给小朋友分享了让漂浮的橘子剥皮下沉的方法，让小朋友们非常吃惊。"奶奶给我烫橘子时，就是这样的。"这是幼儿生活经验的再现。

教师的思考：通过对沉浮的持续探索，孩子们发现有的物品有时会沉下去，有时会浮起来。他们积极地探索，想办法改变物体的重量或体积大小，能够选择不同物品的组合方式来改变物体的沉浮状态。孩子们认识到物品的沉与浮不但与它本身的质量有关，也与外界的影响有关。

（五）拓展延伸，丰富经验

孩子们的探索兴趣延续到了家庭中，和爸爸妈妈一起做起了有趣的亲子沉浮游戏，同时他们也把自己的发现带到班级分享。结合淼儿分享的让鸡蛋浮起来的游戏，老师向孩子们介绍了死海，孩子们对死海上可以随意漂浮充满了好奇。有的孩子提出也想让自己浮在水面上，他们决定自己造一艘真正能在水上载人的船，于是我们就开启了二幼萌娃的造船之旅。

追随孩子们对造船游戏的兴趣，我们开展了造船问题大搜罗活动，孩子们制订了造船游戏的计划。孩子们通过讨论决定用塑料瓶造船，孩子们在班级里和家庭中寻找到了塑料瓶、泡沫垫、胶带、剪刀等材料用来造船。他们先把塑料瓶用宽透明胶带组合在一起，再把组合的塑料瓶组进行延长和垒高，已加高第二层塑料瓶作为甲板，并在船上插上了旗帜，并取个好听的名字——彩虹号，这样塑料瓶船就完成啦。他们找到可以让这个船浮起来的地方，向门卫爷爷借来水管将水池注满水，然后把船放到水里去试一试，看看船是不是真的可以浮起来。他们还用按压的方式检验船体是否坚固。面对船可以载人的挑战，经过孩子们的自主报名和大家的共同商讨，选出有勇气且体重轻的周彦泽小朋友上去试一试，周彦泽坐上去后，船稳稳地浮在了水上，孩子们欢呼起来！

教师的思考：我们追随本班孩子对造船的兴趣，生发了“造船记”游戏。

整个游戏以孩子们的兴趣为导向，以问题为驱动，充分发挥了孩子们的主体性。在自主投票、分组讨论、收集材料、制订计划、分工合作等过程中，让孩子们动手动脑，逐步探究并解决造船中的困惑和问题，助推他们实现脑海里的奇思妙想。

三、教师的反思与支持

爱玩水的孩子总是喜欢把各种东西投进水中，孩子们从很小的时候就在感知物体的沉浮，并想要弄清楚为什么物体会沉浮，对沉浮现象很感兴趣，我们就要不断追随幼儿，和幼儿一起不断地探究、发现。

（一）挖掘沉浮游戏中蕴含的丰富发展价值

1. 有利于促进幼儿探究能力和学习品质的发展

在这个系列游戏中，幼儿通过与多种材料的互动，对沉浮等方面的科学现象有了初步的感知，并通过亲身体验和实际操作，丰富自己的经验，养成了勇于探索、积极思考、锲而不舍等良好的学习品质。

2. 有利于促进幼儿社会性和创造力的发展

在游戏过程中，幼儿一次又一次地在与同伴的分享和互助中解决问题，同伴之间的交往、合作和学习贯穿游戏始终，最后更是创造出了可以载人的船。幼儿不仅发展了表达能力和沟通能力，还体验到分享、合作的快乐和意义，同时增强了自尊和自信。

（二）适宜的支持促进幼儿自主学习

1. 关注兴趣和游戏生长点

本次游戏是幼儿在自主游戏分享中生发的，我们追随孩子们关于物体沉浮的这个兴趣点，支持幼儿在区域中继续游戏。游戏活动各环节，教师充分尊重了幼儿的意见和想法。宽松自主的环境，对幼儿充分关注、积极支持幼儿的造船设想，不断增强了幼儿的自信，激发了更多的游戏灵感。在这个系列游戏中，幼儿不断地发现问题、解决问题，每一次都能在已有经验的基础上产生新的思考，将游戏玩得越来越精彩。

2. 关注需求，给予支持

提供多种材料，放手支持孩子选择材料，在不同的场景下，我采取了不同的支持方式。

（1）材料让幼儿“动”起来

华爱华老师说：“游戏材料的提供，对幼儿起着游戏暗示的作用，刺激幼儿选择了某种游戏方式，表现出不同游戏行为，间接地对幼儿的发展产生作用。低结构材料更有助于幼儿进行发散思维，幼儿在使用高结构材料时更多的是模仿，在使用低结构材料时较多的是创造。”由此可见，游戏材料的提供决定了幼儿与材料互动的质量，也决定了游戏的质量。

本次游戏教师启发幼儿自主选择材料，幼儿就敢想敢说，在分头收集材料中，拓宽材料来源渠道，这些材料从形状上分，有片状、块状等，从材质上分，有木头类、石料类、塑料类、金属类等。材料的多样性和调整的及时性，为幼儿的探索和尝试提供了更多可能，满足幼儿尝试、验证的需要，保障充足的收集时间，促进幼儿的深入探索。

（2）问题让思维“活”起来

一是鼓励幼儿先动脑再动手，二是善等待重引导。每次探究前，幼儿先唤起前期经验引发思考再动手操作，在游戏过程中，教师给孩子充分的探究时间与空间，不急于告知、干预，而是运用追问启发幼儿去思考。幼儿在不断的试误中去寻求方法、总结经验。

（3）交流让经验“丰富”起来

活动中，记录沉浮现象的发生情况，有利于孩子对探索过程进行梳理；表达探究过程和记录结果就是分享、提升经验的过程。比如，橘子原本是浮在水面的，剥皮以后沉入水底，孩子们会有不同的方法改变物体自身性质，改变物体沉浮条件。积累对各类沉浮条件发生改变的认知经验，将游戏进一步推向深入。

四、基于幼儿的自发游戏生成课程内容

幼儿的自主游戏中蕴含着幼儿的真实兴趣和教育契机。教师要善于发现幼儿游戏中蕴含的生长点，支持和回应幼儿的游戏，促进幼儿的游戏发展，让幼儿玩出智慧，玩出精彩。

我们也将用专业、智慧、思考，不断助推游戏走向深入，成就幼儿快乐而有意义的童年。

参考文献

［1］沈鸿雁，张雪梅．家园合作共育幼儿成长——浅谈家园合作促进幼儿良好品德行为习惯的培养策略［J］．教育（周刊），2020，9（19）：51－51.

［2］杨颖平．浅谈微信在幼儿园家园共育中的作用［J］．天天爱科学（教学研究），2020，142（4）：165.

［3］张俊，吴重涵，王梅雾．家长和教师参与家校合作的跨界行为研究——基于交叠影响域理论的经验模型［J］．教育发展研究，2018（2）：78－84.

［4］张俊，吴重涵，王梅雾，等．面向合作的家校合作理论指导——交叠影响域理论综述［J］．教育学术月刊，2019，5.

［5］朱卫红．家校合作——社区教育的未来［J］．教学与管理，2020（6）：20－22.

［6］卢乐山，林崇德．中国学前教育百科全书［M］．沈阳：沈阳出版社，2019：20－89.

［7］郑秉洳．论学习教育［M］．天津：天津社会科学出版社，2016：119－207.

［8］缪建新．学习和学习品质研究［M］．南京：河海大学出版社，2020：15－97.

［9］但菲，刘彦华．婴幼儿心理发展与教育［M］．北京：人民出版社，2018：254－293.

［10］董奇，陶沙．动作与心理发展［M］．北京：北京师范大学出版

社，2018：55－119.

［11］王静．浅谈幼儿园家园共育工作的开展［J］．新课程研究，2017（01）：127－128.

［12］王洪英．幼儿园家园共育存在的问题与对策［J］．好家长，2017（08）：41.

［13］高泗菊．浅谈幼儿园家园共育的有效实施策略［J］．教育现代化，2017（25）：230－231.

［14］纪海燕．浅谈在“互联网＋”背景下家园联系机制的创建［J］．好家长，2017（19）：78－79.

［15］王娟．家园共育视角下3—6岁幼儿早期阅读能力培养策略研究［J］．开封文化艺术职业学院学报，2020（3）：190－191.

［16］顾文婷．家园共育视角下幼儿早期阅读能力的培养［J］．都市家教，2015（10）：213－213.

［17］陈俗英．家园共育视角下幼儿早期阅读能力的培养［J］．魅力中国，2020（23）．

［18］万长慧．基于家园共育视野幼儿早期阅读能力的培养路径研究［J］．速读（上旬），2020（5）：43.

［19］王莎莎，张媛媛，陈津津．家庭养育环境对幼儿语言发育迟缓影响的病例对照研究［J］．中国儿童保健杂志，2019，（8）：135－138.

［20］孙延永，孙超．家庭环境对0—3岁幼儿语言发展影响的个案研究［J］．合肥师范学院学报，2019（2）：94－97.

［21］李静，高怡楠．体感游戏对学前儿童发展的利与弊［J］．教育导

刊（下半月），2017（01）：45－48.

［22］朱耀梅．幼儿语言表达能力提升的策略探究［J］．新课程研究，2019（05）：103－104.

［23］黄沧海，黄名英．家、园、社区合作育人的初步探索［J］．中国家庭教育，2018（2）．

［24］李生兰．幼儿园与家庭、社区合作共育的研究［M］．上海：华东师范大学出版社，2013：116－117.

［25］黄利群．社区教育研究［M］．沈阳：辽宁民族出版社，2014，6.

［26］谬建东．家园合作模式解析［J］．早期教育，2013（12）．

［27］解玉真．互动式家教指导模式——实现家园共育的有效途径［J］．学前教育研究，2015，Z1.

［28］王秋霞．家、园、社区协同教育的现状、影响因素与发展路径［J］．学前教育研究，2014（5）．

［29］孙姝婷．幼儿园利用家庭、社区资源进行科学教育的现状与建议［J］．幼儿教育（教育科学），2019（9）．

［30］张金梅．幼儿园戏剧综合课程研究［M］．江苏：江苏教育出版社，2015.

［31］李生兰．英国幼儿园与家庭、社区共育的特点及启示［J］．学前教育研究，2014（3）．